"누구도 트레빈 왁스처럼 복음에 대한 깊은 이해, 예리한 통찰, 실제적인 적용 감각, 그리고 좋은 이야기 구술 능력을 다 겸비하지 못한다. 이 책은 이 모든 면에서 좋다."

-J. D. 그리어 박사(J. D. Greear),
노스캐롤라이나 랄레이, 더럼의 산봉우리 교회 목사,
Jesus, Continued and *Stop Asking Jesus Into Your Heart*의 저자

"내가 좋아하는 책들은 내 기분을 상하게 하고 내 약점을 들추어 주면서도 보다 더 신실하게 살도록 영감을 고취해 주는 유형의 책들이다. 트레빈 왁스는 「디스 이즈 아워 타임 : 우리 시대의 진면목」에서 다루기 어려운 주제를 패배감보다는 자극을 주며 잘 다루고 있다. 설득력 있는 이야기들과 문화에 대한 통찰력을 통해 트레빈은 우리 사회와 교회에 스며든 대중적인 신화들의 가면을 벗긴다. 그는 유쾌하고 쉬운 문체를 쓰면서도 교회로 하여금 세상 안에서의 거룩함을 유지하도록 도전한다. 이 책은 독자들로 하여금 다른 렌즈를 갖고 현실의 여러 현상들을 꿰뚫어 보도록 자극하는 종류의 책으로, 나는 틀림없이 이 책을 다시 되풀이해서 참조할 것이다."

-샤론 호트 밀러(Sharon Hodde Miller),
작가와 블로거

"트레빈 왁스는 사려 깊으며 성경적 영감으로 유능해진 지도자이다. 이 책은 주류 문화에 휘둘리지 않으면서 신실한 삶을 살아가고자 하는 사람들에게 지침을 제공한다. 순진할 정도로 단순하지도 않고 충격적일 정도로 요란스럽지도 않은 지침이다. 기도하면서 이 책을 읽으면 지혜와 신실함, 그리고 사랑을 갖고 영적 전쟁을 준비할 때 유익할 것이다."

-러셀 무어(Russell Moore),
남침례교회 윤리와 종교자유 위원회 대표
(president, Southern Baptist Ethics & Religious Liberty Commission)

"왜 우리는 점점 염려에 찌들며 불만족스러워하는가? 우리가 아무리 스스로 예수님에 뿌리를 내리고 있다고 생각해도 우리 시대의 주류 문화의 약속들과 신화들이 우리 모두를 사로잡고 있다. 트레빈 왁스는 아주 진귀한 무언가를 제공한다. 비록 우리가 트레빈 왁스의 설득력 있는 이야기들을 통해 우리 스스로 우리 시대의 신화들이 얽혀들어 있음을 발견할지라도, 거기에는 단죄가 있거나 죄책감을 심어 주려는 의도가 없다. 그저 지혜, 공감적 동정, 복음을 제시하는 긍정적인 마음이 이 책을 지탱한다. 그리고 대부분의 페이지마다 언뜻언뜻 하나님의 모습을 발견한다. 그것은 작지만 강력한 하나님의 임재이다. 나는 이 책을 절실하게 읽었다. 교회도 이 책을 읽어야 한다."

―레슬리 레이랜드 필즈(Leslie Leyland Fields),
*Crossing the Waters :
Following Jesus through the Storms, the Fish, the Doubt, and the Seas*의 저자

"모든 살아 있는 그리스도인 세대는 복음을 잘 나눠 주며 자신의 동시대인들의 언어로 그것을 친숙하게 전해 주어야 할 무거운 책임을 지고 있다. 트레빈은 복음의 내용을 잘 전할 뿐만 아니라 우리의 중심 메시지인 복음의 함의들이 우리 시대의 문화적 현상들에 어떤 상관성을 갖고 있는지를 해명하는 우리 시대의 복음 대변인으로서 실력을 반복적으로 입증했다. 「디스 이즈 아워 타임 : 우리 시대의 진면목」은 많은 사람들의 필요를 적절한 때에 충족시키고 있다."

―D. A. 호튼(D. A. Horton),
캘리포니아 롱비치의 리치 펠로우쉽(Reach Fellowship) 교회의 목사, 작가, 강사, 시인

"문화에 대해 교회에 말해 줄 수 있으면서 동시에 교회를 위하여 문화에 대해 말을 걸 수 있는 목소리들은 정말 필요하지만 아주 희귀하다. 「디스 이즈 아워 타임 : 우리 시대의 견면목」에서 트레빈 왁스는 이런 이중적 사명을 수행하는 목소리를 들려준다. 이 책의 여러 쪽들은 우리 시대에 대한 깊은 이해를 제시하며 이런 시대에 살고 있는 신자들에게 실제적인 지혜를 제공한다."

―카렌 스왈로우 프라이어(Karen Swallow Prior) 박사,
*Literature in the Soul of Me and Fierce Convictions :
The Extraordinary Life of Hannah More : Poet, Reformer, Apolitionist*의 저자

"「디스 이즈 아워 타임 : 우리 시대의 진면목」은 왜 트레빈 왁스가 복음주의의 궁창에서 가장 밝게 빛나는 별들 중 하나인지를 보여 준다. 왁스는 우리 시대의 그렇게 많은 사람들을 사로잡는 거짓된 구원 이야기들의 정체를 드러내고 복음의 빛을 비추기 위해 성서 본문에 대한 능숙한 해석과 우리 시대의 문화적 맥락에 대한 감수성 넘치는 해석을 잘 결합하고 있다."

―브루스 애쉬포드(Bruce Ashford),
남동침례 신학대학원(Southeastern Baptist Theological Seminary)의
학장, 신학과 문화 교수,
*Every Square Inch and One Nation under God*의 저자

"소음. 많은 소음이 들리는 경우 어떤 것이 참되고 무엇이 거짓인지를 판독하기가 어렵다. 우리는 가끔 그리고 아마도 알지 못하는 사이에 진리의 탈을 쓴 주류 문화의 많은 신화들을 신뢰하게 된다. 「디스 이즈 아워 타임 : 우리 시대의 진면목」에서 트레빈 왁스는 우리 영혼을 성장시키는 진리를 발견하기 위하여 우리의 영혼들을 죽이는 신화들의 실체를 볼 수 있도록 연기를 제거해 주고 있다. 우리가 다른 세력들이 주도권을 쥔 세상에 살아가려고 할 때 우리를 위해 중보하시는 부활하신 우리의 왕을 기억한다. 트레빈이 옳다. 즉, 그가 묘사하는 우리 시대의 진면목은 사실이다. 그는 능숙하고 은혜롭게 우리의 일상적인 삶을 통해 어떻게 주님을 영화롭게 할 수 있을 것인가를 가르쳐 준다.

―트릴리아 뉴벨(Trillia Newbell),
*Enjoy, Fear and Faith, and United*의 저자

"「디스 이즈 아워 타임 : 우리 시대의 진면목」은 문화를 분석하고 문화를 바꾸는 일에 관한 책으로는 아주 희귀한 책이다. 지적으로는 아주 중요한 정보를 제공할 뿐만 아니라 책 읽는 기쁨도 선사하는 책이기 때문이다. 트레빈 왁스는 가장 많이 접하는 우리 시대의 문화 담론들 중 일부가 기독교가 별로 도움이 안 되거나 비도덕적인 진단을 처방하는 것처럼 보이기 만드는 방식으로 어떻게 우리의 마음과 정체성을 형성하는지를 보여 준다. 병든 문화와 피로한 교회에 대한 왁스의 진단은 냉소주의라는 음울한 약 처방이 아니라 위대한 의사이신 주 예수가 처방해 준 약이다. 트레빈은 더 좋은 치료책으로 그리스도를 제시하는 희망 가득 찬 복음 이야기에 호소한다. 「디스 이즈 아워 타임 : 우리 시대의 진면목」은 성경의 구원사의 틀 안에서 들려진 흥미진진한 이야기들을 가지고 다음 세대의 그리스도인들의 상상력에 호소한다. 우리는 이 책을 필요로 하며, 트레빈 왁스는 이 책을 쓰기에 적합한 사람이다."

−조쉬 채트로(Josh Chatraw) 박사,
리버티 대학교 신과대학(School of Divinity at Liberty University)의
변증과 문화 참여 센터(the Center for Apologetics and Cultural Engagement) 소장

"성경, 역사, 그리고 인간의 마음에 대한 세심한 독자로서 트레빈 왁스는 우리가 이 세상 문화에 참여하는 순간이 무엇을 의미하는지를 이해하도록 도와준다. 그의 책 「디스 이즈 아워 타임 : 우리 시대의 진면목」은 우리가 우리 이웃에게 경청하여야 할 것을 제시하면서도 신실한 복음 증인의 과업을 어떻게 수행할 것인가를 다시 생각해 보도록 촉구하는 면에서 거대한 진보의 발자국을 내딛었다. 우리의 이웃들이 무엇을 원하는가? 그들이 두려워하는 것은 무엇인가? 이런 질문들에 대답하는 것은 왁스가 설득력 있게 했듯이 '우리'와 '그들'이라는 경계선을 겸손하게 흐리게 하는 일이다. 그리고 '모든 약속이 긍정의 대답으로 성취되는 그리스도의 이야기'를 이웃에게 더욱 잘 들려주도록 돕는 것이다."

−젠 폴록 미셸(Jen Pollock Michel),
*Teach Us to Want and Keeping Place*의 작가

"트레빈 왁스는 사람들에 대한 관심 때문에 그리고 잃은 자들을 찾아 구원하시려는 예수의 사명에 대한 관심 때문에 문화를 중요하게 생각한다. 「디스 이즈 아워 타임 : 우리 시대의 진면목」은 우리가 들어야 할 참된 이야기와 우리의 문화적 신념들과 관습들에 전시되어 소비되는 거짓 희망들과 거짓된 꿈들의 차이를 환히 들추어 주는 통찰력 넘치는 책이다. 트레빈 왁스는 세속적 시대 속에서 신실한 복음의 증인으로 살아가도록 신자들을 돕는 믿을 만한 안내자이다."

-에드 스터제(Ed Stetzer),
휘튼대학교(Wheaton College) 빌리 그래함 석좌교수

"소셜 미디어, 자아 탐닉, 할리우드의 욕망예찬적 메시지가 넘치는 우리 시대에 그리스도의 제자들은 문화의 선물들을 반추하거나 그것들에 중독되어 있다. 트레빈은 사려 깊게 그리고 동정심 넘치는 필치로 '이런 시대에 어떻게 신실한 그리스도인으로 살 수 있을까?'에 대한 전혀 다른 길을 제시한다. 「디스 이즈 아워 타임 : 우리 시대의 진면목」은 우리 주류 문화의 갈망들과 신화들을 직시하고, 그것들을 복음의 빛에 노출시켜 줌으로써 우리가 살고 있는 우리 시대를 있는 그대로 받아들이도록 도와주었다. 이 책은 매우 실제적이고 신학적으로 견실한 책이다. 트레빈 왁스에게서 기대할 만한 책이다."

-켈리 민터(Kelly Minter),
작가와 성경교사

"트레빈 왁스는 신화들이 우리 마음에 뿌리를 내리는 중요한 길목들 중 하나를 능숙하게 식별한다. 우리의 습관들이 바로 그것이다. 그는 기술, 대중문화, 그것들이 투사하는 신화들을 아예 막무가내 식으로 배척하기보다는 우리가 한 걸음 뒤로 물러나 그것들의 실체를 정확하게 파악하고 분석해 보도록 돕는다. 이런 특수한 환경에서 교회의 고유한 사명에 초점을 맞추며 왁스는 이제 새로운 정상이 된 주류 문화 속에서 주류 문화의 공격에 노출된 채 살아간다고 믿는 심히 낙담한 사람들에게 희망을 제공한다."

-리차드 클락(Richard Clark),
*Christianity Today*의 온라인판 편집인

"「디스 이즈 아워 타임 : 우리 시대의 진면목」에서 트레빈 왁스는 우리가 살고 있는 이 시대를 어떻게 이끌고 가야 하는지를 도와준다. 그는 철저히 목회자적이면서 깊은 수준의 인격적인 어조를 유지한 채, 주류 문화, 기술, 그리고 인간의 의견으로부터 나오는 부단히 변화하는 압력들을 하나님 말씀의 고정된 틀 안에 재배치할 것을 요청하면서 우리가 매일 직면하는 구체적 근심거리들과 유혹들을 제기한다. 이 책은 '이와 같은 때에'(for such a time as this)에 들을 수 있는 지혜롭고 실제적인 도움이다."

-전 윌킨(Jen Wilkin),
작가와 성경교사

"이 책은 진짜 좋은 책이다. 나는 이 책을 즐겁게 읽었고 책을 놓기가 어려웠다. 아주 보람된 독서였다. 문화의 양상들을 분석하는 데 매우 통찰력이 넘쳤으며 문화적·도덕적·사회적 혼돈의 시대에 우리가 어떻게 전진할 수 있을 것인가를 깨우쳐 주는 데 유익했다. 트레빈 왁스는 신자들과 불신자들 모두에게 생각하는 사람이 되도록 만드는 위대한 도구를 제공한다. 독자들도 그것을 갖고 사용해 보시길!"

-다니엘 어킨(Daniel Akin),
남동침례 신학대학원(Southeastern Baptist Theological Seminary) 총장

"세월이 흘러 공산주의의 인권 탄압 기억들이 도말되어 가는 때에도 공산주의가 주창한 원칙들과 방법들은 아직도 세계 곳곳의 많은 사람들에게 거짓된 희망들을 새롭게 제시하기 시작했다. 「디스 이즈 아워 타임 : 우리 시대의 진면목」은 자신을 태우지 않고는 마르크스의 불을 간직할 수 없다는 것을 상기시키면서 공산주의 혁명가의 마음까지 녹여 버리는 복음의 영원한 충족성을 보여 준다."

-K. A. 엘리스(K. A. Ellis),
국제 기독교 응답(International Christian Response)의 대사,
세계종교자유(Global Religious Freedom)의 대변인

This is Our Time

디스 이즈 아워 타임 : 우리 시대의 진면목

트레빈 왁스 지음 / 김회권 역

한국장로출판사

This is Our Time
Everyday Myths in Light of the Gospel

English Edition © 2017 by TREVIN WAX
First Edition © 2017 by B&H Publishing Group
Korean Edition © 2019 by Publishing House The Presbyterian Church of Korea, Seoul, Republic of Korea

All rights reserved. No part of this book may be reproduced or transmitted in any form or by any means, electronic or mechanical, including photo-copying, recording, or by any information storage or retrieval system, without permission in writing from the publisher.

This is Our Time

디스 이즈 아워 타임 : 우리 시대의 진면목

차 례

한국어판 저자 서문 06
추천사 12
서론 16

1장 당신의 스마트폰은 신화 창조자이다 _ 37
2장 할리우드는 여러분의 가슴을 노린다 _ 81
3장 북극과 행복 추구 _ 117
4장 행복 쇼핑 _ 155
5장 인간의 도시에서는 결코 '편안'을 느낄 수 없다 _ 191
6장 결혼은 중차대한 일이다 _ 227
7장 성(性) 혁명에 반기를 든 사람들 _ 257
8장 동요하는 세상 _ 293

후기 324
해설과 추천의 글 330
미주 352
감사의 말 378
역자 후기 379

_ 한국어판 저자 서문

아내 코리나와 저는 2016년 늦게 서울을 방문했습니다. 그때 우리는 하나님의 말씀이 하나님 백성의 삶을 변화시키는 것을 보고 싶어 하는 열정을 공유한 그리스도인 형제자매들을 만나 용기를 얻었습니다. 우리는 또한 한반도에서 용출되는 복음 증거의 생명력이 세계 다른 곳까지 확산되는 것을 보고 용기를 얻었으며, 복음을 듣지 못한 나머지 세상 사람들에게 그리스도를 향한 신실한 삶이 어떤 모습인지를 보여 주는 데 향도 역할을 할 새 세대가 일어난다는 생각에 놀라지 않을 수 없었습니다.

한국의 형제자매 여러분은 동서양 문화가 교류하고 교차하는 요충지에 살고 있기 때문에 동양의 세계관이나 서양의 세계관 각각에서 형성되는 다양한 우상숭배 행태들에 대한 예언자적 비판을 제시할 수 있는 독특한 기회를 갖고 있습니다. 「디스 이즈 아워 타임 : 우리 시대의 진면목」을 읽어 보면 여러분은 저자가 서양 사람들의 전제들을 드러내기 위해(디즈니 영화 "뮬란"에서처럼) 때때로 동양적 사고방식을 사용하면서 몇 가지 서양적 가치들을 비판하고 있다는 것을 알아차릴 것입니다. 한국에서 신앙생활을 하는 여러분은 어떻게 그리고 어떤 면에서 복음이 세계의 모든 문화를 뛰어넘으며 도전하는지를 보여 주면서 본서에서 제시된 사상 노선들을 더 발전시킬 수 있는 기회를 갖고 있습니다. 여러분은 동서양의 두 문화 모두의 전제에 친숙하기 때문입니다. 동서양 문화의 교차지에서 살고 있기 때문에 한국의 그리스도인들은 여러분에게만 다가오는 독특한 도전들에 직면합니다. 여러분이 살고 있는 이 시간과 하나님이 여러분을 살게 하신 이 공간이 동서양 모두의 우상숭배들을 폭로할 기회를 제공합니다. 한국의 차세대 그리스도인들이 예언자적인 기조를 띤 신실한 복음전도를 실천하기 위해서는 우리 각자가 살고 있는 시대를 정확하게 이해할 필요가 있습니다. 복음이 사회 속에 스며들도록 하기 위해서 우리는 세상 사람들이 그 복음 메시지를 이해하고 그 위력을 경험할 수 있도록 좋은 소식을 전파해야 합니다. 선교사가 자신의 선교지 언어를 공부하고 자신이 부름받은 선교지 사람들의 문화에 대해 무언가를 배우듯이, 여러분 또한 가장 효과적인 복음전도 방식들을 발견하기 위해 여러분 주변 사람들을 이해하려고 애써야 합니다.
우리 모두는 각각 이 과업을 위해 부르심을 받았습니다. 만일 여러분이 이 세상에서 선교적인 삶을 살아가려면 여러분이 어디에 거주하고 있는지 알 필요가 있습니다. 여러분이 만일 지금 이 순간에 선교적인 삶을 살아가려면, 여러분은 또한 어떤 시대에 살고 있는지를 알 필요가 있습니다. 이 특별한 시공간에서 여러분과 함께 살아가는 사람들 가운데 여러분이 발견하는 공통점들은 무엇입니까? 그 공통점들이 여러분의 문화와 여러분의 선교적인 만남이 일어나야 하는 곳입니다.

주변 사람들을 이해하려면 여러분은 소비되고 있는 문화적 가공물들에 대해 질문들을 제기하는 법을 배워야 할 것입니다. 그리고 여러분은 한 사회의 지배적인 세계관들을 식별하는 법을 배울 때, 보다 더 공명이 잘 되는 방식들로 복음을 제시할 방법들을 찾아야 할 것입니다. 세계에 대한 기독교의 참된 이야기와 사회에 퍼져 있는 신념들과 관습들에 전시되어 있는 거짓된 희망들과 꿈들의 대조점을 조명함으로써, 여러분은 다른 동료신자들을 신실한 증인들로 살 수 있도록 준비시킬 수 있습니다.

신실한 증인들로 살아가기 위해 여러분은 성경의 렌즈를 통해 세상을 통찰할 필요가 있습니다. 그것은 무엇이 선하고 무엇이 거짓된 것인가를 확증하고, 거짓되고 틀린 것을 배척하며, 마침내 복음이 어떤 점에서 세상 사람들이 집착하는 이야기보다 더 좋은 이야기를 말하며 동시대인들의 가장 깊은 갈망들에 응답해 주는지를 보여 주기 위함입니다. 이것이 바로 교회의 사명입니다. 우리는 공동체에 영향을 끼치기 위해 가능한 무엇이든지 하는 사람 — 예배를 통해서든, 정치 참여를 통해서든, 공공선을 위한 활동을 통해서든, 세계를 분석하고 이해하는 일을 통해서든 상관없이 — 을 생각할 때 너무나 자주 문화생활의 향유와 참여를 생각합니다. 그러나 문화 향유와 참여가 지상(至上) 명령과 맞물릴 때 우리는 다른 그림을 봅니다. 그것은 외롭고 개인적인 추상적 '문화 향유와 참여'라기보다 다른 문화들에게 영향을 끼치는 한 새로운 문화를 창조하는 일이라는 것입니다.

교회는 복음 메시지의 전달 메커니즘 이상입니다. 교회는 복음의 기상과 정신을 전시하고 보여 주는 곳입니다. 교회는 단지 '문화'와 대결하지 않습니다. 복음의 기상과 정신은 교회를 낳음으로써 하나의 문화를 창조합니다. 그리스도에 대한 여러분의 순종, 여러분의 이웃 사랑, 여러분의 열정적인 성결 추구, 이 모든 것들이 여러분의 복음 증거의 능력을 배가시키는 데 중요합니다. 우리는 은혜의 불모지인 세상에서 교회를 오아시스로 만들어야 합니다. 우리는 교회를 하나님의 거룩하심을 두려워하며 살면서 예수를 이 세상을 통치하시는 왕으로 고백하는 제의를 통해 탄생된 대항문화공동체로 만들어야 할 필요가 있습니다.

저는 이 책이 한국 그리스도인들이 그리스도의 대의명분인 하나님 나라를 위해 세상을 전복하도록 영적으로 무장시키는 데 도움이 되길 기도합니다. 저는 여러분이 하나님의 말씀 안에서 우리에게 들려진 세상에 대한 하나님의 참된 이야기 속에 철저하게 빠져들어 세상의 빛으로 빛나며, 이 세상을 부패하지 않게 만드는 소금으로 사는 최선의 지혜를 계발

하기를 기도합니다. 또한 저는 여러분이 전심을 다해 그리스도를 기뻐하며 은혜의 경주를 달려갈 때 여러분의 복음 증거가 보다 강력하고 효과적이 되기를 간구합니다.

트레빈 왁스

_ 추천사

25년 전 나는 당시의 존경받던 피츠버그 파이레츠의 투수코치였던 레이 밀러에게 "투수 코치의 일 중 가장 어려운 부분이 무엇이냐?"고 물은 적이 있다. 그는 애정이 깃든 책망 조로 젊은 투수들을 코치해 준 이야기들을 들려주었다. "그들은 약 10분 정도의 주의집중력을 갖고 있는데, 10분이 지나면 자연스럽게 폭투를 하게 되고 심지어 그 공이 운동장을 벗어나기까지 한다. 그들을 가르치는 것은 시간이 경과해도 흐트러지지 않을 주의집중력을 갖도록 훈련시키는 일이다. 나의 과업은 노련한 두뇌를 젊은 몸에 이식시키는 것이다."
트레빈 왁스(Trevin Wax)는 70세에 전성기를 맞는 신학자들의 기준으로 보면 35세밖에 안 된 젊은 소장신학자이다. 그러나 그는 노련한 두뇌를 갖고 있다. 그는 교회사의 위대한 기독교 신학자들과 사상가들의 사상과 교훈에 대한 상당한 식견을 보여 준다. 하지만 자랑하지는 않는다. 그는 행복을 살 수 있다고 생각하거나 그것을 얻으려고 발버둥치는 것이 어리석은 일임을 알고 있다. 왜냐하면 하나님은 우리가 하나님을 섬길 때에만 행복의 즐거움을 누리도록 창조해 놓으

셨기 때문이다. 그는 아이폰이나 다른 애플 제품들을 경배하는 것은 인류의 첫 조상들을 타락시켰던 금단의 열매에 비극적으로 매혹당하는 실수를 반복하게 만든다고 본다. 그는 성(性)은 피상적이지만 결혼은 본질적이라고 본다.

오늘날 많은 책들은 10분 정도만 주의를 집중시키지만 「디스 이즈 아워 타임 : 우리 시대의 진면목」은 독자들을 오랫동안 집중하게 만든다. 그 제목 자체가 암시하듯이 이 책의 제목은 다층적인 의미를 갖고 있다. 이제는 트레빈 왁스처럼 밀레니엄 세대가 일어서서 지도력을 발휘할 때이다. 오늘날은 우리 모두 사당의 음침한 골짜기를 대담하게 통과해 걸어가기보다는 우리 자신의 관심을 산만하게 분산시킴으로써 시간 낭비하는 일을 멈출 때이다. 오늘날은 우리가 가진 유일한 시간이다. 우리는 세상의 타락하는 발전들을 보고 신음하기보다는 새로운 살길, 그리고 생명을 가르친 옛 길을 발전시켜야 한다.

「디스 이즈 아워 타임 : 우리 시대의 진면목」은 정치를 우선시하는 값싼 은혜를 제시하지 않는다. 대신 이 책은 공공정

책은 문화의 상류를 이어받아 흐르는 하류이며, 문화는 종교의 상류를 이어받아 흐르는 하류임을 인식하고 있다. 이 책의 중심 주장은 우리 그리스도인들이 가장 좋은 이야기를 갖고 있기 때문에 우리 그리스도인은 행복하다는 것이다. 우리가 가진 이야기는 정말로 위대하기 때문에 트레빈 왁스가 인용하는 무신론자인 줄리안 반즈(Julian Barnes)는 "나는 하나님을 믿지 않는다. 그러나 나는 하나님을 그리워한다."라고 씀으로써 자신의 비망록을 시작한다. 반즈는 이 복음 이야기를 좋아하지만 믿지는 않는다. 반면에 많은 그리스도인들은 이 복음 이야기를 믿지만 그것을 하루 종일 마음과 지성 속에 간직할 만큼 좋아하지는 않는다.

「디스 이즈 아워 타임 : 우리 시대의 진면목」은 그리스도인이 아닌 독자들에게도 유익하다. 그래서 이 책을 통해 그들은 무엇을 놓치고 있는지, 무엇을 가졌으면 좋았을까를 생각하게 된다. 이 책은 그리스도인들에게도 좋은 책이다. 왜냐하면 시간이 갈수록 우리 그리스도인들은 세상 노예살이로부터의 출애굽 탈출을 망각하고 이집트의 고기가마를 그리워하기 시작하기 때문이다. 「디스 이즈 아워 타임 : 우리 시대의 진면목」은 비신자와 신자 모두에게, 지금뿐만 아니라 이 세상에서 우리가 보낼 시간이 끝날 때의 순간 모두에서 하나님이 가장 우선시되어야 함을 가르쳐 준다.

마빈 올라스키

서론

지금부터 들려주는 이야기는 얼마 전 우리 시대의 진면목이었다. 밝고 열정적인 24세의 루마니아 청년 플로린은 그가 살던 도시의 공산당위원회 대표로부터 소환 명령을 받았다. 건강한 노동윤리와 개인적 재능 덕분에 공산당 서열의 상층부까지 올랐지만, 플로린은 이번에 있게 될 공산당 당국자들과의 면담이 긴장에 가득 찬 만남이 될 것이라며 걱정했다. 모든 것이 변하듯, 그도 이제 어쩌면 공산당으로부터 제명되거나, 더 나쁜 일을 겪게 될지도 모르는 상황이었다.

지난 수년 동안 플로린은 공산당을 지지하고 공산당을 널리 선전하는 데 전적으로 투신했었다. 그는 군복무를 마쳤으며, 특히 16개월 동안의 군 복무 중에는 미사일과 로켓 부대에서도 근무했다. 그는 공산당 이데올로기의 맹렬한 수호자였다. 공산당의 대의명분에 대한 충성을 인정받아, 그는 어느 날 밤 침례교회 문간을 출입하며 교인들의 동태를 감시하는 스파이가 될 수 있었다. 대부분의 루마니아 공산당 지도자들은 신을 믿지 않았다. 그래서 그들은 조직화된 종교를 하루라도 빨리 궤멸시키기 위해 애썼다. 그들은 교회의 정치 관여를 위축시켰다. 또한 자선기관들을 폐쇄했으며, 교회가 운영하는 학교들과 대학교들을 폐교시켰고, 공교육 체제 안에서 일체의 종교교육을 중단시켰다. 역사가 케이트 히친스(Keith Hitchens)에 다르면, 예배와 종교 공부는 집과 그런 목적 때문에 특별하게 세워진 건물과 기관, 즉 교회와 신학대학원에만 허용되었다.[1]

종교를 공공연히 신봉하는 것을 약화시키기 위한 정책의 일환으로, 공산당 간부들은 플로린에게 그들이 거주하는 도시의 한 침례교회에서 열리는 부흥집회에 참석해 동향 파악을 하도록 요청하였다. 그는 나중에 '내 임무는 누가 그리스도인들과 어울리는가를 관찰해서 비밀경찰에게 그 과정을 보고하는 것이었다."라고 말했다.

비록 공산당에 충성스러운 플로린이었지만 그리스도인들과 그들의 어리석어 보이는 믿음과 관습에 대해 궁금증을 갖기 시작했다. 그가 스파이 신분으로 교회 건물로 몰래 잠입했던 어느 날 밤, 플로린은 설교자의 메시지에 망연자실할 정도로 충격을 받았다. 플로린은 후에 자신에게 일어난 일을 이렇게 영적으로 해석했다. "야웨의 영이 그 설교자 위에 역사하고 있었습니다. 나는 그가 성경의 어떤 구절을 갖고 설교했는지는 기억하지 못합니다. 그러나 그의 메시지, '예수가 왕이시다.'는 결코 잊혀지지 않았습니다."

설교가 끝난 후, 공산당 조직에서 점점 고위직으로 올라가던 불가지론자 청년 플로린은 세상에서 출세하려던 그의 희망과 꿈을 내

팽개치고 주 예수께 순복했다. 설교자가 그리스도를 믿고 싶은 사람은 손을 들어 보라고 요청했을 때, 플로린은 그의 양팔을 허공으로 내뻗으며 기도했다. "주 예수 그리스도, 하나님의 아들이시여, 나는 주님의 것입니다. 이제 나는 주님께 내 전 존재를 바칩니다."

나는 이 루마니아 청년 플로린의 개종 이야기를 소상하게 알고 있다. 왜냐하면 그가 바로 내 장인이기 때문이다.

마땅히 할 말을 적시(適時)에 주시는 하나님

내 장모님 제니(Jeni)는 플로린이 새로 얻게 된 그 믿음을 반대했다. 제니는 "이것은 당신의 일일 뿐이야. 내가 그런 신앙을 갖게 되리라는 기대는 아예 말아."라고 말했다. 그러나 플로린은 적지 않게 집요했다. 그의 인품의 특이성은 억누를 수 없는 설복력이었다. 그는 어떤 사람을 만나면 자신이 옳다고 믿는 바를 말로써 설득하거나 아니면 그 수준을 넘어 압도하려고 애쓰는 사람이었다. 그러나 이것은 바른길을 걸어가라고 설득하기 위해서 그의 온 재능을 다 쏟았기 때문에 가능했다. 그의 직장 스케줄상 빈 시간이 있던 그 주 주말 저녁에, 제니는 마뜩잖은 기분으로 플로린과 함께 그 교회에서 드리는 예배에 참여했다. 그리고 그녀도 하나님의 말씀에 대한 설교를 듣자 이내 자신이 죄인임을 깨닫고 예수님을 믿게 되었다.

이제 플로린과 제니의 가족은 곤경에 처하게 되었다. 플로린과 제니는 공산당 지도자들이 자신들이 이제껏 걸어왔던 하나님의 길로부터 그들을 이탈시키려고 했을 때 "하나님, 제발 나쁜 일이 일어나지 않게 허 주세요!"라고 외쳤다. 아마도 공산당 지도자들은 이렇게 취조할 것이다. "당신들은 공산당원에서 기독교인으로 개종하는 데 따르는 대가를 짐작하고 있나? 공동체 안에서 누리던 권세와 명예를 잃을 수 있나? 당신들 앞에 닥칠 어려운 나날은 어쩌려고?"

공산주의 이데올로기는 종교적 신앙을 두고 심신이 미약한 사람들이 그들의 고난을 그럭저럭 견디도록 도와주길 소망하며 복용하는 '인민의 아편'이라고 묘사했다. 공산주의자들은 오로지 공산주의만이 인간 사회를 파괴했던 제국주의자들과 자본가들로부터의 구원을 준다고 주장했다.

그해의 끝인 1974년 12월 8일, 루마니아 역사에서 가장 성대한 침례교 예배 중 한 예배 시간이었다. 플로린과 제니는 하얀 옷을 차려입은 150명의 다른 개종자들과 함께 침례를 받으려고 물에 첨벙 뛰어들었다. 바로 그곳에는 개종 가능성에 대해 처음에는 "하나님, 제발! 이것은 아닙니다."라고 말했던 플로린의 아버지도 함께 있었고, 그 또한 일어나 "하나님! 저 또한 구원해 주소서."라고 외쳤다.

그러나 이 즐거운 축제 분위기도 플로린 가족의 개종으로 급격히 어두워져 갔다. 플로린은 공산당 지도자들에게 소환되었을 때 그들이 자신에게 무슨 말을 할 것인지를 알고 있었기 때문이었다.

19

그때까지 플로린에게 애국자가 되는 것은 공산당원이 되는 것이었다. 공산당에 반대하거나 '반동적'이거나 '진보에 역행하는 듯한 입장'을 취하는 것은 초등학교 때부터 사람들 속에 짙게 새겨진 공산주의 이데올로기에 대한 직접적인 도발을 의미했다. 공산주의 이데올로기를 의심하는 대화는 사회적인 압력을 초래할 위험을 내포할 수도 있다고 간주되었다. 플로린은 기독교 신앙을 가졌다는 이유로 투옥되어 심신이 손상되거나 먼 곳으로 추방된 사람 혹은 정체불명의 상황에서 죽임을 당한 사람들에 대해 알고 있었다. 그는 자신이 이제 막 신앙에 입문한 그리스도인일 뿐 목사는 아니기 때문에 최악의 사태가 벌어질 것이라고 생각하지는 않았다. 하지만 여전히 소환 명령만으로도 충격을 받기에는 충분했다.

플로린은 소환을 기다리는 며칠 동안, 심문을 당했을 때 무슨 말을 할 것인지를 제니와 의논하며 하나님께 지혜를 달라고 기도함으로써 곤두선 신경을 진정시키려고 애썼다. 당연히 당국자들은 이해하려 하지 않을 것이고, 그들이 플로린의 신앙을 승인할 리는 더더욱 없었다. 하지만 그들이 자신의 신앙간증을 듣고 현재 수준으로 내버려두는 데에는 동의하지 않을까 하는 생각도 해 보았다. 제니는 그 상황을 회고하며 다음과 같이 말했다. "그것은 마치 하늘에서 떨어져 내린 시구(詩句) 같았습니다. 플로린은 복음서를 읽다가 제자들이 당국자들에게 끌려가 심문을 받을 때 어떻게 대처해야 하는가에 대해 예수님이 주신 가르침을 발견했습니다. 그건 바로 예수님이 당국자들에게 끌려가 심문을 받게 될 제자들에게 권면을 주시는 장면이었습니다. 예수님은 제자들에게, 성령님께서 적절한 시점에 마땅히 해야 할 마땅한 말씀을 주실 것이기 때문에 무슨 말로 대답해야 할지 걱정하지 말라고 말씀하셨습니다."

> "사람이 너희를 회당이나 위정자나 권세 있는 자 앞에 끌고 가거든 어떻게 무엇으로 대답하며 무엇으로 말할까 염려하지 말라 마땅히 할 말을 성령이 곧 그때에 너희에게 가르치시리라 하시니라"(눅 12 : 11-12).

플로린은 이 구절 때문에 한층 더 담대해졌다. 하지만 그 적절한 때는 당도했으나 여전히 마땅히 해야 할 말은 떠오르지 않았다. 공산당 간부는 곧장 본론을 꺼냈다. 그는 플로린이 대답할 틈도 거의 주지 않고 하나의 질문이 채 끝나기도 전에 또 다른 질문을 속사포처럼 퍼부었다.

"어이 동무, 당신은 기꺼이 회개하고 기독교에 귀의하기를 원하는가? 도대체 거기에 무슨 이익이 있단 말이오? 당신을 가르치는 이 자들은 도대체 누구요? 이 기독교가 당신을 위해 해 주는 선한 일이 뭐요?"

그때 플로린은 극도의 냉정을 유지하며 머릿속어 즉시 떠오르는 말로 대답했다. "기독교는 나를 정직하고 신실한 사람으로 만들며 인민을 교육하는 데 두루 도움을 줍니다." 다른 말로 하자면 "당신이 깨닫든지 못 깨닫든지에 상관없이 기독교는 나와 우리 인민 모두에게 좋습니다."

공산당 시당위원회는 플로린에게 공산당 제명을 알리면서 공산당원으로서 누리던 모든 특권이 박탈될 것이라는 사실을 통보했다. 그 공산당 간부는 "플로린, 당신은 앞으로도 계속 감시당할 것이오."라는 위협을 발하며 플로린을 떠나보냈다. 그러나 그것은 장차 일어날 일의 전초전에 불과했다.

플로린은 그 후 15년 동안 교회, 자신의 아파트, 그리고 자신이 식당을 운영하던 기차역에서 자신을 감시했던 세 명의 비밀경찰들의 존재를 알고 있었다. 제니는 말했다. "우리가 미국인 방문자들을 집에 초청하려고 할 때, 그들은 항상 각각 다른 도시에서 출발해 개별적으로 우리에게 와야만 했습니다. 의심을 불러일으키지 않기 위해 절대 단체로 움직여서는 안 되었습니다." 그들의 전화는 도청당했고, 공산당 체제를 뒤흔들 만한 대화는 직접 얼굴과 얼굴을 맞대고만 가능했다.

플로린은 자신의 흠잡을 데 없는 인품, 그의 원수들마저 선대하는 친절, 그리고 어떤 것도 진실로 그를 하나님의 사랑에서 끊어놓을 수 없다는 믿음에 의지하여 공산당의 압력에 잘 대처했다. 플로린은 식당 주방장이었으며, 공산당 간부들과 정보원들이 식당에 오는 날이면 언제든지 주방요리사들에게 최고의 요리를 내오도록 일러두었다. 그는 주문한 요리들에 몇 가지 요리들을 추가하고 용기, 아첨, 그리고 최상의 친절을 버무려 그의 정치적 적대자들에게까지 최대한 정중하고 친절하게 대했다. 그들은 이렇게 친절한 플로린을 어쩌지도 못한 채, 늘 그에게 아무런 위협도 가하지 않은 채 떠났다.

신앙 때문에 투옥되거나 순교당한 기독교 지도자들과는 달리, 플로린은 평범한 직업을 가진 보통 그리스도인이었으며, 역경의 시간에서도 비상한 용기를 과시했다. 그리고 그의 증언은 나로 하여금 다음과 같은 질문들을 제기하게 만든다.

그렇다면 우리는 뭐지?
우리가 누리는, 지금 이 순간에 우리의 신앙은 어떻지?

상상력을 사로잡는 신화

적절한 시점에 마땅히 해야 할 말을 했던 그리스도인들을 생각하면 영감을 받는다. 그들은 하나님을 향한 신실함이 시련의 순간에 어떤 모습을 띠게 되는지를 본능적으로 깨달았던 사람들이다. 그러나 이런 그리스도인들의 간증은 우리로 하여금 기독교 신앙의 미래가 어떻게 될 것인가를 생각해 보도록 도전한다.

이제까지는 그럭저럭 지내왔다. 만일 상황이 한층 더 나빠지면 어떻게 할 것인가? 우리에게는 그때도 끝까지 하나님께 신실하게 남아 있을 정도의 확신과 흔들리지 않을 용기가 있는가? 혹은 우리 자신의 연약함을 미리 짐작하고 현실과 타협하고 말 것인가?

이런 질문들은 나로 하여금 루마니아에서 종교적 자유가 어떻게 사라졌는가를 알아보고자 역사책들을 찾도록 몰아갔다. 어떻게 자유를 누리는 한 국민이 독재자의 손아귀에 장악되었는가? 어떻게 거짓된 이데올로기가 온 나라 방방곡곡에 퍼져 사람들을 설복시켰는가? 가장 중요한 질문은, 그리스도인들이 이 사태에 어떻게 반응했는가이다.

루마니아의 역사는 수천 년 동안 흘러오고 있다. 이 나라는 동양과 서양의 교차로에 위치하고 있으며, 루마니아인들은 유럽인의 정체성과 슬라브족의 정체성, 둘 다를 갖고 있고, 라틴어에 뿌리를 둔 언어를 사용하고 있다. 하지만 최근 세기에 루마니아를 유명하게 만든 것은 루마니아의 정치적 저항자들이었다. 「흑야」(Night)에서 유대인의 대학살을 다룬 유대인 작가 엘리 위젤(Elie Wiesel)과 '순교자의 목소리'를 시작했던 루터교 목사 리차드 범브란트(Richard Wurmbrand) 목사가 루마니아를 국제적으로 유명하게 만든 정치적 저항자들이었다.

2차 세계대전이 끝난 후 루마니아 공산당은 선거를 조작해 정권을 장악했다. 공산당이 권력을 잡은 지 3년 안에 서구유럽의 영향을 지지했던 공무원들은 재판에 회부되고, 추방당하거나 죽임을 당했다. 그때까지 루마니아를 다스리던 루마니아의 왕은 1947년에 강제 퇴위를 당했다. '루마니아 인민공화국'이 전국을 장악했고, 그 후 40년 동안 요세프 스탈린(Josef Stalin) 식의 공산주의를 루마니아에 관철시켰다.

권력 강화를 위해 공산당 지도자들은 믿을 수 없을 만큼의 억압을 초래한 비밀정보부대를 창설했다. 이것은 '인민보안 총국'이며 루마니아 말로 '세큐리아타케아'(비서국)라고 알려졌다. 이 정보부대는 새로운 공산체제에 반기를 드는 지식인들을 정조준했다. 케이트 히친스(Keith Hitchens)는 공산주의자들에게 동조했던 지식인들의 입장을 다음과 같이 요약한다. "누구든지 진보와 미래권력에 동조하든지, '역사에 의해 유린당하든지' 양자택일을 강요받는다."[2] 인문과학이나 사회과학 분야의 학자들은 주변으로 밀려났고, 더 이상 학자적 경력을 추구할 수 없었다. '진보의 길을 가로막았던' 사람들은 공공연한 조롱의 대상이 되었다.

그때 공산주의자들은 역사책들을 왜곡했다. 공산주의 혁명가들은 권력을 공고히 하고 유지하는 길은 루마니아 역사교육을 통제하는 것임을 알았다. 그들의 정치적 완력을 과시하는 것으로 충분하지 않았다. 그들이 루마니아를 장기간 지배하기 위해서는 루마니아 국민의 상상력을 사로잡을 필요가 있었다. 그래서 그들은 루마니아 역사를 다시 써서 루마니아 사람들을 세뇌시키기로 결정했다. 그 목적은 공산주의자들은 악당이 아니라 영웅이라는 점을 명확하게 밝히는 것이었다. 루마니아 역사는 마치 자유를 쟁취하기 위한 공산주의자들의 비전을 성취하려는 긴 투쟁의 역사인 것처럼 날조되어야 했다. 모든 역사책들은 다시 쓰여야 했다.[3]

공산당 지도자들이 하나의 신화를 창조한 것이다. 그들은 인간의 근원적 갈망에 호소하는 거짓말을 지어냈고, 이 자유를 얻기 위한 투쟁이라는 역사의 이상이 루마니아의 국가적 희망이라고 선전했다. 이것이 바로 내 장인의 경우처럼, 우리 주 예수 그리스도의 복음에 의해 찢겨진 신화였다.

올바른 렌즈에 의해 정체가 탄로난 신화

루마니아의 내 친구들과 가족들이 그들이 속한 사회의 지배적인 신화 — 모든 사람이 믿고 있는 것처럼 보였던 신화 — 의 정체를 어떻게 간파하게 되었는지를 생각해 보노라면, 미국에 사는 우리 또한 과연 우리 사회의 지배적인 신화의 정체를 간파할 능력을 갖추고 있는지 생각해 보지 않을 수 없다. 루마니아처럼 정부에 의해 강압적으로 주입되는 하나의 획일적인 지배적 신화가 우리에게는 없다. 그럼에도 불구하고 우리는 많은 신화들이 보내는 메시지에 의해 융단 폭격을 당하고 있다.

21세기에 정상적인 삶을 산다는 것은 때로는 너무 버겁게 다가온다. 미처 의식하기도 전에 받는 메시지는 말할 것도 없고, 전화, 텔레비전 그리고 인터넷을 통해 끝없이 많은 메시지들이 쇄도해 오고 있다. 우리가 당연히 여기는 삶의 방식, 검증되지 않은 채 우리가 사는 삶의 방식에 밀접하게 연결된 가정들, 신념들, 그리고 관행들은 우리가 미처 의식하기도 전에 받는 메시지이다.

루마니아의 기독교 신자들은 정부가 그들에게 하나의 이데올로기를 강요하고 있다는 것을 알았다. 그렇다면 우리는? 오늘날은? 만일 우리가 심지어 한 번도 문제 제기조차 해 보지 않은 우리 사회의 신화들을 따라 살고 있다는 것이 사실이라면 어떻게 할 것인가?

만일 우리가 단순히 그것들이 우리의 역사책에 기록되었기 때문이 아니라 우리의 일상적인 습관 속에 뿌리내리고 있기 때문에 그 거짓된 이야기들에 속고 있다면 어떻게 할 것인가?

아주 급격하게 변화되는 이 사회에 대해 종잡을 수도 없고 혼란을 느끼는 때, 우리에게는 복음과 교회의 영적 권능에 대한 신뢰가 부족하다. 많은 사람들은 의문을 갖는다. "과연 우리는 진실로 우리 시대에 신실한 삶을 살아가야 할 과업을 감당하고 있는가?"

나는 최근에 이런 질문들로 자신의 영적 일기가 가득 차게 되었다고 말해 준 한 젊은 여성, 알레나의 편지를 받았다. 그녀는 '자신을 둘러싸고 있는 세상에 대해 질문할 때 어쩔 수 없이 무거워지는 자신의 심리상태'를 묘사했다. "그냥 아무 거리에나 나가서 카페에 앉아 있거나 버스나 전철에서 사람들의 대화를 엿듣는 것은 마치 모든 종류의 소리들이 증폭되고 순환·반복되는 방 안에 들어와 있는 기분이다. 지금 내 마음속에 무슨 생각이 작동하는지를 평가하기 위해 딱 3초간 침묵을 유지하는 순간을 찾으려고 애쓴다. …… 내 페이스북을 한번 훑어보면 미칠 것 같다. 단지 그 안에 적힌 구체적인 내용들이 끔찍해서가 아니다. 오히려 그것은 사회의 전체 분위기 때문이다. 말하자면 나는 정상적이라는 감수성을 되찾을 수 없을 것 같다."

무슨 말인지 이해가 된다. 그러나 소위 '정상적 삶'이 우리를 부르신 하나님의 뜻은 아니다. 신실한 삶이 우리를 부르신 하나님의 기대이다. 그런데 이런 상황이 우리 시대의 실제 모습이다. 연극무대의 커튼이 올려지면 우리는 무대에 선 배우가 된다. 나는 구름 같이 둘러싼 허다한 증인석에 앉아 있는 청중으로부터 플로린 같은 사람들이 "예수님께 시선을 고정하고 여러분의 신앙경주로를 달리세요!"라고 외치면서 우리를 응원하는 음성을 들을 수 있다.

> "이러므로 우리에게 구름같이 둘러싼 허다한 증인들이 있으니 모든 무거운 것과 얽매이기 쉬운 죄를 벗어 버리고 인내로써 우리 앞에 당한 경주를 하며 믿음의 주요 또 온전하게 하시는 이인 예수를 바라보자 그는 그 앞에 있는 기쁨을 위하여 십자가를 참으사 부끄러움을 개의치 아니하시더니 하나님 보좌 우편에 앉으셨느니라"(히 12 : 1-2).

> "운동장에서 달음질하는 자들이 다 달릴지라도 오직 상을 받는 사람은 한 사람인 줄을 너희가 알지 못하느냐 너희도 상을 받도록 이와 같이 달음질하라"(고전 9 : 24).

플로린이 그 주위의 공산주의자들이 구축했던 신화를 꿰뚫어 보았듯이, 우리는 우리 시대의 '정상적인 삶'의 정체를 꿰뚫어 볼 수 있다. 그렇게 하기 위해서는 플로린처럼 우리에게도 복음의 안경이 필요하다.

복음의 빛 아래 탄로난 갈망과 거짓

내 장인은 자신의 개종 이야기를 세세히 들려줄 때마다 공산주의 신화와 복음의 진리를 대조하곤 했다. 그러나 그가 속했던 공산주의 사회의 신화를 꿰뚫어 본 것이 그를 결코 '반인민 반동자'라는 의미의 '반공산주의자'로 만들지 않았다. 그는 식당에서 음식을 만들면서 자기를 연행하겠다고 위협하는 비밀경찰을 웃음으로 맞으며 음식을 대접하는 그런 사람이었다.

내 생각에 플로린은 공산당 관원들도 마음속 깊은 곳에서는 자신과 똑같은 것을 원하고 있음을 알았다. 그들도 이전의 자신처럼 부서지기 쉽고, 두려워 떠는 타락한 인간이었다는 것이다. 단지 그들은 잘못된 장소에서 평화를 찾고 있었을 뿐이었다. 그들은 안전과 사회적 지위를 원했다. 그들은 이 모든 갈망을 성취하기 위해 공산당을 의지했고, 내 장인은 그리스도 안에서 그가 원했던 모든 것을 얻었다. 플로린은 바로 이 이유 때문에 공산당 이데올로기에 대항해 일어섬과 동시에 자신이 접촉한 공산당원들을 위해서도 일어섰다.

그는 복음이 공산주의의 거짓을 어떻게 폭로했는지도 이해했을 뿐만 아니라, 복음이 무엇보다도 먼저 공산주의를 사람에게 그토록 매력적으로 보이게 만든 더 근원적인 인간의 갈망을 긍정한다는 점에 주목했다. 하나님 말씀의 권능으로 인해 그는 공산주의의 거짓된 신화들의 정체를 꿰뚫어 보고 복음의 희망을 발견할 수 있었다.

우리는 오늘 우리 시대에서도 똑같은 일을 해야 한다. 우리는 루마니아 형제자매들이 경험했던 종류의 압제에 직면하지 않을 수도 있다. 그러나 우리는 도덕이 붕괴되는 격변의 한복판에 살고 있으며, 우리를 둘러싼 세계는 급변하고 있다. 이럴 때는 절망과 수세적인 입장에 빠지기 쉬우며, 때로는 마치 불신자들이 우리의 적이라도 되는 것처럼 그들에게 분노와 증오를 쏟아내기 쉽다. 우리의 싸움은 우리만큼이나 예수님을 필요로 하는 이웃들이 대상이 아니라 정사와 권세들을 상대하는 것이다. "우리의 씨름은 혈과 육을 상대하는 것이 아니요 통치자들과 권세들과 이 어둠의 세상 주관자들과 하늘에 있는 악의 영들을 상대함이라"(엡 6 : 12).

어떻게 우리는 오늘날 우리 주변에 흘러넘치는 거짓된 이야기들에 맞설 수 있을까? 이 사회의 신화들의 정체를 꿰뚫어 보고 복음의 소망에 이르기 위해 우리는 다음과 같은 세 가지를 찾아야 한다.

근원적 갈망

우선, 우리는 사회가 말하는 이야기 안에는 보통 좋고 올바른 요소도 있다는 사실을 인정할 필요가 있다. 어떤 사람이 세계에 대한 특정 신화를 믿을 때 그들의 마음속 깊은 곳에는 그 이야기 중 어떤 것은 참된 실재이길 바라는 마음이 있기 때문이다. 영국 신학자 니콜라스 톰 라이트(N. T. Wright)는 "어떤 사상들이 사람들에게 호소력을 갖는 이유는 과학자들이 그 사상들이 참이라고 증명하는 무언가를 발견했기 때문이 아니라 그것들이 많은 사람들이 믿고 싶어 하는 사상들이기 때문에 인기를 얻는다."라고 말한다.[4]

우리는 여기서 "왜 그런가?"를 반드시 물어야 한다. 왜 사람들은 자신들이 믿는 특정 이야기가 참된 것이라고 믿고 싶어 할까? 아마도 그들이 하나님을 갈망하고 있으면서도 그 갈망을 충족시켜 주지 못하는 잘못된 곳에서 그들의 근원적 갈망인 하나님을 찾으려 하기 때문일지도 모른다. 그들이 믿고 있는 신화는 **나쁠지 모르나 그들의 갈망은 좋은 것이다.** 민권운동가인 존 퍼킨스(John Perkins)는 일찍이 '복음전도자의 과업은 하나님의 복음을 인간의 깊은 갈망들과 연결시켜 주는 것이다."라고 말했다.[5] 우리는 과거의 신화들의 겉모습을 지나 그것들 안에 담긴 근원적 갈망들을 볼 때 하나님의 복음과 신화 사이에 있는 공통적 기반을 발견한다.

거짓말

그러나 신화 배후의 보다 더 깊은 갈망을 찾아내는 것으로는 충분하지 않다. 우리는 또한 그 신화에 있는 나쁜 요소를 배척해야 한다. 복음은 단지 인간의 가장 깊은 갈망을 긍정하는 데 그치지 않는다. 복음은 그런 갈망들에 도전하며 그것을 재구성함으로써 신화 속에 깃든 거짓말을 드러낸다. 만일 우리가 우리 사회에 영향을 끼치는 이야기들 속에 도사린 거짓들을 폭로하지 않는다면 그것은 기독교 세계관이 세상의 많은 세계관 중의 하나, 즉 인간의 근원적 갈망을 충족시켜 주는 한 가지 방법에 불과하다고 암시하는 셈이다. 결코 그렇지 않다. 기독교는 거짓된 믿음들과 관습들을 폭로하는 메시지, 즉 진리를 제공해야 한다. 루마니아 그리스도인들은 공산당 체제가 가짜이며, 그들이 재창조한 역사의 비전은 거짓된 신화에 불과하다는 사실을 알았다. 그래서 그들은 공산주의 신화의 거짓됨을 폭로했고, 예수를 왕이라고 선포했다.

빛

그때 플로린이 의지한 것은 복음이었다. 우리는 성경 저자들이 예수 그리스도와 하나님의 말씀을 지칭하는 방식을 따라 복음을 '빛'이라고 말한다.[6] 우리는 빛을 필요로 한다. 우리는 빛을 원한다. 우리는 어둠 속에서 살도록 만들어지지 않았다. 이런 이유 때문에 고문하는 자들은 어둠 속에서 고문하고 혹은 사람들은 빛이 모자라는 겨울철에 계절성 감염질병들로 고통을 당한다.

그러나 빛은 무언가를 노출시키고 때로 우리의 눈을 멀게 한다. 복음의 빛으로 우리 시대의 거짓된 신화들을 들추어낸 그리스도인들은 단지 "이것은 좋고 저것은 나쁘다."라고 말하지 않고, "이것은 저것보다 좋다."라고 말한다. 복음은 더 좋은 이야기를 들려준다. 그렇다. 복음은 우리가 믿어 오고 사회 속에서 퍼뜨린 거짓들을 들추어낸다. 그러나 우리의 눈이 밝은 빛에 한 번 노출되기만 하면, 우리는 어떻게 복음이 그 놀라운 방식으로 우리의 더 근원적인 갈망들을 충족시키는지를 발견하게 된다. 복음전도는 단지 복음이 참되다는 것을 믿도록 설득하는 것이 아니라 복음이 거짓된 신화들이나 어떤 이야기들보다 더 낫다는 사실을 설득하는 일이다.

거짓말 탐지기형 그리스도인과 긍정수용형 그리스도인

어떤 그리스도인들은 거짓말을 폭로하는 데 대부분의 정력을 다 바친다. 우리는 이런 그리스도인들을 '거짓말 탐지기형 그리스도인'이라고 부를 수 있을 것이다. 그들은 우리 사회가 믿고 있는 신화들 속의 거짓된 요소들을 쉽게 포착해 낸다. 그러나 그들은 가끔 그 신화 배후에 있는 갈망을 간과한다. 그래서 그들은 팔짱을 낀 채 끊임없이 정죄하는 자세로 서 있다. 어떤 때 그들은 '분별력 좋은 사람들'이라는 말을 듣기도 한다. 그러나 나는 이런 생각에 반대한다. 분별은 성령의 은사이며, 그러므로 그것은 함양되어야 할 아름다운 자질이다.[7]

게다가 거짓말 탐지기형 그리스도인은 너무 많은 분별활동 때문에 고통을 당하지는 않는다. 오히려 분별로는 충분하지 않다. 그들은 오직 거짓들을 분별할 뿐 더 깊은 갈망들을 분별하지 않는다. 그들은 왜 사람들이 복음보다 먼저 거짓에 쉽게 끌리는지를 이해하지 못한다.

또 다른 한편 어떤 그리스도인들은 우리 사회가 신봉하는 신화들 배후에 있는 더 근원적인 갈망들을 발견하는 데 정력을 소진하는 바람에 우리 사회가 믿고 있는 신화들 안에 있는 거짓된 요소들이 무엇인지를 결코 폭로하지 못한다. 나는 이런 부류의 사람들을 '긍정수용형 그리스도인'이라고 부른다. 왜냐하면 그들은 사람들이 무언가를 믿고 있다면 그 믿음에 어떤 도전도 하지 않고 무언가를 신봉하며 살아간다는 점만 높이 사서 칭찬만 하기 때문이다. 만일 거짓말 탐지기 그리스도인들이 거짓 폭로에만 치우친다면, 긍정수용형 그리스도인들은 기독교를 세상 사람들에게 친숙한 소식으로 들리게 만드는 실수를 범한다. 그들은 복음이 마치 사람들이 이미 갖고 있는 근원적 갈망을 무조건 긍정하는 것으로 오인하게 만들 수 있다.

이 둘 중 어떤 것도 우리 시대에 요청되는 성경적 기준의 신실함을 실천하는 데는 역부족이다. 그래서 우리는 복음이 인간의 어떤 근원적인 갈망을 충족시키는지, 그리고 동시에 인간이 만든 거짓을 어떻게 배척하는지를 명료하게 이해할 만큼 충분히 지혜로워야 한다. 이 책은 독자들이 이 과업을 성취하도록 도와주기 위해 쓰였다.

책의 전반부는 우리의 일상생활에 강하게 영향을 끼치는 습관들을 고찰한다. 우리는 출발하자마자 곧장 본론에 도착하는 셈인데, 우리가 사용하는 스마트폰이나 우리가 사랑하는 이야기들에 의해 들려진 신화들을 다룬다. 그런 다음 이 책은 왜 우리가 이 땅에 살며 우리는 우리 생명의 궤적들을 어떻게 기획할 것인가에 관하여 우리가 품는 언표되지 않은 전제들을 다룰 것이다.

책의 후반부는 우리 사회를 활기차게 만드는 더 큰 신화들을 다룰 것이다. 우리의 정치 참여는 어떻게 되어야 할까? 결혼과 성(性)에 관한 현 시대의 신화들은 무엇인가? 우리는 사회가 놀랄 만큼 진보하고 있다거나 멈출 수 없는 몰락의 계절에 들어섰다는 생각을 어떻게 물리칠 것인가?

차후에 나올 장(章)들은 우리 시대의 모습을 스냅사진처럼 촬영해 보여 준다. 각 장들은 우리가 제기하는 모든 도전적 문제 제기를 다 다루지는 않는다. 우리 사회에 만연한 흠결 많은 거짓들에 대해 훨씬 더 많은 논의가 가능했지만 이 책에서는 다루지 않는다. 급진적인 이슬람의 시대에 종교적 다원주의를 어떻게 다룰 것인가? 미국 사회에서 자행되는 제도적이고 개인상호 간의 인종차별이 만드는 공공연한 상처들을 어떻게 다룰 것인가? 우리의 정당들과 정치적 단체들의 균열들을 어떻게 다룰 것인가? 이런 도전적 질문들은 이 책이 다루지 못했다. 그러나 나는 이 제한적이지만 스냅사진처럼 촬영된 우리 시대의 진면목에 대한 이 책의 논의가 복음, '참되고 선하며 아름다운 복음'에 대한 독자의 신앙을 강화시켜 줄 것이라고 믿는다.

This is Our Time

1장
당신의 스마트폰은 신화 창조자이다

엘라, 제인, 줄리아 세 명의 십대 소녀가 인터뷰를 하기 위하여 국립공영방송국 스튜디오로 초대받은 적이 있다. "이것이 미국인의 삶이다"(This is American Life)라는 방송을 진행하는 이라 글래스는 소셜 미디어에 대한 십대 소녀들의 경험을 물어보기를 원한다. 그는 스마트폰을 사용하는 요즘 십대들의 삶에 대해 궁금해한다. 그래서 세 소녀는 한 유명한 방송인과 인터뷰를 하고 어울리기 위해 명성 높은 방송국 스튜디오까지 오게 되었다. 놀랍지도 않게 그들은 셀카를 찍기 위해 거침없이 전화기를 꺼내 연신 사진을 찍고, 즉시 인스타그램에 올린다.

"안 돼, 다시 찍어. 이상하게 나왔어."라고 제인이 말한다.

"제인, 침착해." 엘라가 말한다.

"그게 뭐가 중요해! 그치? 이런 일은 항상 있잖아." 줄리아는 짜증 섞인 목소리로 의견을 냈다. 엘라가 수다를 마무리했다. "이거 내가 올릴래. 우리는 모든 일이 얼마나 빨리 전달되는지 보게 될 거야." 모든 게 끝났다. 사진들이 올라왔다. 자, 이제 그들은 올린 사진들에 대한 인스타그램 팔로워들의 반응을 기다린다.

소녀들은 이라에게 1분 안에 두 개의 '좋아요'가 눌릴 것을 기대한다고 말한다. 그러나 몇 개의 '좋아요'가 눌릴지 누가 알까? 지금은 낮 시간이니 볼 사람이 많지 않다. 저녁 시간이 인스타그램에 올려진 사진에 '좋아요'와 댓글을 받기에 이상적인 때이다. 그들은 좀 더 기다려 본다.

1분이 지난 후 긴장된 기다림도 끝난다. 사진에는 세 개의 '좋아요'가 눌렸다. 잠시 후 몇 개 더 눌렸다. 소녀들은 이 '좋아요' 응답이 눌리는 것을 보고 기뻐하지만 "아주 멋져!", "예쁘네!", "기절시킬 정도로 굉장한데!", "아름답다!" 등의 댓글들이 올라오기를 바란다.[1]

"당신은 우주의 중심이다."

이 장면을 보면서 아마도 독자들은 "아, 십대 시절이란! 정서적으로 굶주리고 누군가로부터 예쁘다, 옳다, 잘한다 등의 칭찬과 긍정의 말을 듣기를 열망하는 그 고통스러운 시절!"이라고 생각할지도 모른다. 혹은, "칭찬 한마디를 듣기 위해 오늘날 십대들이 겪는 수고 좀 봐."라고 생각할지도 모른다. 혹은 여러분 자신도 십대 혹은 성인이 되어 이런 것을 해 봤기 때문에 이런 틀에 박힌 행동에 친숙할지도 모르겠다.

사정이 어떻든, 만일 이런 행동이 단지 칭찬이나 긍정을 갈망하는 표현이라고 생각한다면 여러분은 무언가를 간과하고 있다. 여기에는 칭찬이나 긍정, 갈망 이상의 것이 작동하고 있다. 여러분은 여기서 단지 예쁘다는 말을 들을 수만 있다면 무엇이든 하는 한 무리의 소녀들을 보고 있는 것이 아니다. 여기에는 복잡하게 얽힌 하나의 사교게임이 작동하고 있는 것이다. 인스타그램은 운동장이며 소녀들은 선수들이다. 다른 게임처럼 여기에도 규칙이 있다. '좋아요'를 많이 받으면 이긴다는 규칙이다. 그래서 소녀들은 무언가를 기대하며 인스타그램에 사진을 올린다.

줄리아의 설명을 들어보자. "이것은 사회적 의무예요. 왜냐하면 댓글을 달거나 '좋아요'를 누르는 사람은, 사진에 반응하는 사람들과 그리고 그들을 보고 있는 다른 사람들에게 '나는 "이 사진 예쁜데!" 혹은 "너 여기 멋지게 나왔네."라고 말할 정도로 인스타그램에 사진을 올린 이 사람과 친하다.'라는 말을 하고 싶은 거예요."

'좋아요'는 이 게임에서 모종의 역할을 수행하는 셈이다. 이 게임의 규칙들은 여러분이 어떤 사람을 얼마나 잘 아는지, 누가 여러분의 친구라고 불릴 수 있을 만큼 가까운지, 그리고 다른 사람들이 여러분의 온라인상의 존재감에 대해 어떻게 응답하는지에 따라 변한다.

하나의 '좋아요'는 긍정 이상의 반응이다. 댓글을 달아 주는 것은 칭찬 이상의 반응이다. 그것들은 사회적 존재감을 계측하는 신호들이다. 무언가를 올리고, '좋아요'를 누르고 댓글을 다는 소녀들은 단지 사진에 관심을 보이는 것이 아니라 사회적 활동을 하고 있는 셈이다.

누가 어디에서 댓글을 다는가?
사람들이 뭐라고 말하는가?
누가 누구의 사진에 '좋아요'를 누르는가?

한편 '좋아요' 혹은 댓글이 달리지 않는 것 또한 하나의 신호를 보내는 현상이다. 한 소녀의 절친이 댓글을 남겨 주지 않으면 그녀는 그녀와 절친 사이에 무언가가 잘못되고 있지는 않은지 걱정한다.

내 사진이 '잘 나오지 않았나?'
친구가 사진을 보기는 했지만 일부러 '좋아요'를 눌러 주지 않은 걸까?
인기 많은 친구가 내가 올린 사진에 '좋아요'를 눌러 주지 않은 것을 누가 보면 어쩌지?
만일 그것을 눈치챈 사람이, 실은 남들이 알아주기를 바라는 만큼 그 인기 많은 그 소녀와 내가 그렇게 친하지 않다고 생각하기 시작하면 어쩌지?

이 사회적인 세계의 의미에 대해 말하고 있는 소녀들의 말을 듣고 있는 이라 글래스가 끼어든다. 흥미를 느끼면서도 다소 곤혹스럽게 그는 "이거 참 대단한 일이군요."라고 말한다. 소녀들은 그의 평가에 대해 웃지단 그 평가에 동의하는 것은 아니다.

"온라인상에서 활동하는 내가 명품이 된 것 같아요." 줄리아가 말한다.

엘라는 "온라인상의 활등은 자기 가치를 스스로 높이는 일이에요."라고 말한다.

"그래서 여러분 자신이 하나의 작품이라는 말이군요." 이라가 덧붙인다.

소셜 미디어는 하나의 게임이다. 고등학교에서는 '관심을 끄는 학생'이 되는 것만으로도 게임에서 이긴 자가 된다. 게임의 목표는 자아를 높이고 쿨한 또래집단으로부터 인정받고 사회적 존재감의 사다리를 올라 다른 사람들로부터 주목받을 정도로 온라인상의 존재감을 키우는 것이다. '좋아요' 클릭과 댓글, 게시물 업로드를 통해 청소년들은 자신만의 사회적 교제권 지도를 펼쳐 각자가 서 있는 위치를 확인한다. 혹은 제인이 말하는 것처럼, "누가 누구와 친한지, 누가 누구와 투으로 나가 어울리는지, 누가 누구의 절친인지를 파악할 수 있다."는 것이다.[2]

이것이 바로 십대 청소년들이 그들의 스마트폰에 목을 매는 이유이다. 아마도 이런 이유로 많은 어른들도 그들의 스마트폰에 목을 매며 살아가고 있을 것이다. 우리는 다른 사람에게 무언가 관련된 사람이 되기를 원하며, 다른 사람들에게 우리의 존재 의미를 확신시키기 위하여 이 소셜 미디어 게임에 참여한다. 그러나 만약 게임이 조작되면 어떻게 될까? 선수들이 가짜라면? 이길 수 없는 게임인 걸 알면서도 판돈 때문에 그만 둘 생각조차 할 수 없다면 어떤 일이 벌어질까?

나는 밀레니엄 세대의 어른이다. 즉, 나는 1980년부터 2000년 사이에 태어난 세대 중에서는 나이가 많은 편에 속한다. 나는 휴대폰이 상용화되기 전에 고등학교를 다녔기 때문에 나보다 10년이나 15년 정도 늦게 태어난 밀레니엄 세대가 사는 세상과는 다른 세상에서 자란 것처럼 느껴진다. 그들은 인터넷 접속이 신속하게 되지 않던 시대를 결코 알지 못한다.

내 안에 있는 '늙은 밀레니엄 세대'(물론 '늙은'이라는 말은 상대적이다. 나는 여전히 20대처럼 보인다.)는 무언가 '심술궂은 늙은이 심보' 같은 인상을 풍긴다. 즉, 기술의 진보를 오로지 인간을 탈선시키는 일처럼 얕잡아보는 경향이 내 안에 있다. 나는 증조할아버지가 증조할머니에게 자녀들에 대해 말하는 것을 들은 적이 있다. 증조할아버지는 머리를 절레절레 저으며 말씀하셨다. "올리에, 당신은 믿을 수 있어? 아이들이 전화를 너무 많이 쓰네. 그리고 세 개나 채널이 나오는 텔레비전을 보고 있어. 내 참, 이 세상이 어떻게 되려나!"

심술궂은 심보를 잠시 벗어나면 나는 웃으면서 매일 이용하는 새 기술의 편익을 허락하신 하나님께 감사한다. 내 휴대폰에는 내 발걸음을 추적하고 몸매를 유지시키는 데 도움이 되는 체력관리 어플리케이션이 깔려 있다. 언제 비가 오고 언제 그칠지를 분 단위마다 상세히 알려 주는 기상예보 앱도 있다. 내가 얼마나 길치인지에 당혹스러워 할 사람들의 불편을 줄여 주는 GPS도 있다. 나에게 최신 정보를 주며 오락거리를 제공하는 팟캐스트 방송을 다운로드할 수 있는 앱도 있다. 그리고 내가 고등학교에 다닐 때만 해도 CD 보관 공간을 다 차지했을('믹스 테이프' 시절을 기억하는가?!) 만큼 많은 양의 음악을 '원하는 목록'으로 만들어 듣는 이 놀라운 기쁨에 대해서는 더 이상 말할 필요가 없을 것이다.

스마트폰에 '중독'되거나 혹은 스마트폰에 '집착'하게 될 염려는 이제 그만하자! 확실히 우리는 이전부터 부유하게 살고 있다. 스마트폰으로 서로 연결되어 있을 때 누리는 유익이 확실히 많다. 그렇지 않은가?

이제 고개를 위아래로 흔들면서 동의를 표하는 독자들의 모습을 그려 볼 수 있다. 그러나 여러분은 나와 같이 스마트폰을 애용하면서도 마음 깊은 곳에서는 스마트폰에 관한 모든 것이 꼭 다 좋은 것만은 아니라고 느끼기 때문에 천천히 고개를 끄덕일 것이다. 스마트폰의 편리성의 예를 들어보자. 근접성이다. 아마 대부분의 경우 휴대폰이 손만 뻗으면 닿는 곳에 있을 것이다. 굳이 전화기가 손목시계 형식으로 여러분의 팔목에 부착되어 있지 않아도, 유령 같은 진동음을 느낄 수 있는 호주머니 속에 있거나 전자책을 읽기 위해 여러분의 손에 펼쳐져 있을 것이다. 확실히 스마트폰은 편리하다. 21세기에 우리는 가까운 친구보다 스마트폰을 더 가까이 두고 살아간다.

우리를 근심하게 만드는 것은 스마트폰이 얼마나 가까운지가 아니라 우리가 그것들에게 얼마나 의존적인가 하는 것이다. 우리는 부단하게 점검하며 위아래로 영상이나 글을 훑어보고, 문자를 보내고, 클릭하고 검색해야 하는 세상에 살고 있다. 왜? 도대체 무슨 일이 일어나고 있는가?

그리스도인으로서 여러분은 스스로에게 이렇게 질문할지도 모른다. 내 스마트폰이 그리스도와 나의 동행을 도와주는가? 방해하는가? 만일 도와주는 것보다 방해하는 것이 더 많다면 어떻게 할 것인가? 우리는 어떻게 살아야 할까?

스마트폰을 버리고 1990년대로 되돌아가는 것은 불가능하다. 그때는 친구들을 만날 때 "거기서 너를 기다릴게."라고 말했다. 그것은 오렌지 색깔의 천으로 꾸며진 커피집에서 실제로 친구를 기다린다는 말이었다. 그때에는 여러분이 한 번도 만난 적도 없는 온라인상의 '페친들'의 게시물에 '좋아요'를 눌러 온라인상의 어딘가인 '거기에' 머물도록 도와주는 페이스북이 없었다. 확실히 이전의 시대로 퇴행하는 것은 불가능하다.

그렇다면 해결책이 있는가? 새로운 기술들에 탐닉하지 않도록 주의할 필요가 있다고 느끼는 일부 그리스도인들은 나쁘고 해로운 내용을 지워 버리는 스마트폰의 능력에 주로 관심을 쏟는다. 그들은 제한조치들, 여과장치들, 그리고 한계설정을 선호한다. 그리고 이들의 시도는 옳다. 우리는 포르노그래피의 손쉬운 접근성, 우리 사회가 사용하는 언어가 점점 비속화되는 경향, 그리고 복음을 손상시키는 거짓된 사상들의 폭증에 마땅히 관심을 가져야 한다.

그러나 이런 방식의 생각은 스마트폰 그 자체는 중립적이라는 함의를 드러낸다. 이런 경우 유일하게 남은 문제는 우리가 그 스마트폰을 어떻게 사용하는가이며 혹은 어떤 종류의 인터넷 게시물에 접근하는가의 문제다. 이것은 출발점으로는 좋다. 그러나 나는 이보다 더 근원적인 문제가 있다고 본다. 더 큰 문제는 이 기술이 심지어 우리가 알지도 못하는 사이에 우리의 마음과 지성에 작용하는 방식이다. 문제의 본질은 우리가 스마트폰으로 무엇을 보는가가 아니라 우리가 항상 이 스마트폰을 쳐다보고 있다는 사실이다. 가장 영향력이 큰 것은 우리가 스마트폰으로 무엇에 접근하는가가 아니라 스마트폰이 우리 내면에 깊숙이 다가온다는 사실이다. 내가 스마트폰을 갖고 무엇을 하는가를 묻는 것으로는 충분하지 않다. 대신 "내 스마트폰이 내게 지금 무슨 일을 하는가?"를 물어야 한다.[3]

스마트폰이 매일 우리에게 들려주는 최고의 신화는 스마트폰을 사용하는 당신이 바로 우주의 중심이라는 속삭임이다. 여러분의 휴대폰이 여러분이 사는 세계이며 그 휴대폰에 장착된 프로그램들과 앱들이 당신과 당신의 이익을 위해 조정되어 있다면 당신을 중심에 두고 돌아가는 한 세계가 당신 곁에 매 순간 존재하는 셈이다. 우리가 스마트폰에 접속되어 있기를 그토록 원하는 것은 이상한 일이 아니다. 우리를 이 세상사의 중심에 두는 다른 어떤 것도 없다. 다른 어떤 것도 스마트폰만큼 우리로 하여금 무언가를 신처럼 통제하며, 다 훤히 알며 누군가와 보다 더 친밀하게 연결되어 있다고 느끼게 만들지 못한다. 이런 시대에 신실한 그리스도인으로 존재하기 위해 우리는 우리의 스마트폰이 들려주는 말을 주의 깊게 들어야 한다. 이 스마트폰이 만드는 신화들이란 무엇인가? 여러분의 스마트폰은 여러분이 누구이며 세상에서의 여러분의 위치에 관하여 무슨 이야기를 들려주는가?

이제 우리는 이 스마트폰의 신화가 무엇인지 찾아보려고 한다. 두려운 것은 우리가 우리의 스마트폰에 대고 말하는 신화들과 우리 스마트폰들이 우리에게 말하는 신화들을 좋아하며 때로는 그 둘의 차이를 구별하기도 어렵다는 점이다.

"당신은 당신이 무엇을 필요로 하는지 알고 있다."

위키피디아는 내게 경탄의 세계이다. 사이트를 볼 때마다 나는 가용할 수 있는 지식에 행복하게 몰입한다. 물론 나는 위키피디아의 내용들이 대부분의 학자들이 요구하는 정확성의 기준을 통과하지 못한다는 것을 알고 있다. 그럼에도 그것은 여전히 대단한 인간적인 성취물이며 많은 것들에 관한 믿을 만한 정보의 원천이다. 즉시 얻을 수 있는 모든 지식에는 저항할 수 없는 무언가가 확실히 있다. 나는 도시들과 읍 단위의 작은 행정구역들, 그리고 심지어 여름휴가 때마다 통과하는 무명의 마을들을 찾기 위해 위키피디아를 검색하는 버릇이 있다. 특정 장소와 그 역사, 주민들, 그리고 그 문화를 알아보기 위해서다.

위키피디아는 나에게 사실을 알려 주지만, 그것은 오로지 특정 종류의 지식만 다룬다. 어떤 유명한 도시를 소개하는 위키피디아의 도시 검색 페이지를 방문하는 것과 그 도시 자체를 방문하는 것은 상당히 다르다. 세상에는 무엇에 관한(knowledge about) 지식이 있고, 무엇의 본질을 직접 경험케 하는(knowledge of) 지식이 있다. 우리는 스마트폰을 통해 무엇에 관한 지식에는 접속할 수 있다. 그러나 그 무엇의 본질을 알게 하는 지식은 오직 인격적 경험으로만 가능하다. 무엇에 관한 지식을 무엇을 곧장 경험케 하는 직접적 지식으로 혼동하는 것은 촘촘하게 연결된 세상에서 우리가 범하는 가장 흔한 실수 중 하나이다. 어처구니없게도 무엇에 관한 지식을 원하는지 아니면 무엇을 곧바로 경험케 하는 직접적 지식을 원하는지 선택의 기로에 놓일 때, 우리는 무엇에 관한 지식을 추구하는 쪽으로 기울어진다.

여러분은 아마도 크리스마스 시즌에 모인 가족을 보여 주는 온라인상의 사진들과 장면들을 보았을 것이다. 그것은 모든 가족구성원들이 저마다 자기 휴대폰에 몰두하면서도 '함께' 있기에 행복해 보이는 장면이다. 그들은 방 안에 있는 사람들을 직접 알고 그런 점에서 그 사람들에 대한 직접적인 앎을 가질 기회를 가졌음에도 불구하고 '그 방 안에 진실로 존재해 있어야' 한다는 요구를 받아들이는 대신 저마다 '나는 우주의 중심이다'라고 느끼게 만드는 기계를 꺼내어 무엇에 관한 지식을 얻기 위해 분주하다. 그 그림 안에 나도 있으며 나 또한 똑같이 행동한다.

우리 마음에 무슨 일이 일어나고 있는 것일까? 왜 우리는 그토록 자주 우리의 휴대폰을 찾을까? 한 가지 이유는 우리는 지식에 목마르기 때문이라는 것이다. 그것은 오랫동안 인간이 처한 상황의 일부였다. 하나님은 우리 인간을 하나님을 알고 하나님을 사랑하도록 창조하셨다. 그러나 에덴동산에서 뱀은 하나님처럼 만들어 주겠다는 지식의 약속으로 하와를 유혹하면서 앎에 대한 인간의 갈망을 왜곡시켰다. 바로 거기에서 우리는 우리에게 가용될 지식에 대한 갈망과 거짓말, 둘 다를 본다.[4]

좋은 쪽으로 보자면, 우리가 스마트폰 덕분에 그렇게 많은 지식을 손쉽게 얻게 된 것은 놀랍다. 우리 조상들은 과거에 만들어진 유물들을 모으고 역사를 공부하고 세계를 관찰하며 이야기와 전설을 다음 세대에 전달했다. 지식은 힘을 의미할 수 있다. 그래서 많은 사람들이 가능한 한 많은 교육 기회를 갖게 하려고 애쓴다. 우리는 문자 해독 능력, 기술 개발 능력 그리고 논리와 이성의 중요성을 높이 평가한다.[5]

그러나 이러한 지식 증폭과 더불어 문명기기들에 의해 신화가 생겨났다. 즉, 스마트폰이 우리가 가장 필요로 하는 지식을 제공한다는 것이다. 스마트폰이 이렇게 말을 건다. "어이, 내게 지식이 있어. 내게로 와 더 많은 '책 지식'을 얻어 문화적으로 더 박식한 사람이 되어 봐. 온라인상의 대화들에 신경을 곤두세우고 계속

들어 봐."

스마트폰이 주지 못하는 것은 지혜이다. 지혜는 사유가 성찰을 요구하는 세상에서 능숙하게 살아가는 능력이며, 단지 시간 순서로 성서를 아래위로 훑는 수준이 아니라 성서 속에 깊이 침잠해 묵상하는 데서 얻어진다.[6] 전화기는 지식을 제공하지만 우리가 가장 필요로 하는 그런 지식을 주지 못한다.

이 스마트폰 신화가 강력한 이유는 우리가 어떤 것에 대해 알기 원할 때 전화기가 우리의 지식 획득 속도를 높여 주기 때문이다. 이전에는 무언가에 대한 지식을 얻으려면 시간과 노력을 바쳐야만 했다. 만일 여러분이 어떤 특정한 책을 원한다면, 서점에 가서 서가를 뒤져야 하고, 카탈로그에서 책 정보를 찾아 주문구매하거나 도서관에 가서 대출해야 했다. 이제는 더 이상 이런 수고가 필요 없다. 우리가 원하는 많은 것은 클릭 한 번으로 금방 얻을 수 있을 만큼 가까이에 있다. 나는 교회 역사상 어떤 위대한 사상가들이 그들의 서재에 갖추었을 법한 책들보다 더 많은 책들을 '킨들'(Kindle)이라는 앱에 확보하고 있다.

여러분이 친구 혹은 가족 중 누군가와 논란이 될 만한 사실을 놓고 옥신각신하다가 그 논쟁을 해결할 답을 찾기 위해 구글에 도움을 요청한 마지막 때가 언제였는가? 혹은 당신은 아마 즉각적인 질문에 즉각적인 대답을 제공하는 개인단말용 소프트웨어 시리(Siri)에 질문했을지도 모른다. 심지어 우리는 정보 검색을 위해 컴퓨터에 호소할 필요도 없다. 그 모든 기능이 스마트폰에 들어 있기 때문이다. 우리는 지식과 정보 습득에 있어서 전무후무한 수준으로 비약적 발전을 경험하고 있다. 이렇게 신속하게 방대한 지식을 우리에게 손쉽게 가져다주는 것은 없다. 오로지 스마트폰만이 이렇게 할 수 있다.

이 현실의 부정적인 면은 우리가 사실들과 인물들의 홍수 속에 침수될 정도로 정보와 지식의 과잉공급에 노출된다는 점이다. 우리의 손가락으로 불러올 수 있는 지식은 다 받아들이기에는 압도적일 정도로 많고 다양하다. 분초 단위로 쇄도하는 트위터의 흐름은 결코 종료되지 않은 사실과 의견의 샘의 근원이다. 페이스북의 뉴스 게시판은 최신 소식들과 근황들의 마르지 않는 원천이다. 인스타그램은 이미지들과 아이콘들의 세계이다. 스냅챗은 잠깐 보였다 사라지는 사진들을 이야기로 엮는다. 관심 있는 이미지를 스크랩해서 간단한 설명과 함께 저장하고 타인과 공유하는 모바일 서비스인 핀터레스트는 아이디어들로 가득 차 있고, 유튜브는 비디오 콘텐츠로 가득 차 있다.

스마트폰의 신화는 우리가 손 안에 원하는 모든 지식을 다 갖고 있다는 것이다. 전화기는 판매자이며 스마트폰의 콘텐츠는 '약'이 된다. '삐' 소리를 내고 진동하는 전화기는 우리가 지식 면에서 새로운 높은 수준들에 이르기 위해서는 그것이 제공하는 '수리' 서비스가 필요하다는 것을 일깨운다.

지식은 어디에나 존재하고 우리는 즉시 얻을 수 있다. 그러나 이 축복은 저주가 될 수 있다. 우리가 휴대폰을 놓지 못하는 한 가지 이유는 우리가 그렇게 하지 않으면 무언가를 놓치고 산다는 근원적인 두려움 때문이다. 즉, 무언가를 잃고 있다는 두려움인 포모(FOMO, Fear Of Missing Out)증후군이다. 우리는 무언가 뒤처지는 것과 온라인상의 최신 대화, 토론, 대의명분 등을 놓치고 있거나 혹은 우리가 친구들과 어울릴 때 모든 사람이 화제로 삼는 대단한 기사나 생생한 영상 혹은 놀라운 사진에 대해 알지 못하는 상황을 걱정한다.

그러면 어떤 일이 일어나는가? 무언가를 놓치고 있다는 두려움은 또 다른 두려움을 부른다. "나는 최신 소식을 따라잡을 수 없어!" 이 두 번째 두려움이 우리로 하여금 스마트폰의 두 번째 신화를 믿음으로써 그것의 첫 번째 신화(나는 당신이 가장 절실하게 원하는 지식을 갖고 있다.)로 되돌아가게 한다. 왜 그런지 설명해 보자.

우리 자신의 양심을 위한 취사선택

이제 우리는 사방에서 오는 지식의 융단폭격을 당하는 상황에서 각자의 필요에 맞게 정보 수집을 조절할 필요가 있다. 지식의 시냇물 흐름의 속도를 낮추어야 실제로 그 샘물을 마실 수 있다. 우리에게는 한 방울씩 뚝뚝 떨어지는 폭포가 필요하다.

그렇다면 우리는 어떻게 할 것인가? 우리는 뉴스와 해설을 키질하는 과정을 개발한다. 목소리들, 뉴스보도들, 온라인 콘텐츠 게시물들을 선택해서 우리가 원하는 것만 듣는 것이다. 우리는 우리가 신뢰하는 사람들에게 흘러가는 관심의 흐름 속도를 낮춘다. 이렇게 하다 보면 어느새 여러분은 자신처럼 생각하는 사람들을 온라인상에서 따르게 되고, 여러분의 관심사를 공유하는 온라인 저자들의 웹사이트에 들어가 읽게 되고, 여러분이 듣기 좋아하는 것들을 말해 주는 목소리를 청취하게 된다.

우리는 우리 자신의 양심을 선택적으로 작동시키는 것이다. 여러분은 지식 습득을 자신의 필요에 맞게 조정하는 셈이다. 여러분은 이 모든 온라인상에서 유통되는 지식을 취사선택하는 데 도움이 되는 시각이나 기준을 미리 정해 두었다. 이 시각이 바로 여러분의 생각들과 의견들을 굳게 만든다. 이런 이유 때문에 요즘에는 '뉴스'가 정보의 새로움과 관련된 것이 아니라 우리가 이미 가진 시각을 긍정해 주는 소식을 가리키는 말로 사용된다. 뉴스는 이미 여러분이 세상에 대하여 진실이라고 믿는 바로 그것을 지지하는 방식으로 제시되며, 그렇게 함으로써 여러분의 기존 생각을 강화시킨다.

일단 이런 발걸음을 한 번 내딛고 나면, 기술은 더 이상 정보 제공의 기능을 제공하는 데 그치지 않는다. 그것은 여러분 안에 있는 전제들을 긍정하되 결코 도전하지 않는 사람들의 말을 듣고 싶은 열망을 만들어 낸다. 스마트폰으로 대표되는 이 기술은 두 가지를 말해 준다. 여러분은 여러분이 가장 원하는 지식을 갖게 되며, 그리고 당신은 옳다는 메시지이다.

그래서 페이스북의 댓글, 트위터 팔로워들, 온라인 블로그나 기사의 댓글란을 확인하면, 우리가 보기에 별로 즐거워 보이지 않는 사람들과 대립각을 세우며 조우하게 된다. 왜냐하면 여러분과 대립하는 사람들도 오랫동안 그들의 마음을 형성하는 과정을 거쳐 왔으며, 이 과정을 거치던서 자신들에게 가장 필요한 지식을 갖게 되었다. 그들은 비록 머리로서는 아닐지라도 적어도 스마트폰의 세계에서는 그들이 옳으며, 더 나아가서 그것이 대의명분이라고 확신하기에 이른 사람들이다.

이런 상황에서 자연스럽게 일어나는 일은 세 부류의 댓글러 사이에 벌어지는 전투이다. 첫째 부류는 무조건 지지하는 "아멘"형 댓글러들이다. 온라인 뉴스 게시판에 올라오는 무엇이든 긍정하는 일부 사람들이 있다. 나는 그런 사람들을 "아멘"형이라고 부른다. 이 사람들은 그들과 같은 의견을 가진 사람들의 사이트나 온라인 콘텐츠, 혹은 형사일정프에 자주 방문함으로써 '당신이 옳다'라는 자아긍정의 약을 매일 처방받는다.

"네가 감히?"형의 사람들도 있다. 이 두 번째 부류는 온라인 뉴스 게시판에 올라오는 모든 내용에 반박할 준비가 된 사람들이다. 나는 이런 사람들을 "네가 감히?"형 댓글러라고 부른다. 그들은 그들이 싫어하는 누스나 사람들을 향해 "이 바보 같은 자들을 믿을 수 있겠니?"라는 식의 격한 댓글을 달기 때문이다. 그들은 동의하지 않는 기사, 트위터, 페이스북 게시물을 보게 되면 그 콘텐츠를 올린 이가 누구든지 '멍청이'라고 욕을 할 만큼 흥분한다. "네가 감히?"형 사람들이 믿는 신화는 두 가지이다. 첫째, 그 어리석은 콘텐츠를 올린 자들은 내가 갖고 있는 지식이 없는 자들이다. 둘째,

그런 글을 올린 자는 악할 수 있으며 내가 옳다. 참 이상하게도, 이런 부류 중 일부의 사람들은 의도적으로 자신들이 반대하는 사람들의 사이트를 방문할지도 모른다. 아마도 반대되는 의견들에 대해 무언가를 배우기 위해서가 아니라 자신들은 이 어리석고 악한 세상 사람들과는 다르다는 것을 통해 자신들에 대해 보다 긍정적인 감정을 느끼기 위함일 것이다.

다음은 "너는 날 배신했어!"형 댓글이다. 이 세 번째 부류는 대개 특별한 종류의 뉴스자료를 좋아하다가 자신들을 반대하는 어떤 콘텐츠 때문에 충격을 받는 유형이다. '당신은 날 배신했어!'로 실망감을 토로하는 것이다. 그들은 콘텐츠 사이트, 트위터, 페이스북을 "아멘"형 응답자로 방문하다가 자신들의 견해에 도전하는 내용을 발견한 나머지 "네가 감히?" 유형으로 돌변했다. 이들이야말로 온라인상에서 가장 성가신 존재일 수 있다. 왜냐하면 "당신이 옳다."라는 말을 듣기를 기대하고 왔는데, 그 대신 "당신들이 틀릴 수도 있어."라고 말한 어떤 콘텐츠 때문에 기분을 잡쳐버린 사람들이기 때문이다.

스마트폰의 두 가지 신화(당신은 스마트폰 하나로 가장 절실히 필요로 하는 지식을 갖게 되었고, 당신이 옳다는 신화)에 의해 마음이 휘둘리는 모든 사람들과 더불어 이 세 부류의 사람들 때문에 온라인상의 대화들은 하나의 레슬링과 같은 육탄전으로 전락한다. 참 슬픈 일이다. 특히 온라인 토론 기회와 그 가능성들이 존재함에도 이런 긍정적인 기능을 살리지 못하고 온라인상의 의견 피력이 레슬링

같은 투쟁으로 바뀐다는 점은 특히 서글프다. 이따금씩 좋고 건실한 대화도 이루어지지만 불행히도 그런 경우는 빈번하지 않다.

체스터턴(G. K. Chesterton)은 한때 "언쟁의 나쁜 점은 그것이 좋은 토론을 망친다는 점이다."라고 말한 적이 있다. 나는 실로 사람들로 하여금 한 관점에서 다른 관점으로 입장을 바꾸도록 설득하려는 이성적이고 합리적인 온라인상의 토론을 보고 싶다. 그런데 이 건강한 토론 대신에 우리는 자신과 다른 의견을 가진 사람들의 존재 때문에 인격적으로 공격당했다고 느끼는 사람들 사이에 오고 가는 온라인상의 언쟁을 목도한다. 이 언쟁에서 사람들은 반대 의견을 들으려고 하지 않고, 자신들이 이미 받아들이고 있는 견해를 옹호하기 위해 더욱 집착적으로 파고든다.

그런데 왜 그들은 토론보다는 언쟁에 빠지고 마는 것일까? 결국 그들의 스마트폰이 끊임없이 그들에게 "당신에게 필요한 모든 지식이 이 전화기에 다 있어." 그리고 "당신이 옳아."라고 말해 주기 때문이다. 우리가 스마트폰들에 중독되었다고 말해도 이상한 일이 아니다. 지식이 상시복용하는 약이며 "네가 옳아."라는 기분은 최고조에 이른다. 그런데 여기에서 놓치고 있는 지식이 있다. 그것은 시리(Siri)도 줄 수 없는 부류의 지식이다. 여기서 간과된 지식은 지혜이다. 단순히 세상에 관한 지식이 아니라 세상을 직관하게 만드는, 세상의 본질에 대한 앎이다.

이상에서 스마트폰의 두 가지 신화를 살펴보았으므로 이제 좀 더 깊게 들여다볼 필요가 있다. 이 장 첫 부분에 소개된 소녀들을 기억하는가? 그들은 지식에 대한 갈증을 채우려고 하루 종일 스마트폰에 집착한 것이 아니었다. 아니, 그들은 오히려 사교적인 게임의 일부로서 자신들의 이미지를 온라인상에 올리는 데 더 열심을 냈다. 그들에게 스마트폰이 충족시켜 주는 갈망은 무언가를 '알고자' 하는 갈증이 아니라 '알려지고자' 하는 갈증이었다. 이제 우리는 스마트폰이 들려주는 신화를 넘어 우리가 스마트폰에게 들려주는 신화에 주목할 때이다.

"제발 날 좀 알아주세요."

작가 낸시 조 세일즈(Nancy Jo Sales)와 인터뷰를 한 어린 소녀 소피아는 말했다. "나는 결코 처음 찍은 셀카 사진을 올리지 않아요. 가끔은 아마 일흔 번 정도 찍기도 할 걸요." 그녀는 덧붙인다. "내가 원하는 사진을 얻었다고 확신이 들 때까지 찍어요."[8] 소피아가 덧붙인 말은 내게 이 장의 처음에 나왔던 소녀들 중 한 명을 생각나게 만든다. 그녀는 NPR 방송국 스튜디오에서 찍은 자신의 셀카 사진이 대중에게 공개될 수준이 아니라고 생각했다.

십대들이 보이는 특징적인 소셜 미디어 활동에 관하여 광범위하게 글을 쓴 낸시 조 세일즈는 뉴저지 주 몽클레어에서 나눈 대화를 기억하고 있다. 낸시는 한 식당에서 도넛을 먹고 있던 예닐곱의 소녀들의 옆 테이블에 앉아 있었다. 옆 테이블의 소녀들 중 한 명인 라일리가 말했다. "진짜 현실 세상이 있고 그림자 같은 둘째 세상도 있는 것 같아. 아무래도 나는 우리가 둘째 세상에 살고 있는 것 같아."

라일리의 친구 소피가 그녀의 말에 찬성하면서 말했다. "나는 내 스마트폰을 사랑해. 그것 없이는 살아갈 수 없어. 스마트폰을 보면서 꼬박 밤을 새우거든."

라일리는 또 덧붙인다. "그 셀카를 '셀카'라고 부르는 것은 웃기는 일이야. 왜냐하면 대브분의 셀카 사진은 우리를 안 닮았거든. 그리고 심지어 우리는 진짜 우리 모습이 아닌 사진을 온라인상에 올려놓고 사람들이 '진짜 우리가 아닌 그 사진'을 좋아하도록 유도하잖아."[9]

셀카 사진, 페이스북 사진, 댓글, 블로그는 우리가 알려지기를 바라는 마음으로 사진이나 이미지, 글을 올리는 공적 온라인 공간이다. 우리는 얻기를 원하는 지식을 우리의 필요에 맞춰 재단하는 것과 똑같은 방식으로 다른 사람들이 우리에 대하여 알기를 원하는 만큼만 우리 자신을 공개한다. 우리는 실제 우리 자신을 재단해서 온라인 전시용 한 인간을 만들어 내는 셈이다. 사람들이 봐주고 칭찬해 줄 정도의 사람을 만들어 내는 것이다.

나보다 조금 젊은 밀레니엄 세대의 친구, 크리스 마틴은 이 관행을 '선택적 공개'(selective sharing)라고 부른다. 만일 뉴스도 우리의 기호에 맞춰 선택적으로 받아들인다면 우리를 공적으로 알리는 이 행위는 더욱 취사선택적이다. 우리는 스스로 생각하기에 존재감을 높이고 다른 사람들에게 좋아 보이는 것만 온라인상에서 나눈다.

선택적 공개는 우리가 일하는 방식에서부터 우리가 예배하는 방식, 그리고 우리가 자녀를 양육하는 방식에 이르기까지 모든 영역에 영향을 끼친다. 내가 섬기는 교회의 소모임에 나오는 친구인 리키는 최근에, "나와 가장 친한 사람들은 페이스북에서 만들어진 가짜들이에요."라고 말했다.

한 번 생각해 보자.

우리가 잘 알고 있는 이 사람들이 페이스북에서 활동하는 다른 사람들보다 더 가짜란 말인가? 아니면 우리가 그들을 진짜로 아는 수준이 어쩌면 페이스북 피드를 아래위로 이동해서는 눈치채지 못하는 날조를 폭로하는가? 선택적 공개는 가짜를 진짜처럼 보이게 만드는 정성이 들어간 행동이며, 온라인상의 정체성을 만들어 내는 한 가지 방식이다.

부모양육의 예를 한번 들어보자. 온라인에서 보는 가정은 실제 가정들보다 훨씬 더 좋아 보인다. 거기에는 무언의 규칙이 있다. 그 누구도 작은 플라스틱 칼로 형의 얼굴을 치고 공격하는 어린 동생을 촬영한 비디오를 올리지 않는다. 온라인상의 자녀양육은 우리가 현실에서 실천하는 자녀양육이 아니라 우리가 이상적으로 생각하는 자녀양육을 반영한다. 부모들이 플라스틱 칼을 어린 동생의 손에서 빼앗으려고 온라인 활동을 하던 키보드를 놓는 것이 실제 자녀양육의 모습이라는 것이다.

온라인상의 자녀양육은 하나의 연기가 된다. 우리의 자녀들도 무대에 오른 배우요, 우리 또한 배우일 뿐이다. 아마도 엄마들만큼 자녀양육의 부담을 절실하게 느끼는 사람은 없을 것이다. 블로그와 페이스북의 광범위한 사용으로 많은 젊은 엄마들이 멋진 부모처럼 보여야 한다는 엄청난 중압감에 시달리고 있다. 온라인 공간에서 자녀들을 자랑스럽게 보여 주는 것도 확실히 이런 중압감 때문이다. 자녀양육 상황을 게시하는 동기 중 일부는 다른 사람들과 자신에게 '나는 잘하고 있다'라는 사실을 입증하는 것이다. 이런 동기로 인해 사람들은 자신의 사진을 세상에 알린다.

기독교 철학자 제임스 K. A. 스미스(James K. A. Smith)는 오늘날은 많은 사람들이 '복잡하게 꼬인 두려움의 웹'이라는 덫에 걸려 있다고 느끼는 시대라고 믿는다. 그는 오늘날의 십대가 경험하는 가정과 한 세대 이전의 십대가 경험한 가정을 비교한다. "한 세대 전의 십대에게 가정은 또래집단 친구들의 상시감시적인 눈초리로부터 해방된, 그래서 자신을 지키려는 경계태세를 풀어놓게 만드는 이완의 공간이었다. 그때는 가정에 와서야 비로소 자신이 어떤 존재인지를 잊어버릴 수가 있었다. 자신이 얼마나 얼빠진 존재인지, 얼마나 여드름투성인지, 얼마나 괴상한 존재인지를 적어도 가정에서는 잊고 지낼 수 있었다. 가정은 십대들의 특징인 또래들 사이의 경쟁에서 해방된 공간이었다. 그런데 요즘의 십대에게 가정은 더 이상 그런 해방과 이완의 공간이 아니다. 가정은 소셜 미디어의 공격에 구멍이 뻥 뚫린 불안한 공간이 되었고, 자기과시와 자기의식의 경쟁적 세계가 가정 깊숙이, 십대들 곁에 와 있다."[10]

스미스의 말이 옳다. 그런데 이것은 단지 사춘기 십대들에게만 국

한되는 현실이 아니다. 외부 세상과 우리 자신을 부단히 연결시켜 주겠다는 스마트폰의 약속이 이 '사교게임'의 드라마로부터 잠시 피해 쉴 수 있던 공간마저 다 훔쳐 가 버렸기 때문이다. 이제 가정은 십대들에게 학교에서 고된 학업에 시달린 후 잠시 숨 돌릴 수 있는 피난처가 아니다. 그것은 단지 스마트폰에서 '두 번째 세계'로 들어가는 장면 전환 무대일 뿐이다. 휴가는 고된 '노동으로부터 쉬는 시간'이 아니라 또 다른 세계로 진입할 때 거치는 변화된 장면일 뿐이다. 휴가 동안에도 우리는 거실에서 이메일 답신을 보내는 대신, 해변에서 강렬한 햇빛을 피하면서 똑같은 스마트폰의 스크린을 골똘히 쳐다본다.

스미스가 청소년들에 대해 말하는 모든 것이 성인들에게는 위험이다. 위에서 예시된 사춘기 청소년들의 행태는 결국 "당신 자신을 화면 속에 집어넣어 콘텐츠의 일부로 만들어 읽으라."는 메시지이기 때문이다. "집에 있는 십대 소녀도 자기의식의 게임을 피하지 못한다. 오히려 그는 자신이 부단히 전시되고 있다는 사실을 의식한다. 그녀는 다른 사람들이 올린 게시물들을 때에 맞춰 규칙적으로 인지한다. 그녀의 트위터 피드는 '인기 많은' 소녀들과 함께하지 않아도 흥미진진한 최신 정보들로 채워진다. 그녀의 페이스북은 그녀가 집에 갇혀 있는 것이 얼마나 지루한가를 부각시키는 사진들을 올리느라 부산하게 작동한다. 그리고 그녀는 스마트폰 통신망에 어쩔 수 없이 접속되고 최신판 정보들에 노출되며 그것들을 챙겨 보느라 분주하다. 쿨하게 보이려는 경쟁은 결코 멈추지 않는다. 그녀는 항상 자신을 의식하며 그래서 고독의 즐거움을 누리지 못한다. 소설이나 잡지 탐독에 빠지거나 스케치 패드에 있는 이상한 형상들을 갖고 노는 일에 몰입할 수 없다. …… 모든 공간은 일종의 시각적 메아리를 만드는 방이다. 우리는 더 이상 어떤 것을 행하고 있는 것으로 보이지 않는다. 우리는 보이기 위해 무언가를 한다."[1]

바로 여기에 스마트폰으로 무언가를 알기를 원하는 갈망과 알려지고 인정받기를 원하는 우리의 갈망이 만나는 지점이 있다. 우리는 다른 사람에 의해 긍정되고 수용되기를 원한다. 우리는 보이기를 원한다. 우리는 남들의 눈에 안 보이는 존재가 아니라는 것을 확인하고 싶어 하며 우리가 중요한 존재임을 알고자 한다.

그다음 일어나는 일은 약간 신비스러운 것인데, 내가 '두 가지 갈증'이라고 부르는 것이다. 두 가지 갈증은 물을 먹고 싶은 갈증을 일시적으로 해소시키기 위해 물 대용 음료를 마셨는데, 이 물 대용 음료가 오히려 물에 대한 더 큰 갈증을 불러일으키는 경우를 가리킨다. 곧 목마른 사람에게 소금을 탄 물을 주는 것과 같다. 이 소금을 탄 물은 일시적으로 갈증을 해소시키겠지만, 결국 소금 때문에 더 큰 갈증에 시달리게 될 것이다.

두 가지 갈증은 우리로 하여금 스마트폰의 원천으로 계속 되돌아가게 만든다. 이것이 두 가지 갈증이 유발되는 방식이다. 우리는 '알고자 하는' 갈망을 갖고 있다. 스마트폰이 우리의 지식에 대한 갈망을 충족시켜 줄 것이라고 믿으며 스마트폰을 사용하면, 오히려 보다 더 거대한 세상사 한가운데서 바로 여러분 자신의 존재감을 축소시키는 정보의 홍수 속에 자신이 침수되는 상황을 발견하게 될 것이다. 여러분은 온라인 자료의 대양에서 헤엄을 치면서 자신이 쓸데없는 얼룩이며 '세상이 돌아가는 데 별다른 기여를 하지 못하는' 존재라고 느끼게 된다.

여기가 바로 두 번째 갈증, '알려지고 싶다'는 갈증이 치고 들어오는 지점이다. 사람들은 이제 자신들이 현실에서는 존재감이 없다는 느낌을 극복하도록 돕는 온라인에서의 존재감을 충족시키기 위해, 스마트폰의 온라인 알림판에 접속해 자신을 게시하며 셀카 사진들을 올리고 댓글을 닮으로써 자신의 존재를 알린다. 거대한 실제 현실에서는 여러분이 사소하고 미미한 존재일지 모르지만, 온라인상에서는 한자리를 차지할 수 있을지도 모른다. 사진을 올리고 댓글을 달고 공유하는 행위가 바로 온라인상의 영토를 확보하려는 행위이다. 이렇게 함으로써 여러분은 지식과 정보 공유의 거대한 온라인 세상에 일순간에 알려지는 존재가 된다.

수백만 명의 사람들이 이런 행위를 반복하는 상황을 생각해 보라. 두 가지 갈증이 어떻게 일어나는지를 알게 될 것이다. 우리의 습관들이 이 두 가지 갈증을 더 심화시킨다. 우리 주변의 개개인이 '존재감이 없다'는 동일한 두려움을 더 많이 느낄수록 사람들은 더 필사적으로 온라인상에서 자신을 더 많이 알린다. 다른 사람들이 콘텐츠를 많이 올릴수록 우리가 게시한 말들과 사진들은 그만큼 눈에 덜 띈다. 우리는 알려지고 싶은 갈망과 알고 싶은 갈망을 경쟁시키려는 갈망을 가진 만민(everybody)이라는 홍수 안에 있는 한 작은 물방울이다. 이 사실은 우리는 우리의 존재감을 유지하기 위하여 그것을 강화시키는 온라인 활동을 더 많이 해야 한다는 것을 의미한다. 두 가지 갈증이 생길 수밖에 없는 구조이다.

스마트폰을 둘러싼 신화들이 매혹적이기 때문에 사람들은 지배를 당한다. 알고 싶은 욕망과 알려지고 싶은 욕망을 느끼는 당신에게 스마트폰은 "내가 그 문제 해결해 줄 수 있어."라고 말한다. '알고 싶은' 것과 '알려지고 싶은' 것을 나란히 놓는 것은 단지 말장난이 아니다. 그러나 스마트폰은 여러분의 존재감을 약화시키고, 지혜를 줄 수도 없고, 현실 세상에 존재하는 몸과 피를 가진 진짜 사람들과 연결시켜 줄 수 없다. 그리고 스마트폰의 신화에 빠질수록 여러분은 점점 무언가를 놓치고 있다는 불안감에 시달리게 된다. 우리가 곧 보게 되겠지만, 그래서 어떤 사람들은 온라인 세상을 전적으로 거부하기에 이른다.

신화 창조자인 스마트폰을 침묵시키는 사람들

2015년 10월, 18세 모델 에세나 오닐은 소셜 미디어를 규탄하며 온라인 활동을 중단했다. 이 결정은 그녀의 많은 팬들을 경악시켰다. 그녀는 또한 왜 자신이 소셜 미디어에서 한 발짝 물러나려고 하는지를 분명하게 밝혔다. 그녀는 "소셜 미디어는 한때 나의 유일한 자아가 되었다. 그것 없이는 내가 어떤 존재가 될 수 있는지 감히 상상하지도 못했다."라고 말했다.

처음에는 대부분의 사람들이 자기 자신에게 더욱 참되기 위해 용감한 발걸음을 내딛은 에세나의 결정을 응원했다. 그녀는 자신의 내면의 목소리를 따랐고 양심의 소리를 경청했다. 그녀는 사람들에게 그럴 듯하게 보이려는 욕망을 부추기는 온라인 세상에서 어느새 길을 잃고 있는 자신을 발견했다.

그런데 어느 순간 에세나의 결정을 응원하는 흐름이 비난조로 바뀌었다. 사람들은 에세나의 온라인 탈퇴 선언을 두고 자신을 알리기 위한 스턴트맨 연기라고 비난했다. 사람들은 정상적인 삶을 살아야 할 필요 때문에 소셜 미디어 세계를 벗어나고 싶다는 그녀의 온라인상의 알림 자체가 대중들의 관심을 더욱 끌기 위한 영리한 전략이었다고 말했다. 그녀는 이제까지 온라인상의 사회적 게임 놀이를 즐겼고 온라인상의 칭찬을 얻기 위해 살았는데, 이제 그 게임을 중단하고 그 온라인상의 칭찬마저도 비난하면서 이전보다 더 많이 아첨 어린 찬사를 받았기 때문이다. 온라인상의 '좋아요' 획득 게임에서 어떻게 손을 뗐는가를 설명하는 그녀의 게시물에는 수천 개의 '좋아요'와 "당신, 대단해요!"라는 댓글들이 달렸다.[12] 온라인 통신연결망을 떠나는 것도 복잡해졌다. 그렇지 않은가? 우리 중 너무 많은 사람들이 온라인상의 활동과 존재감이 자신의 '브랜드' 가치를 높이는 영리한 방식이라는 데 깊이 길들여져 있기 때문에 우리는 그 온라인상의 활동에서 철수하겠다는 결정마저도 실제로 하나의 존재감을 높이려는 전략으로 해석한다.

더욱 심각한 것은 우리 중 많은 사람이 온라인 세상으로 들어와 활동하라는 요구를 어쩔 수 없이 받고 있다는 것이다. 온라인 활동이 일종의 직무 규정에 들어 있는 셈이다. 작가로서 내가 세상 사람들과 연결되며 나의 독자들에게 봉사하는 한 가지 방식은 참신한 기사들을 제공하고, 트위터에 멋진 말들을 인용하며 발간한 책에 대해 광고를 하는 것이다. 우리 중 대부분은 스마트폰을 아예 거부하며 살길이 없기 때문에 지식을 얻기 위해서 스마트폰을 이용하지 않기로 결단하고 스마트폰을 더 이상 자신들이 세상에 가장 잘 알려지는 공간으로 보지 않기로 결단한 사람들로부터 무언가를 배워야 한다.

「크리스채너티 투데이」(Christianity Today) 편집장인 앤디 크라우치(Andy Crouch)는 최근 몇 주 동안 스마트폰을 멀리했다. 단지 스마트폰뿐만 아니라 우리 삶의 동반자처럼 따라다니는 모든 노트북, 태블릿, 이메일, 텔레비전 등 모든 디지털 기기들을 멀리했다. 그는 가족 및 친구들과 소통하기 위한 휴대폰 기능만을 사용했는데, 그 과정에서 변화를 겪었던 경험을 말했다. "평범한 생활과 비교해 보면." 곧 "직사각형 스크린이 내 앞에 하루에 7시간에서 9시간 동안 불빛을 내뿜을 때와 비교하면, 극적이었고 처음에는 혼란스러운 변화였다."[13]

독자들은 아마 디지털 기기들의 화면을 멀리한 이 시간에 대한 앤디의 이 묘사가, 그가 포기했던 모든 것들과 관련해 그가 놓쳤던 것이 무엇인가를 말하고자 한 것이었다고 기대할지도 모른다. 그 반대다. 오히려 앤디의 회고들은 그가 디지털 기기들과의 작별 기간 동안 얻은 것들에 관한 내용이었다. 그는 20년 만에 처음으로 피아노 연주 실력을 회복하기 위해 연습했다. 더 많은 운동을 했고, 책은 더 많이 읽었다. 집 근처에서 할 수 있는 몇 가지 일들을 끝냈다.

그러나 이 기간 동안에 그가 누린 최대의 복은 '약간의 주의집중력 회복'이었다. 앤디는 주의집중력을 이렇게 묘사한다. 그것은 "소설을 읽고 슬픈 장면이 나올 때 울 수 있을 정도로 주변의 소음을 진정시키는 능력 혹은 한 친구와 함께 한 짧은 성경구절을 반복청취하되 중간중간에 긴 침묵시간을 가진 채 네 번이나 반복해서 성경구절을 청취할 수 있는 능력이다. 비록 내가 이런 수준의 주의집중력을 얼마나 어렵게 간신히 얻었는가를 과장하고 싶지는 않지만, 나는 말할 수 있다. 이런 종류의 주의집중력을 얻기 위한 전제조건은 내가 얼마나 작고 보잘것없는 존재인가를 깨닫는 것이었다."

확실히 그렇다. 작고 보잘것없다는 자각이 중요했다. 이것은 세계는 무시무시할 정도로 크고 휴대폰이 아무리 내 존재감에 대해 아첨하는 말을 할지라도 이 세계는 내 중심으로 돌아가지 않는다는 깨달음이다. 앤디는 "우리 앞에 있는 디지털 스크린의 더 깊은 위험은 '아첨'이다. 디지털 기기 스크린들은 점점 우리에게 큰 관심을 기울인다. 그것들은 우리에게 누군가가, 적어도 무언가가 당신에게 신경을 쓰고 있다는 확신을 준다."라고 말했다. 반대로 진짜 현실세계는 이런 게임을 하지 않는다. "인적이 끊어진 한 해변에 가서 서 있어 보라. 여러분을 보고 안전거리를 확보하려고 길을 바꾸는 소수의 야생동물들 외에는 어떤 창조물도 여러분을 뚜렷하게 주목하지 않는다. 심지어 우리의 동료 인간들도 우리가 마땅히 받기를 바라는 정도의 주목을 우리에게 보여 주는 일은 거의 없다."

우리는 알려지길 갈망한다. 그래서 휴대폰을 붙잡는다. 바로 이 이유 때문에 우리는 계속 밑으로 가라앉는 듯한 존재감의 위축을 경험한다. 앤디의 말을 더 들어보자. "내가 디지털 스크린을 떠나 있었을 때 받은 진짜 선물은 어떤 것도 나를 주목하지 않는다는 사실이었다. 그 부단한 온라인상의 디지털 아첨들이 없으니 더욱더 내 자신이 작아지고, 존재감이 미미해지는 것을 느낄 수 있었다. 그래서 내게 사랑하라고 주신 이 세상에 대한 주의를 기울일 수 있는 자유를 얻게 되었다."

앤디가 몇 주 동안 디지털 스크린을 떠나 살았던 그 이유는 "단지 디지털 스크린이 나빠서가 아니라 주변의 진정한 현실 세상이 더 '좋았기' 때문"이다. 그의 말이 맞다. 우리는 설령 위키피디아를 사용할지라도 우리의 세계를 진정으로 알 수 없고, 우리가 듣는 스마트폰의 신화들과 우리가 스마트폰에게 들려주는 신화들에 매혹된 채(비록 우리에게 수천 명의 페이스북 친구가 있다고 하더라도) 남들이 다 보는 해안을 따라 걷는다고 할지라도 우리는 결코 알려지지 않을 것이다.

그렇다면 우리는 어떻게 하면 '이 복잡하게 꼬여 있는 두려움의 웹'으로부터 우리 자신을 해방시킬 수 있을까? 기술 신화가 만연한 오늘날, 신실한 그리스도인으로 존재하기 위해 우리는 다음과 같은 질문을 제기할 필요가 있다. "복음은 스마트폰이 우리에게 들려주는 신화보다 더 나은 이야기를 들려주는가?"

하나님은 아신다 그리고 여전히 사랑하신다

두 그루의 나무가 있다. 하나는 선악을 알게 하는 나무요, 다른 하나는 생명나무이다. 아담과 하와가 선악을 알게 하는 나무의 실과를 처음 먹었을 때 그들은 생명나무로 가는 길을 잃었다. 어떤 의미에서 생명을 지식과 맞바꿔 버린 것이다. 그들과 에덴동산에 함께 거닐던 바로 그 하나님은 이제 그들이 피해 숨어야 하는 하나님이 되었다. 그들은 벗은 몸과 취약성을 무화과 잎으로 가리며 하나님을 피해 숨었다. 지식이 그들에게 죄책감과 수치를 안겨 주었고, 그들의 죄는 그들을 낙원에서 추방시켜 버렸다(창 3 : 1-24). 그러나 생명은 그렇게 쉽게 사라지지 않았다. 복음은 어떻게 생명이 죄와 죽음에서 인간을 구출했는지를, 즉 우리 스스로 탐닉했던 멸망의 길로부터 우리를 빼내었는가를 말해 준다. 그래서 한때는 지식을 위해 생명을 버렸던 사람들이 이제 생명과 지혜를 주는 성령을 받는다.[14]

신실한 그리스도인의 삶은 자아숭배로부터 하나님 경배로의 전향을 수반한다. 신실한 그리스도인들은 우리 인간이 하나님을 알고 사랑하도록, 그리고 우리가 하나님께 알려지며 하나님께 사랑받도록 지음받은 존재임을, 그리고 우리가 아니라 하나님이 모든 일의 중심이라는 진리를 매일 기억하는 연습을 해야 한다.[15] 우리의 스마트폰은 우리에게 다른 신화를 들려줌으로써 이 중심 진리로부터 우리를 탈선시키며, 그 신화들은 우리를 하나님이 본래 빚어주신 참된 인간이 아니라 참된 인간의 껍질 같은 가짜 존재로 변환시킨다.

로스앤젤레스의 한 시장에서 열린 낸시 조 세일즈의 인터뷰에서 한 어린 소녀는 "소셜 미디어가 우리 삶을 파괴한다."라고 말했다. 낸시가 되물었다. "그런데 너는 왜 스마트폰 없이 못 사니?" 타당한 질문이다. 그렇지 않은가? 만일 어떤 것이 우리를 파괴한다면 즉시 그것을 버리는 것이 당연한 일이다. 부서뜨려 없애버리는 것이 정상이다. 그런데 그 소녀의 대답은 지체 없었다. "만일 그것까지도 없다면 우리에겐 삶이 없는 셈이 될 테니까요."[16] 만일 이 상황을 영적 용어로 바꿔 표현한다면 이런 뜻이리라. "내 우상이 나를 파괴하고 있다. 그런데 그 우상을 파괴해 버리는 순간, 나 또한 사라질 것이다." 오스 기니스(Os Guinness)가 셀카의 시대에 대해 이렇게 말한 적이 있듯이, "나는 게시한다. 그러므로 나는 존재한다."의 시대가 된 것이다.[17]

스마트폰이 우리의 우상이 되는 순간, 그것은 우리를 자기 형상대로 변형시킨다.[18] 기계는 우리 인간을 기계처럼 만들며 로봇은 인간을 로봇처럼 만든다. 우리 자신의 이미지로 스스로를 창조하려는 욕망은 진짜 우리가 누구인지를 왜곡시킨다. 아담과 하와가 금지된 열매를 따 먹은 후 재빨리 숨은 것이 이상하지 않다. 그들은 갑자기 하나님 앞에 스스로를 부자연스러운 존재라고 느꼈다. 우리가 지식을 위해 생명을 맞교환하면 똑같은 일이 일어난다. 우리는 알려지기를 원한다. 왜냐하면 하나님이 이 욕망을 주셨기 때문이다. 그러나 우리는 있는 모습 그대로 알려지는 것에 대해 자신이 없다. 왜냐하면 우리는 죄인이기 때문이다. 그렇다면 어떻게 할 것인가? 우리는 실제 우리 자신이 아니라 남들이 알아주면 좋을 법한 위장된 자신을 사람들에게 보인다.

에세나 오닐이 소셜 미디어를 떠나며 이제 자기 자신의 참된 모습이 무엇인지 모르겠다고 말한 것은 농담이 아니었다. 그녀는 자신이 창조한 거짓된 인격 안에서 참 자신을 상실했었기 때문이다. 성경 이야기는 왜 이런 일이 일어나는지를 설명해 준다.

우리는 욕망과 두려움의 덫에 걸렸다. 알려지고 싶은 욕망과 어쩌면 우리가 정말 알려질지도 모른다는 두려움이 싸운다. 우리는 알려지기를 원한다. 그러나 우리는 알려지는 것을 두려워한다. 그래서 스마트폰은 갈망과 두려움 모두에 대해 응대한다. 당신이 남들의 주목으로 인해 아무리 우쭐대는 기분이 든다고 할지라도 알려지고 싶다는 갈망은 결코 충족되지 않는다. 마음속 깊은 곳에서는 안다. 온라인상에서 알려진 당신이 진짜 당신이 아님을. 적어도 진짜 당신의 전부를 다 보여 주는 것이 아니라는 것을.

낸시 조 세일즈가 인터뷰했던 또 다른 소녀인 개비도 유사한 내용의 말을 한다. 그녀는 스마트폰 중독의 문제를 인정하지만, 그녀와 그녀의 친구들은 스마트폰 중독과 관련된 어려운 문제들을 제기하지 않는다. 그렇게 될 경우 "자신들이 스마트폰 사용을 중단해야 할지도 모르기 때문이다". 이어서 개비는 덧붙인다. "자신이 실제로 하나의 개성을 가진 인격체임을 보여 주지 않는 공간에서 자신의 존재감을 높이는 온라인상의 활동 유혹은 너무 강하다. 소셜 미디어에서는 자신이 원하는 바로 그 사람이 될 수 있다. 거기서는 당신의 명성과 관련해 좋은 점을 돋보이게 만들 수 있으며, 온통 장점으로 가득 찬 멋진 사람으로 드러낼 수 있다. 아무도 이 모든 것들의 밑에 무엇이 있는지 알려고 하지 않기 때문이다."[19]

이 마지막 문장이 마음에 걸린다. "아무도 이 모든 것들의 밑에 무엇이 있는지 알려고 하지 않는다." 이렇게 보면 스마트폰은 우리 자신을 멋있게 만들어 확대하는 자아탐닉적 전략이 아니라 오히려 우리 자신의 과탄 난 실존을 감추는 무화과 나뭇잎에 더 가깝다. 역설적이게도 우리의 끊임없는 자기 전시는 어쩌면 우리 자신의 참된 자아를 은닉하는 연습일지도 모른다. 아마도 아무 생각 없이 할 수 있는 컴퓨터 게임에 빠져 마우스를 작동시키면서 보내는 시간은 우리가 어려운 질문들을 제기하지 못하게 막고, 우리 자신의 영적 내면을 들여다보며 우리 자신의 죄를 대면하는 것을 막을 것이다.

왜 우리는 부단히 우리의 스마트폰을 바라보는가? 우리는 마치 "반지의 제왕"의 프로도와 골룸이 절대반지에 이끌리듯이 스마트폰에 이끌린다. 왜 스마트폰이 우리에게 이렇게 귀중한 것이 되었을까?

복음은 우리 마음의 어두운 구석에 빛을 비춘다. 이 어두운 구석은 우리가 스마트폰을 지키기 위해 항상 스마트폰을 향해 종종걸음으로 달려가게 만드는 원천이다. 복음은 끝없는 자기 전시와 쓸데없는 은닉의 필요로부터 우리를 자유케 한다. 사도 바울은, "우리가 아직 죄인 되었을 때에 그리스도께서 우리를 위하여 죽으셨다."라고 했다(롬 5:8). 이것이 바로 하나님이 그분의 사랑을 우리에게 입증하는 방식이다.

하나님은 단순히 당신에 관하여 모든 것을 아시는 분이 아니다. 여러분 자신의 인생에 대한 위키피디아 사전 류의 지식만 가진 것이 아니라는 것이다. 하나님은 진실로 우리를 직관적으로 아신다. 하나님은 우리가 세상에 전시하는 이미지를 보시지 않고, 우리가 세상에 결코 내보이고 싶지 않은 것까지도 다 아신다. 그럼에도 하나님은 우리를 사랑하신다. 내 친구 매튜가 말했듯이(물론 트위터에서 한 말이긴 하지만!) "우리는 하나님을 보지 않고도 사랑한다. 하나님은 우리를 다 아시고도 우리를 사랑하신다."[20] 하나님은 우리의 영광의 자기 전시를 그분의 희생적 사랑으로 무색하게 하신다. 하나님은 우리를 있는 그대로 사랑하실 뿐만 아니라 우리를 하나님과 더 닮을 수 있도록 충분히 사랑해 주신다.

복음은 우리로 하여금 하나님을 아는 것을 가능하게 한다. 성경에 대한 위키팩트 사전의 정보가 아무리 많이 쌓여도 그것이 하나님이 어떤 분인지를 알려 주지는 못한다. 하나님에 '관한' 지식이 아니라 하나님을 '아는' 지식 그것이 바로 신자의 자랑이다.

복음은 또한 우리가 진정으로 알려진 존재가 되는 것을 가능하게 한다. 그것은 우리에게까지 거룩하게 낮춰 오신 하나님의 아름다운 자기비하의 이야기이다. 복음은 하나님이 기꺼이 인간성을 입으시고, 우리 인간의 삶을 사시고, 우리가 죽는 죽음을 경험하시고, 그분이 예비하신 새로운 세계로 가는 길을 밝혀 주신 이야기이다. 그리스도를 믿는 우리 같은 사람들을 위하여 우리는 그분의 자녀를 받으시고, 긍정해 주시고, 영접해 주시는 위대한 '좋아요'를 받는다. 하나님이 세상을 너무나 사랑하시기에 이런 일이 일어난다. 그러나 하나님은 단지 '좋아요'를 눌러 주시는 데에서 더 나아가 그분의 자녀들을 좋아해 주신다. 그의 계획은 우리 인간이 하나님의 독생자를 더욱더 닮아 가게 만드는 것이다.

우리를 구원해 주실 만큼 충분히 사랑해 주시는 하나님으로부터 받은 선물에 비추어 볼 때, 과시용 자기 전시들, 우리가 스스로 두드러진 존재가 되고자 시도하는 방식들, '좋아요'와 응원 댓글에 대한 거짓된 희망들은 우리가 하나님으로부터 이미 받은 신적 승인과 긍정을 다른 사람들에게 얻으려는 허접한 시도처럼 보인다. 그리스도 안에서 우리는 우리를 알아주시고 받아 주시는 하나님의 미소를 본다. 그리스도 안에서 우리는 이미 하나님의 가족이 되었다(롬 8 : 14-17, 22-23 ; 엡 1 : 4-7 ; 갈 4 : 4-8).

그럼에도 불구하고 사람들은 여전히 말한다. "그러나 나는 얼마나 형편없는 존재인지를 잘 알고 있습니다. 나는 충분히 좋지 않은 존재입니다." 복음은 이런 말에 "물론, 당신은 스스로 만족할 만큼 충분히 좋지는 않습니다."라고 대답한다. 이것이 바로 그리스도의 신실함을 믿음, 즉 은혜로 받은 구원의 핵심이다. 만일 우리 스스로가 하나님의 호의와 사랑을 얻어 낼 정도로 충분하다면, 그 경우는 구원을 받는 것이 아니라 자신의 선함을 하나님의 영광을 훔치는 하나의 수단으로 전락시키는 셈이 될 것이다. 복음은 예수가 우리에게 충분하다고 말한다. 그는 더러운 접시 같은 존재인 죄인을 깨끗하게 하시는 완벽한 희생제물이었으며, 하나님은 그를 통해 새 마음을 주시고 당신을 변화시킬 성령님을 보내 주신다.[21]

복음은 온라인상에서 부단히 우리의 명성을 관리해야 할 필요로부터 우리를 자유롭게 한다. 하나님은 겉모습을 담은 셀카들이 아니라 셀카를 찍어 올리는 그 마음을 꿰뚫어 보신다. 여기에 자신을 알리는 더 좋은 이야기, 더 좋은 방법이 있다. 복음은 우리를 스마트폰으로 몰아가는 가장 근원적 갈망들을 긍정한다. 알려고 하는 갈망과 알려지고 싶은 갈망, 둘 다를 긍정한다. 하지만 복음은 "스마트폰이 그런 갈망을 진실로 충족시켜 줄 수 있다."는 거짓을 폭로한다.

그러므로 이제 우리의 초점을 옮겨야 한다. 우리가 나아가야 할 길은 우리의 스마트폰으로부터 비롯된 신화들을 무효화하고 상쇄시킬 습관을 기르는 것이다.

우리는 무엇을 해야만 하는가?

만일 스마트폰이 "이것이 당신의 세계이다."라고 말하면 우리는 디지털 화면들에 억지로 꾸며낸 가상세계가 아니라 진짜 삶을 경험할 시간과 공간을 확보함으로써 이 스마트폰의 신화를 반박할 필요가 있다. 여기서 나는 몇 가지 제안들을 하고자 한다.

첫째, 여러분의 생활 리듬상 스마트폰이 없어도 되는 특정 시간대를 매일, 매주, 매월로 기리 정성껏 확보해 두라. 만일 비상상황에서 스마트폰을 사용해야 하는 경우에도 친한 친구들과 가족들의 연락만 받도록 하되, 다른 이들에게는 "방해하지 마세요."라는 경고문을 장착해 두라. 매일 하루 중 당신의 스마트폰이 침묵을 지키고 당신이 더 이상 외부세계에 '접속되지 않는' 시간을 확보하라. 아침의 성경 묵상과 기도 시간, 혹은 오후 5~7시 정도 중요한 가족 공유 시간을 확보해 스마트폰을 차단하라. 당신의 스마트폰에 아예 시간을 정해 두고 의도한 것보다 더 오랫동안 게임을 하지 않도록 하라. 스마트폰과 떨어져 지내는 다른 시간들은 현실에서 만나는 사람들에 집중하고, 자연을 즐기고, 독서하는 데 할애하라.

둘째, 스마트폰이 없는 공간, 즉 실제 방이나 장소를 확보하라. 아마도 그것은 교회예배당이거나 친구들 혹은 가족들과 식사하는 식탁이 될 수도 있을 것이다. 아내와 나는 침실에서 스마트폰을 추방하기로 했다. 한밤중에 일어나서 스마트폰을 체크하지 않겠다는 말이다. 또한 나는 아침에 일어나 성경을 펼치기 전에 스마트폰을 만지지 않는다. 어리석게 보일지 몰라도 의도적인 연습이 중요하다. 의도적인 실천들이 우리를 새롭게 변화시킨다. 무엇이 가장 효과적일지 생각해 보라. 그 열쇠는 의도성이다.

우리가 정말 스마트폰에 접속해 있어야 할 때는 어떻게 할 것인가? 나는 어쩌면 자연스럽게 보이지 않는 몇 가지 방식들로 당신의 스마트폰 사용에 대해 몇 가지 제안을 해 보고자 한다.
첫째, 만일 당신이 온라인상에서 뉴스를 얻고자 한다면, 진리와 은혜로 가득 찬 소리들을 분별하여 찾도록 노력해야 한다. 호언장담을 일삼는 사람들이 아니라 사려 깊음과 지혜로 유명한 사람들을 찾으라. 여러분으로 하여금 예수님과 이웃을 더욱 사랑하게 만드는 사람들의 말을 경청하라.
둘째, 당신에게 온라인상의 뉴스를 전해 주는 사람들의 목록에 아주 광범위하게 다른 의견들을 가진 사람들을 추가하라. 당신과 의견이 다른 사람들이 쓴 글들을 읽고 그들의 팟캐스트를 들어보라. 단지 그들을 비판하고 반박하기 위함이 아니라 그들의 다른 의견들이 어떻게 해서 형성되었는지를 들어보기 위함이어야 한다. 이것이 공감하는 한 가지 방식이다. 결국 당신이 그들과 의견일치를 보지 못한다 할지라도 다른 안목으로 세상을 바라보는 연습을 해 보라. 모든 사람이 저마다 자기승인과 자아긍정을 열망하는 요즘 같은 시대에 공감은 점차 희귀해질 것이다. 오직 그리스도인들이 자기 진영을 넘어 의견이 다른 사람들과도 좋은 대화를 시도할 만큼 자신들의 믿음에 충분한 확신을 가질 때만, 우리 그리스도인들은 세상에서 우리가 나누는 모든 대화를 독으로 오염시키려고 위협하는 온라인상의 병적 중독 현상보다 더 좋은 방법을 세상에 알려 줄 수 있을 것이다.

이런 노선의 전략을 시도하면서도 우리는 "당신이 옳다."라고 말하는 스마트폰의 신화를 반박하는 교회의 영향력을 과소평가하지 말아야 한다. 교회의 장점 중 하나는 포용성이다. 교회는 서로 좋아하지 않는 사람들, 신학과 정치의 어떤 쟁점에서 의견을 달리하는 사람들도, 하나님의 은혜 외에는 어떤 공통점이 없는 사람들도 품어야 한다. 교회는 당신의 맞춤형 뉴스 게시판(news feed)[22]을 만들 수 없는 사람들과 접촉하게 해 준다. 교회는 사람들의 실제적 접촉이 이루어지는 공간이라는 말이다. 교회는 "나는 당신을 사랑합니다. 그러나 당신은 틀렸습니다."라고 말할 수 있을 만큼 견고한 관계성을 자라게 한다. 만일 여러분의 교회가 그렇지 않다면, 여러분의 교회를 애지중지하던 온라인상의 감옥들에서 해방되어 진정한 관계가 일어나는 곳으로 만들어 보라. 그럼으로써 우리는 사랑과 은혜라는 더 진실되고 더 깊은 관계성을 배울 수 있다.[23]

만일 스마트폰이 우리에게 '우리가 우주의 중심이다.'라고 생각하도록 유도하는 경우에는 그 메시지를 반박하게 만드는 방법들을 찾아보자. 당신의 스마트폰을 이 세상은 얼마나 크고 당신은 얼마나 보잘것없는가를 상기시키는 장치로 변환시키자는 의미다. 당신의 스마트폰에서 세계의 다른 지역들에 있는 그리스도인들을 위해 중보적 기도를 하도록 만드는 앱들을 다운로드 하라. 당신이 들을 음악감상 목록을 하나님에 대한 당신의 감미로운 사랑을 격동시키는 노래들로 가득 채우라. 당신의 시선을 하나님의 영광을 바라보도록 상향시키는 목사들의 설교를 경청하라. "당신이 우주의 중심이다."라고 말하는 그 스마트폰으로 하여금 "하나님은 만유 안에 계신다."라고 말하게 만들라.

우리는 스마트폰과 셀카의 시대에 살고 있다. 이제 우리 시대에 대해 조급하게 짜증내지 말고 신실하게 살아가자. 다른 사람들은 세상을 축소시키는 장치인 스마트폰에 노예가 되고, 그 스마트폰에게 사랑을 갈구하는 삶에 매여 있지만 우리는 자유롭다. 우리는 '좋아요'를 위해 살 필요가 없다. 우리는 이미 하나님의 사랑으로 살아가고 있기 때문이다.

This is Our Time

This is Our Time

2장

할리우드는 여러분의 가슴을 노린다

미국의 스타, 영화배우인 척 노리스는 루마니아에 가지 않고도 루마니아 사람들이 독재자를 몰아내는 것을 도와주었다. 나는 이 말이 사람들에게 낯설게 들릴 것임을 안다. 노리스 영화의 등장인물들이 위기의 순간을 자유롭게 넘나드는 상황들과 같이 약간 과장된 이야기처럼 들릴 것이다. 그러나 그것은 PBS 방송의 "독립적 시각"(Independent Lens)을 다룬 실화이다. 이 방송의 "척 노리스와 공산주의의 대결"이라는 프로그램은 철의 장막 뒤에 있는 사람들에게 끼친 할리우드 영화의 영향력을 다룬 다큐멘터리이다.[1]
1980년대 중반쯤, 나의 장인어른이 회심한 지 10년 후에, 루마니아의 상황은 악화되었다. 전기와 석유는 제한적으로 배급되었으며, 식량도 부족했다. 그 사이에 정부는 비밀경찰 정보원들을 더 많이 고용함으로써 감시를 강화했다.

이리나 니스토르는 정부의 검열위원회에서 일했던 통번역사였다. 그녀는 그 직업을 싫어했는데, 통번역 일을 싫어했기 때문이 아니라 자신이 일하는 이 위원회가 외국 영화 장면에서 긍정적으로 묘사되는 서구 사람들의 삶을 '상영불가'로 삭제하는 과정을 경멸했기 때문이었다.

어느 날 한 중년 남자가 이리나에게 다가와 번역 작업을 도와달라고 요청했다. 그는 비밀장소로 이리나를 데려가서 마이크 앞에 앉히더니, 작은 텔레비전에서 방영되는 어떤 미국 영화를 틀어 주었다. 그리고 "통역하시오."라고 말했다. 이리나는 마이크에 대고 루마니아어로 통역했다. 그녀는 남자와 여자, 모든 이들의 목소리로 통역했을 뿐만 아니라 영화를 보며 실시간으로 통역했다. 그 남자는 기뻐했다. 그는 금지된 영화들을 루마니아인들에게 제공하는 것을 도와줄 수 있는 협력자를 발견한 것이다. 이리나는 그것이 위험한 일이라는 것을 알았다. 그러나 그녀는 "나는 그 영화들을 보고 싶었어요."라고 말했다.

카르파티아 산맥의 산골마을들로부터 수도 부쿠레슈티의 거리들, 루마니아 북서부의 평지들까지 루마니아 전역에서 비밀모임이 열렸다. 그 모임은 '비디오의 밤'이라고 불렸다. 누군가가 비디오 플레이어를 갖고 있고 영화를 상영할 거라는 은밀한 소문이 조용한 루마니아의 이웃들 사이로 퍼져 나갔다. 열두어 명 남짓의 사람들이 항상 어둠을 틈타 영화를 보기 위해 허름한 아파트로 몰려 들어갔다.

'비디오의 밤'의 힘은 억눌린 사람들에게 2시간의 기분 전환을 제공하는 것에 그치지 않았다. 그 힘은 이러한 영화들이 루마니아 바깥의 삶을 보여 준 것에 있었다. 검열당하지 않은 외국 영화는 철의 장막에 구멍을 뚫어 루마니아인들로 하여금 또 다른 세계를 엿보게 했다. 여성들은 서구 패션을 얼핏 보았다. 남성들은 거리를 달리는 새로운 종류의 차들을 보았다. 모든 사람들은 상품으로 가득한 가게들과 가구로 가득 찬 집들을 보고 놀랐다. 나이 든 한 중년 여성이 미국영화를 처음으로 보았던 순간을 회고하며 다음과 같이 말했다. "머리를 한 대 얻어맞은 것 같았어요. 그때 우리가 서구에 비해 얼마나 뒤쳐져 있는지를 깨달았어요."

한 루마니아 남자는 이렇게 말했다. "서구 영화들은 인생에 대한 사람들의 관점을 바꾸었어요. 그것들은 우리가 기대하는 것과 우리가 원하는 것을 바꾸었어요. 영화를 통해서 우리는 성장했지요." 그는 영화 "록키"(Rocky)를 언급했다. 그 영화에서 실베스터 스텔론이 연기했던 주인공 록키 발보아는 매일 새벽 5시에 알람을 맞춰 놓고, 단백질 섭취를 위해 달걀을 섞어 만든 음료를 마신 후 뛰려고 나갔다. 이 남자는 다음과 같이 덧붙였다. "나는 그때 커지고 싶은 작은 소년이었어요. 그래서 나는 새벽 5시에 알람을 맞춰 놓고 — 농담이 아니에요! — 달걀을 섞어 음료를 만들어 그것을 마셨어요. 바로 록키처럼요."

'비디오의 밤'이 루마니아 사람들에게 일상생활의 일부가 되고 나서 불과 몇 년 후에 철의 장막이 무너졌으며, 루마니아인들은 그들의 독재자를 권좌에서 몰아냈다. 루마니아의 주요 도시의 거리 위에서 새로운 세상을 꿈꾸던 상상력이 승리했던 것이다. 다른 미래에 대한 꿈들이 영향력을 발휘하기 시작했다. 그 혁명은, 최소한 부분적으로는 통역자였던 이리나 니스토르의 저항에 의해 촉발되었다. 그녀는 자신의 나라를 위해 바깥 세계를 볼 수 있는 새로운 창문들을 열어젖혔던 것이다.

이야기들이야말로 삶을 지탱시키는 원료이다

이리나 니스토르에게 영화는 '산소'였다. '산소'란 일반적으로 이야기들을 좋게 묘사할 때 사용하는 비유 표현이다. 이야기들은 삶의 원료이다. 그것들은 우리가 우리의 세계를 의미 있게 만드는 것을 도와준다. 이런 이유 때문에 우리가 즐기는 엔터테인먼트(대중오락 공연물)의 대부분을 이야기들이 끌어간다. 이야기의 등장인물의 성격 변화와 줄거리 흐름은 그 이야기에 우리가 몰입되도록 붙잡아 주는 낚싯바늘과 같은 역할을 한다.

우리는 새로운 엔터테인먼트를 발견할 기회가 무궁무진한 시대에 살고 있다. 우리는 즐겨 시청하는 어떤 쇼의 에피소드를 연속적으로 보면서 저녁 시간 내내 혹은 주말 시간 전체를 보내는 '시리즈물 연속 시청'의 시대에 살고 있다. 우리는 극장에 가고, 장엄한 기승전결 구조를 가진 비디오 게임용 이야기 속을 여행하며, 출퇴근 길에 들을 음악재생 목록을 만든다.

그러나 엔터테인먼트 장르가 새롭거나 우리 시대에만 독특한 것은 아니다. 텔레비전 시대 이전에 유행했던 라디오 방송들에도 코미디, 드라마, 그리고 슈퍼히어로 쇼들이 넘쳐났다. 라디오 시대 이전에는 음악이 깃든 짧은 연극인 보드빌(vaudeville)이 있었다. 여러 다른 공연자들이 전국을 여행하면서 공연을 하곤 했다. 그들은 '무대 위 등장인물들'을 세심하게 창조해 내고, 이야기들과 농담들을 반복하곤 했다. 이 재치와 익살이 넘치는 유머는 미국 사람들의 마음을 사로잡았고, 그 결과 미국 사람들은 그 이야기들을 확산시키며 이야기들에 딸려 나오는 농담들에 대해 반복해서 웃을 수 있었다.

보드빌 이전에 사람들이 즐긴 대중공연물은 이야기를 풀어 주는 노래들이었다. 가장 오래된 읍 단위의 공동체에서 일어나는 일들을 소재로 삼은 컨트리 송들(country songs)은 잃어버린 사랑, 바람난 배우자, 혹은 위기에 처한 관계들에 대해 노래했다. 미국 음악계를 강타했던 가장 이상한 노래들 중 하나는 찰리 로슨(Charlie Lawson)에 의해 영감을 받은 것이었다. 그는 아직까지도 알려지지 않은 이유(추측은 마피아 견루설에서부터 근친상간에 이르기까지 다양하다.)로 1929년, 자신의 아내와 일곱 명의 자녀들 중 여섯 명을 살해한 인물이었다. "로슨(Lawson) 가족의 살인"이라는 노래는 '살해를 노래하는 발라드' 장르에 속하는데, 그 가사는 살인에 이르기까지의 사건들 및 후속 결과들을 묘사한다. 19세기에 유행한 살인 발라드들은 주로 도덕적 우화로서의 역할을 하였지만, 보비 대린

(Bobby Darin)이 부른 "칼잡이 맥"(모든 시기의 빌보드 최고 인기명곡 100곡 중 3위)과 같은 살인송의 인기 혹은 퀸(Queen)의 "보헤미안 랩소디"의 서두에 나오는 고백은, 그 살인 묘사 발라드라는 장르 속에는 여전히 호소력 있는 무엇인가가 있음을 보여 준다.

영화나 소설의 형태로든, 텔레비전 쇼나 비디오 게임 혹은 노래의 형태로든 이야기에는 사람을 자극하고 움직이는 위력이 있다. 신학자인 케빈 밴후저(Kevin Vanhoozer)는 이 현상에 대해 다음과 같이 논평한다.[2] "지역 영화관에서는 매주 우리가 의지하고 살아갈 다양한 영화들을 제공한다. 전자영상 매체 사회에서 현재 인기리에 상영되고 있는 이야기들은 삼대지 설교 형태를 취하지 않을지 모르지만, 크고 작은 스크린 위에서 여전히 설교하고 있다. …… 그 이야기들의 목표는 우리의 상상력을 사로잡아 우리의 존재를 형성하는 것이다."

밴후저의 말이 옳다. 밴후저가 말한 그 이유 때문에 척 노리스의 영화들이 공산주의 루마니아에서 그렇게 큰 영향력을 떨칠 수 있던 것이다. 여기서 여러분은 미국 전체의 영웅이 영화 속에서 다음과 같이 말하는 것을 듣는다. "당신은 당신의 운명을 장악할 수 있다. 당신은 당신의 상황에서 벗어날 수 있으며, 이 시련을 이기고 살아남아 당신의 적을 물리칠 수 있다."

이야기를 들려주는 행위, 즉 스토리텔링은 인간의 세계관을 형성한다. 좋은 이야기들은 우리의 마음을 사로잡고 우리의 상상력을 풀어놓아 우리의 삶을 의미 있게 해석할 수 있게 한다.[3] 이런 이유 때문에 엔터테인먼트 산업은 이야기를 토대로 삼는다. 그러나 이 모든 이야기들이 여러분에게 좋은 영향력을 끼칠지 그렇지 않을지를 어떻게 알 수 있을까? 어떻게 여러분은 좋은 이야기와 나쁜 이야기를 구분할 수 있을까? 진실은 우리에게 이야기의 형태로 온다. 하지만 거짓도 그러하다. 그리고 우리가 대중공연물을 즐기느라 소비하는 데 바쳐지는 엄청난 양의 시간은 어찌할 것인가? 만일 여러분이 유튜브에서 단편물들을 보거나 음악을 듣거나 혹은 비디오 게임을 하거나 텔레비전을 보면서 보내는 시간을 계산해 본다면 확언하건대, 여러분이 인생의 얼마나 많은 시간을 엔터테인먼트를 즐기는 데 쏟아붓고 있는지에 놀라게 될 것이다. 심지어 여러분은 한 번에 한 가지 이상의 엔터테인먼트를 소비하고 있음을 발견하게 될 것이다. 예를 들면 넷플릭스의 영화를 시청하면서 캔디 크러쉬 게임을 한다든지, 혹은 영화를 틀어 놓은 채 온라인 비디오들을 탐색할 수 있다.

오늘날 엔터테인먼트는 너무나 널리 퍼져서 이런 형태의 기분전환용 오락이 없는 삶을 거의 상상할 수 없다. 아마도 이 사실이 우리가 이 엔터테인먼트의 과도한 영향에 대해 근심하고 걱정하는 점일 것이다. 엔터테인먼트가 소재로 삼는 이야기들은 우리에게 어떤 영향을 미칠까? 우리가 보는 영화들과 우리가 읽는 책들로 인해 우리는 어떤 삶을 전망하게 될까? 끝없는 엔터테인먼트의 시대에 우리는 어떻게 그리스도 앞에 신실한 삶을 살 수 있을까? 일부 그리스도인들은 영화와 책, 음악을 '좋은 것'과 '나쁜 것'

으로 범주화하는 것이 한 가지 대답이라고 생각한다. "이 영화는 도덕적으로 건전하지 못한 어떤 것을 담고 있는가?", "이 노래에는 욕설이나 음란한 가사가 있는가?", "이 메시지는 나의 정치적 혹은 종교적 견해와 일치하는가?" 이러한 질문들은 마땅히 우리가 제기해야 할 질문이다. 그러나 이야기는 우리의 이성에 전달되는 정보 이상이라는 점이 중요하다. 이야기는 또한 마음에 호소하면서 우리의 욕망들을 일깨우고 형성한다.

예를 들어, "웨스트 윙"(The West Wing)[4]이라는 TV 드라마는 이상적인 정치에 대해 보여 준다. 곧 미국인들이 정치를 통해 무엇을 이루고자 열망하는지를 생생하게 표현해 준다. 그러나 정부에 대한 보다 최근의 TV 프로그램들은 권력과 쾌락을 향한 정치가들의 갈망에 대해 냉소주의적인 태도를 보여 준다. 이러한 프로그램들은 동일한 주제를 다루지만, 크게 보면 다른 관점에서 다룬다. '웨스트 윙'은 보다 나은 세계를 바라는 시청자들을 겨냥한다. 그 프로그램에는 지도자들이 정직한 성품을 견지하며 자신의 정당이 아니라 국가를 위해 최선의 것을 원하는 것으로 그려진다. 반면, 보다 최근의 프로그램들은 워싱턴 D. C.가 오로지 자기 자신을 위해 최선인 것만을 원하는 부도덕한 악한들로 가득 차 있다고 믿는 시청자들에게 냉소주의를 강화시킬 풍성한 이야깃거리들을 제공한다.

만일 우리가 이 시대에 신실한 성도로 살아가고자 한다면, 이야기들이 이성과 마음을 지배할 힘을 갖고 있음을 인식할 필요가 있다. 엔터테인먼트가 위력을 떨치는 세상에서 신실하게 살아간다는 것은, 우리가 말하는 이야기들을 형성시키는 인간 본성에 내재하는 영적 갈망들을 발견해야만 한다는 것을 의미한다. 사람들이 사실이기를 원하는 그 거짓말들을 폭로하고, 궁극적으로는 이러한 이야기들을 복음 ― 우리 세계의 그 참된 이야기인 복음 ― 의 빛 아래에서 비판적으로 보아야만 한다.

깨어 있는 용들을 몰래 피해 가는 지혜를 가르쳐 주는 이야기들

C. S. 루이스(C. S. Lewis)는 기독교 신앙 변증가로서의 전성기를 맞았을 때 어린이책 시리즈를 썼다. 나중에 그는 왜 자신이 어린이들을 위한 이야기책들을 집필하게 되었는지를 설명해 주었다. "나는 이런 종류의 이야기들이 어린 시절 나 자신의 종교의 많은 부분을 마비시켰던 어떤 일종의 억제(무서운 용 같은 존재들)를 어떻게 몰래 피해 가게 할 수 있는지를 보았다. 왜 우리는 하나님에 대해서 혹은 그리스도의 고난에 대해서 당연히 느껴야 한다고 들었던 것들을 느끼는 것이 그렇게 어려웠을까? 나는 이렇게 느끼지 못했던 주된 이유가 '무엇인가를 마땅히 해야만 한다.'고 들었기 때문이라고 생각했다. 느껴야 한다는 의무는 감정을 얼어붙게 만들 수 있다. …… 그러나 만일 이 모든 것들을 상상의 세계 속으로 집어던져, 그것들로부터 교회예배당 유리벽에 그려진 스테인드글라스 그림들과 주일학교 성경교육과의 연관성들을 다 제거한다면, 우리는 상상력을 자극하는 성경 이야기들의 참된 힘을 드러내

게 할 수 있을 것이다. 그럼으로써 우리는 깨어 있는 용들을 몰래 피해 갈 수 있지 않을까?"[5]

깨어 있는 용들(억압적 종교)을 몰래 피해 가는 것, 그것이 C. S. 루이스가 어린이책을 쓰게 된 근거이다. 그의 계획은 열매를 맺었다. 「나니아 연대기」(The Chronicles of Narnia)는 세계 여러 나라의 언어로 번역되어 국제적 명성을 얻었다. 「나니아 연대기」는 공공연하게 기독교적이지는 않지만, 핵심적인 기독교 개념들과 그것들의 중심인물로서 자신의 희생으로 세상을 새롭게 만드는 사자를 제시한다. 루이스는 이야기들이 사물의 핵심을 드러내는 독특한 방식을 지니고 있다는 사실을 깨달았던 것이다.

잡지 「슬레이트」(Slate)에 글을 기고하는 비기독교인 작가인 메간 오루크(Meghan O'Rourke)는, 사자 아슬란이 나타내는 인물인 예수를 믿지는 않지만, 나니아 이야기들을 좋아한다. 메간은 다음과 같이 말한다.[6] "어린아이인 나를 사로잡았던 것은······ 「나니아 연대기」를 구성하는 책들의 분위기였다. 그 분위기란 경건하다거나 특별히 기독교적이라고 부를 수 있는 어떤 것이 아니었다. 나니아는 '깊은 마법' 속에 뿌리를 내리고 있는 땅이며, 그곳에 똑똑한 체하는 기괴한 도깨비들과 난쟁이들이 살고 있다는 사실은······ 분명히 많은 전통적인 기독교인들을 두렵게 했을 것이다."

기독교에 대한 메간의 견해는 안타깝다. 그녀가 기독교 신앙이 기리는 기쁨과 축제의 가능성을 배제하거나, 마법에 걸려 있는 인생에 대해 루이스의 「나니아 연대기」가 묘사했던 인생관을 거부하고 있음을 생각하면 슬프다. 메간에게 '경건함'과 '특별히 기독교적인' 것은 틀림없이 '지루함'을 의미할 것이다. 그러나 루이스에게 나니아의 마법은, 우리가 살고 있는 흥미진진하고 초자연적인 세계에 대한 기독교 신앙의 상상력 넘치는 묘사였다.

동시에 메간이 아슬란에 대해 사랑한 것들은 그녀가 아직 보지 못하고 있는 예수의 면모들이다. 그녀는 다음과 같이 쓰고 있다. "아슬란은 …… 종교적인만큼 급진적이고도 창의적인 등장인물이다. 그는 페벤시가(家)의 아이들과 거의 말없이 의사소통을 한다. 그 아이들은 아슬란의 갈기 속에 손을 넣으며 위안를 얻고, 그의 무서운 눈을 들여다보면서 종종 움찔 놀란다. 분명히 그는 상징이다. 그러나 그는 또한 신이 존재하는지에 대해 알지 못한다고 생각하는 불가지론에 빠진 아이라도 친근감을 느낄 수 있게 만드는 인물이다. 단순하게 범주화할 수 없는 존재이다."[7]

단순하게 범주화될 수 없는 인물이 있다면 바로 예수이다. 우리 중 그리스도를 알고 사랑하는 사람들만이, 우리가 그분 안에서 위안을 발견하면서 동시에 그의 장엄함에 두려움을 느끼고, 그의 말씀 속에서 위로와 도전을 동시에 발견하며, 그분을 사랑하면서도 동시에 두려워하는 것이 어떻게 가능한지를 이해한다. 메간을 사로잡은 아슬란의 면모들은 우리를 예수께로 이끄는 자력을 띤 특질이다. 누가 알겠는가? 아마도 이러한 특성들이 「슬레이트」의 한 기고 작가가 기독교 신앙에 귀의하는 데 어떤 영향을 주었을지. 루이스의 작품은 아직도 깨어 있는 용을 은밀하게 피해 지나간다.

기독교는, 심지어 그것을 거부하는 사람들조차 사로잡는 강력한 이야기이다. 소설가 줄리언 반즈(Julian Barnes)를 생각해 보라. 무신론자인 그도 기독교야말로 이제껏 말해진 가장 위대한 이야기라고 묘사한다. 반즈는 죽음에 대해 성찰하는 책인 「이 세상에 두려워 할 것은 없다」(Nothing to be frightened of)를 썼다. 그 제목은 이중적인 의미를 지니고 있는데, 자신의 일기에서 영감을 받은 것이었다. 그는 한때 일기에 이렇게 쓴 적이 있다. "사람들은 죽음에 대하여 '두려워할 것은 아무것도 없어.'라고 말한다. 그들은 그 말을 재빨리, 아무렇지도 않게 말한다. 이제 그것을 다시 말해 보자. 천천히, '아무것도 없다!'에 방점을 찍으며 말해 보자. "두려워할 것은 아무것도 없다."[8]

죽음에 대한 책에서 여러분이 흔히 기대하듯이, 반즈는 인생의 큰 질문들을 가지고 씨름한다. 그는 그 책을 이렇게 시작한다. "나는 하나님을 믿지 않는다. 그러나 나는 그를 그리워한다."[9] 어떻게 무신론자가 하나님을 그리워할 수 있을까? 오직 그 불신자가 사실이 아니라고 믿는 하나의 이야기에 감정적 애착을 유지하고 있을 때만이 가능하다.

반즈는 다음과 같이 쓴다. "종교란 허구적 이야기 작가들의 최초의 위대한 발명품이다. 당연하게도 혼란스러운 정신에 빠진 사람들을 위해 세상을 그럴듯하게 설명하고 설득력 있게 묘사한 것이 종교이다. 그것은 견고하고도 정확한 거짓말들을 포함하고 있는, 아름답고 탄탄하게 구성된 이야기이다."[10] 반즈에 따르면, 자신이 하나님을 그리워하는 이유, 그리고 많은 사람들이 기독교를 믿는 이유는, 그 이야기들이 '아름답고', '탄탄하고', '위대한 허구'이기 때문이다.

이상한 방식이긴 하지만 반즈는 기독교를 우회적으로 칭찬하고 있다. 그는 기독교의 이야기가 '견고하고도 정확한 거짓말들'로 가득 차 있다고 생각할지도 모른다. 그러나 그는 그 이야기가 얼마나 설득력 있고 강력한지를 찬탄하지 않을 수 없기에 다음과 같은 말로 기독교를 인정한다. "기독교는 단지 그 외의 모든 사람이 그것을 믿었기 때문에 그렇게 오래 지속된 것이 아니다. 그것이 통치자들과 사제 계급에 의해 강요되었기 때문에, 그것이 사회통제의 수단이었기 때문에, 그것이 마을에서 유일한 이야기였기 때문에, 그리고 만일 그것을 믿지 않는다면 ― 혹은 너무나 완강하게 그것을 믿지 않는다면 ― 목숨이 잘려 나갈 것이기 때문이 아니다.", "그것이 지속된 것은 또한 그것이 아름다운 거짓말이었기 때문이다. 등장인물과 구성과…… 선악 사이의 얽힌 갈등이 한데 어우러져 위대한 소설을 만들었기 때문에 오랫동안 지속되고 있다. 예수의 이야기 ― 고결한 사명, 압제자를 압도하는 권위, 박해, 배반, 처형, 부활 ― 는, 잘 알려져 있듯이 할리우드가 맹렬하게 찾는 전형적인 흥행 보증 스토리의 완벽한 예이다 : 행복한 결말을 갖는 비극."[11]

그것이 반즈가 하나님을 그리워하는 이유이다. 그는 이야기를 사랑한다. 마음 깊은 곳에서 그는 이 하나님 이야기가 사실이기를 바란다. 애타는 동경을 품고 종교적인 작품을 바라볼 때마다 그는, "'만일 그것이 사실이라면' 그것은 어떤 모습일까?"라는 질문에 사로잡힌다. 그는 잠시 동안만이라도 신자의 믿음, 즉 그에게 종교적 예술의 충만한 힘을 경험케 해 줄 그 믿음을 한 번 가지면 얼마나 좋을까 하고 부러워한다. 종교적 작품에 표현된 것이 허구가 아니라 실재라고 믿는 것에서 오는 그 특별한 매력을 느끼게 해 줄 믿음을 갈망한다.[12] 반즈는 불신자이지만, 기독교 이야기가 "최고의 픽션이었고, 그리고 한 위대한 소설을 끝내자마자 상실감을 느끼는 것은 당연하기"[13] 때문에, 하나님을 그리워한다.

기독교인들은 자주 우리가 사는 세상의 스토리텔러들 — 음악, 영화 그리고 책들을 통해 이야기를 들려주는 사람들 — 을 우리의 가장 큰 적들, 즉 기독교를 반대하는 으뜸 세력이라고 간주한다. 이런 평가에는 약간의 진실이 있다. 특히 오락 연예 산업으로부터 우리에게 쇄도해 오는 모든 신화들을 고려해 볼 때 그러하다.

그러나 우리는 엔터테인먼트 속에서 엿보이는 인간의 근원적 갈망들을 놓쳐서는 안 된다. 이 세상의 사랑받는 이야기들 속에는 단지 적들만이 아니라 우리의 협력자들도 있다. 기독교를 그렇게 위대한 이야기로 만드는 측면들, 선한 의지가 궁극적으로 악을 이긴다는 기독교적 확신과 연결되는 요소들-그러한 것들이 대중서적들, 영화들, 그리고 음악 속에 항상 나타난다. 왜 그럴까? 왜냐하면 그것들은 실제로 일어난 일이었던 가장 위대한 이야기로부터 차용된 것이기 때문이다.[14]

만일 이 세상 이야기들 속에 있는 선하고 참된 요소들이 복음에 관해 사람들의 마음을 준비시키는 역할을 하고 있는 것이라면 어떨까? 이 점을 생각해 보자. 왜 그토록 많은 영화들이 악에게 사로잡힌 세상과 주로 희생을 통해서 평화와 회복을 가져오는 초영웅을 묘사할까? 왜 우리는 세상적인 지위를 지니지 않은 젊은 주인공들이 어둠의 세력을 이기고 은하계를 구하는 핵심인물로 등장하는 "스타워즈"의 주제에 공감할까?

제인 오스틴부터 찰스 디킨스까지 명작소설들은 계속해서 역경 한가운데에서의 기쁨에 관한 이야기들을 중심으로 전개하면서 사람들을 감동시킨다. 역경 속에서 인내와 고통을 통해 등장인물들의 성품이 형성되고 단련되어 간다. 혹은 신데렐라 이야기를 생각해 보라. 그것은 기독교 신학이 '위대한 반전'이라고 묘사하는 것, 즉 스스로 겸비하게 된 자들은 높아지고 스스로를 높이는 자들은 낮추어지는 세계에 대한 우리의 갈망을 깊이 다룬다.

어린이를 위한 많은 이야기들("니모를 찾아서", 애니메이션)이 왜 아버지와 헤어진 어린아이를 주인공으로 내세우는가? 왜 전래동화에는 저주 때문에 죽음의 잠에 빠진 채, 마녀(「백설공주」)나 용(「잠자는 숲속의 미녀」)을 죽이고 그들을 깨워 영원한 행복을 누리게 해줄 한 용사를 기다리는 공주들이 주인공으로 등장하는가?

나는 이전에 한 작가가 성경 이야기의 줄거리를 몇 마디로 요약하는 것을 들은 적이 있다. "용을 죽여 소녀를 구하라."

물론 우리가 곧 보게 되겠지만 할리우드는 우리 기독교인들을 실족시킬 만한 많은 자료들을 퍼뜨린다. 그러나 할리우드는 아마도 인식하지 못한 채, 인간 마음의 갈망들과 욕구들을 건드려서 성경의 이야기 구성에서 발견되는 진리들과 유사한 주제들로 불신자들을 인도한다.

우리는 좋은 이야기를 사랑하는데, 그 이유는 좋은 이야기들이 현실에서 일어나는 '사실'이기를 원하기 때문이다. 그리고 우리가 가장 사랑하는 이야기들 중 많은 것 속에 표출된 갈망들은 사실이고, 선한 것이며, 옳은 것이다. 하지만 우리가 좋은 이야기를 사랑하는 것과 꼭 마찬가지로 나쁜 이야기에 빠지는 것 또한 가능하다.

나쁜 이야기에 빠져드는 이유

C. S. 루이스가 결혼했던 여인 조이 데이빗맨(Joy Davidman)은 뉴욕 출신의 유대인 이혼녀로서, 영문학 교수였던 루이스와 자주 논쟁을 했다. 처음에는 서신으로, 이후에는 직접 대면하면서 논쟁했다. 그녀는 깊이 사고하고 자신의 생각들을 변호하는 것을 격려하는 가정에서 성장했다. 루이스를 만나기 전에 조이는, 우리가 살고 있는 세상에 대한 몇 가지 허구적 이야기들 — 그녀가 사실이기를 원했지만 사실이 아닌, 그러면서도 그녀의 상상력을 사로잡았던 이야기들 — 을 좋아하게 되었다.

조이가 믿었던 첫 번째 이야기는 쾌락주의였다. 이것은 우리 인생의 목적은 우리의 즐거움을 극대화하는 것이라는 생각이다. 옳고 그름에 대한 아무런 기준 없이 살면서, 그녀는 "도덕규범들이란 추하고 지저분한 것들"이라고 말했다. 그녀는 전통적인 도덕규범을 초월하는 지적인 해방을 좋아했다.

조이는 그녀의 부모님에게 "나는 쾌락주의로 개종했어요."라고 말하며 자신의 개종 사실을 알렸다. 그녀는 "쾌락이 인생의 유일한 목표"라고 말했다. 그녀는 무신론자인 아버지가 그의 도덕규범을 폐기했다고 생각했다. 그러므로, 쾌락주의에 대한 아버지의 거부감과 도덕적 진리를 지켜야 한다고 생각하는 아버지의 집착은 오직 아버지 자신의 편파적 취향에 근거할 뿐이라고 생각했다. 그녀에게 동의하는 친구들과 본질적으로 쾌락주의적인 책들, 그리고 영화들의 지지를 받으며, 조이는 세계에 관한 거짓된 이야기를 수용했다. 하나님이 없는 세계, 쾌락을 떠나서는 삶의 목적이 없는 세계에 관한 이야기를 믿었다.[15]

모든 거짓된 이야기들이 그러하듯이 쾌락주의는 단족을 주지 못했다. 특히 대공황이 닥치자 그러했다. 조이가 목격한 대공황의 끔찍한 결과들 중 가장 무서웠던 것은 한 동급생이 어떤 학교건물 꼭대기에서 뛰어내려 자살한 것을 목격한 일이었다. 이러한 상황들에 충격을 받은 조이는 미국의 경제 시스템에 대해 질문을 던지기 시작했으며, 그녀의 이 질문은 미국의 한 극장에서 상영되었던 요세프 스탈린의 소비에트 선전영상물에서 부분적으로 답변을 받았다.

1934년 소련 영화 "차파예프"(Chapayev)가 맨해튼의 카메오 극장에서 상연되었다. 전기 작가인 아비가일 산타마리아(Abigail Santamaria)에 의하면, 조이는 그 영화에 '매료'되었다. "어느 겨울날 어두운 극장에 앉아 그녀는, 볼셰비키 게릴라의 지도자였던 차파예프가 1919년 유혈폭동 기간에 압제적인 황제 편 백군 러시아 압제자들에 맞서 싸우기 위해 농민들을 규합하여 붉은 군대의 지휘관에 오르는 것을 지켜보았다. 전 세계의 관객들이 차파예프를 환영했다. …… 특히 그 영화는 용기와 영웅주의에 굶주렸던 감수성을 깊이 건드렸다. …… 그 영화는 현대 시네마의 걸작으로 환호를 받았다."[16]

스탈린은 영리했다. 모든 혁명가들이 그러하듯이, 그는 좋은 이야기의 위력을 알았다. 그러나 그는 또한 엔터테인먼트의 힘도 알았으므로, 자신의 이데올로기를 퍼뜨리기 위하여 영화를 이용했다. 산타마리아는 다음과 같이 쓰고 있다. "스탈린은 유혹적으로 기만적이었다. 그 독재자와 그의 영화제작자들은 그들의 영화들이 엔터테인먼트를 통해 사상계몽을 성취하려 한다고 선전하는 데 거리낌이 없었다. 영화는 무엇보다도 과학기술, 농업생산성…… 등에 있어서의 소련의 진보들에 대해 사람들을 교육하는 수단이라고 선전했다. 스탈린은 모든 사람들에게 공산주의 사상들을 알리기 위해서 수천 개의 극장들을 세웠다."[17]

경제불황의 극심한 고통 속에 있는 국가의 시민으로서 조이는, 계급 없는 문명이라는 이념에 매혹되었다. 그녀는 동유럽에 속한 그 먼 나라의 평화와 번영을 목가적으로 그리는 영상물을 보여 주는 소련의 예술작품에 감탄했다. 산타마리아는 다음과 같이 덧붙였다. "일부 미국인들은 소련 예술과 미국의 광고가 비슷하다는 사실을 쉽게 꿰뚫어 보았다. 소련 영화는 사실을 보여 주는 것이 아니라 상품 광고라는 것을 알아차렸다. 그러나 조이는 '소련 예술은 해방된 민족, 즉 마침내 인간의 평화와 동지애라는 난롯가에서 몸을 녹일 자유로운 민족의 정신을 표현하고 있다.'는 평론들에 동의하면서 스탈린의 이야기를 소비했다. 소련은 이상향(utopia)이었다. 여기에 희망이 있었다."[18]

조이가 스탈린의 이야기에 매혹된 것은 놀라운 일이 아니다. 그녀는 그의 이데올르기가 사실이기를 원했던 것이다. 그녀의 깊은 갈망은 세계의 회복, 우리의 죄와 파탄이 끝나고, 평화와 정의가 통치하는 이상적인 세계를 향해 있었다. 그러나 그녀는 영화와 책의 거짓말, 즉 소련 혁명이 그러한 세계를 가져온다는 이념과 사랑에 빠져버렸다. 마지막 순간에 그녀는 하나님께로 돌아왔다. 그런데 그 마지막 순간에도 그녀를 하나님께로 이끈 것은 환멸이 아니라 절망이었다. 소련에 대한 환상이 깨어졌기 때문이 아니라 스탈린이 선전한 그런 세상은 없다는 절망 때문이었다. 수년 동안 조이는 자신의 독립성과 자신에 대한 신뢰를 증명하는 것 외에 그 이상의 다른 어떤 것도 추구하지 않았다. 조이는 다음과 같이 쓰고 있다. "오로지 하나의 궁극적 아름다움이 존재한다. 각자 자신의 발로 서 있는 것이다. 오직 하나의 궁극적 추악함이 존재한다. 무릎을 꿇는 것이다."[19] 그러나 그녀가 홀로임을 느끼고 변화를 일으킬 수 없다고 느꼈던 두려움의 순간에, 그녀는 갑자기 하나님의 현존을 느꼈다. "내가 그 뒤에서 하나님을 피해 왔던 모든 나의 방어물들-교만과 오만한 자신감과 자기애가 순식간에 무너졌다. 그리고 하나님께서 들어오셨다."라고 그녀는 썼다.

하나님께서 실재하신다는 것을 믿게 되자 곧 조이는 이제까지 자신은 이 진실을 부인하기 위해, 문빗장을 걸어 놓고 그분이 자신의 인생에 들어오지 못하도록 하기 위해 자신의 인생을 소진해 왔다는 것을 깨달았다. 그녀는 자신의 개종에 대해서, "나는 이제껏 살았던 그 어느 때보다 더욱 살아 있다고 느껴요."라고 썼다. "그것은 잠으로부터 깨어난 것 같았어요. …… 나는 무릎 꿇고 기도하고 있는 자신을 발견했죠. 틀림없이 나는 세상에서 가장 큰 충격을 받은 무신론자라고 생각해요."[20]

하나님에 대한 조이의 믿음은 그녀로 하여금 모든 것에 의문을 갖게 만들었다. 그녀는 공산주의가 "미래를 예견하고 통제하려는 인간의 가망 없는 시도들 중의 또 다른 하나일 뿐이며, 인간의 운명을 점치는 유리공이라도 그 정도 일은 해냈을 것"이라는 것을 알게 되었다.[21] 그러나 기독교인이 되고 나서도 한동안 여전히 조이는 이 세상의 거짓된 이야기들과 신화들에 쉽게 영향을 받았다.

개종 직후에 조이는 론 허버드(Ron Hubbard)에 의해 창시된 '다이어네틱스'(Dianetics)[22]라고 불리는 철학을 받아들였다. 이 철학은 사람들이 현대의학이나 값비싼 상담의 도움 없이 치유를 찾도록 돕는 방법을 제안했다. 오늘날 론 허버드의 저작은 몇몇 유명한 배우들이 속해 있는(주요인물로는 톰 크루즈와 존 트라볼타가 있다.) 사이언톨로지(Scientology)라는 사이비종교의 기반이 되었다.

시간이 지나 기독교적 확신이 깊어지면서 조이는 자신이 가담했던 다이어네틱스 모임 안에 있는 사이비종교 같은 경향성을 간파하게 되었다. 그리고 그때쯤에 그녀는 하나의 이야기에 탐닉하는 단계를 청산하고, 후에 결혼하게 될 남자인 C. S. 루이스와 사랑에 빠졌다. 그녀 생애의 최후 몇 년 동안에도 이야기의 위력은 조이에게서 상실되지 않았다. 마치 그녀의 운명을 성취하기라도 하듯, 조이는 루이스의 가장 위대한 두 작품에 중대한 영향력을 행사했다. 루이스의 자서전 「예기치 못한 기쁨」(Surprised by Joy)과 큐피드와 프시케의 고대 신화를 원숙하게 개작한 「우리가 얼굴을 찾을 때까지」(Till We Have Faces)에는 조이의 영향력이 남아 있다.

갈망과 거짓말로 가득 찬 이야기들

이야기들은 우리가 세계를 보는 방식을 규정한다. 이 이유 때문에 이야기들은 강력한 호소력을 발휘한다. 우리의 타락한 세상을 정확하게 묘사하고 기독교적 덕목을 향한 열망을 형성함으로써 선을 도모하든, 혹은 우리의 감정을 잘못 묘사하고 그릇된 방향으로 인도함으로써 악을 부추기든 상관없이 이야기들은 강력한 위력을 발휘한다. 이야기들은 모든 곳에 있다. 음악, 비디오 게임, 텔레비전 쇼, 영화, 책 모든 것에 이야기가 들어 있다. 기독교적 신실성이란 이 세상 속에서 어떤 모습으로 표현될 수 있을까를 숙고할 때, 우리는 "엔터테인먼트가 기독교 신앙의 경쟁자일까 협력자일까?"를 물어보아야만 한다. 나의 대답은 물론 '둘 다'라는 것이다.

만일 여러분이 거짓말탐지기형 그리스도인 성향의 소유자라면, 아마도 대부분은 엔터테인먼트를 기독교적 신실성을 훼방하는 대적자로 볼 것이다. 여러분은 하나의 이야기를 핵심적인 '메시지'나 '요점'으로 축소시켜 그것이 사실인지 거짓인지를 결정하려고 애쓸 것이다. 당신은 게임을 하거나 TV를 보면서 보내는 시간에 대해 죄책감을 느낀다. 마치 식사 후의 디저트처럼, 이러한 활동들을 자주 과도하게 즐긴다면 문제가 된다고 생각할 것이다.

만일 여러분이 긍정수용형 그리스도인 성향이라면, 아마도 엔터테인먼트 소비를 중립적인 어떤 것으로 볼 것이다. 영화나 텔레비전 쇼의 세계관을 설명할 수 있는 여러분의 능력이 그것들을 무해한 것으로 만들 수 있다고 생각한다. 여러분은 이야기 속에서 거짓들을 감별해 낼 수 있기 때문에, 그리고 그 이야기의 어떤 부분이 미흡한지 볼 수 있기 때문에 그 거짓들에 영향을 받지 않을 수 있다고 느낄 것이다.

이 두 노선 중 어느 것도 그 자체로는 충분하지 않다. 이 둘은 실제로는 공통점을 가지고 있다. 두 노선 모두 이야기를 그것이 담고 있는 메시지나 혹은 중요한 요점 정도로 축소시킨다. 이렇게 함으로써 이야기의 위력을 간과하게 된다. 결국 거짓말탐지기형 그리스도인들이, 이 세상의 가장 인기 있는 많은 이야기들이 기독교적 세계관과 경쟁관계에 있음을 지적한 것은 옳다. 그러나 그 이야기를 단지 사실인가 거짓인가를 기준으로 판단해 이야기를 메시지로 축소시키는 경향 때문에 그들은 진실하고 아름다운 요소들 — 우리의 세상에서 무엇이 선하고 옳은지에 대해 사람들과 대화를 시작할 수 있는 공통기반이 되는 것 — 을 식별하고 발견해 내는 것이 어렵다고 생각한다. 세상의 거짓말에 대한 그들의 집중적 배척 감정 때문에 그들은 그 이야기 속에 표현된 이 세상 사람들의 갈망을 깨닫지 못한다.

또 다른 한편, 긍정수용형 그리스도인들은 그들이 그 핵심 메시지를 인지할 수 있기 때문에 그 이야기의 영향력을 '초월해' 있어서 영향을 받지 않는다고 생각함으로써, 역시 그 매체의 위력을 과소평가한다. 엔터테인먼트는 단지 정신 영역에서뿐 아니라 마음 영역에서도 우리에게 심대한 영향을 끼치고 있다는 것을 기억하라. 비록 여러분이 그 영화의 메시지를 이해하기 위해서는 여러 양동이의 도덕적 오물을 걸러내야만 함에도 불구하고, 만일 여러분이 메시지 면에서는 대체로 좋아할 수 있는 어떤 영화를 보는 것에 아무런 문제가 없다고 생각한다면, 이것은 단견이다. 여러분은 어떤 한 이야기가 '어떻게' 말해지는지 그 방식의 효과를 경시하는 것이다.

신실한 삶이란 우리에게 세상의 갈망들과 거짓말, 둘 다를 복음의 빛 아래서 바라보도록 요구한다. 만일 복음이 빛이라면, 우리가 말하는 이야기들 손에 있는 참되고 고상하고 순수한 것은 그 어느 것이나 세상의 참된 이야기인 복음을 반영(비록 희미하게라도)할 것이다. 동시에, 만일 복음이 빛이라면, 우리가 말하는 이야기 속에 있는 거짓되고 잘못되고 오염된 것이 무엇이든 폭로할 것이다. 엔터테인먼트를 복음의 빛에 비추어 본다는 것은, 하나님의 이야기가 세상 모든 이야기를 이해할 수 있게 만드는 위대한 서사라는 것을 의미한다. 그리고 그것은, 거짓말은 반박하면서 동시에 갈망은 채워 주는 이야기이다.

비록 우리가 여기에서는 피상적으로 다룰 수밖에 없겠지만, 많은 영화들과 노래들 속에 나타나는 한두 가지 주제들 속에 있는 몇 가지 갈망과 거짓말을 살펴보자. 첫 번째 주제는 아메리칸 드림이다. '자수성가한 사람이 가난뱅이에서 부자로, 보잘것없는 사람에서 대단한 사람이 된다. 주로 투지와 결단, 그리고 약간의 행운을 통해서 아메리칸 드림이 이루어진다. 대통령 후보자들은 그들의 소박한 시작이나 평범한 성장 과정을 말할 때마다 언제나 이런 류의 이야기를 활용한다. 광고들은 여러분을 이런 이야기의 주인공으로 만듦으로써, 그리고 성취를 이룰 열쇠로 그들의 상품을 사라고 소리침으로써 당신을 유인한다. 음악 서바이벌 쇼들은, 당신이나 나처럼 평범한 보통사람으로서 시작하는 대회참가자들을 따르는 것을 보여 준다. 이들은 참가자들이 점차 위로 올라가 마침내 대중의 마음을 사로잡는 스타로 발돋움하기를 희망한다.

이러한 쇼들과 영화들 속에 표현되어 있는 갈망은 중요성과 성취에 대한 추구이다. 우리는 다음 장에서 의미와 성취감을 누리기 원하는 인간의 원초적 갈망을 다룰 것이다. 이러한 쇼와 영화들에서는 갈망만 피력된 것이 아니라 거짓말이 들어 있다. 그 거짓말은 의미를 느끼기 위해서는 명성을 얻어야 하고, 성취감을 누리기 위해서는 우선적으로 개인의 의지력이 강해야 하며, 무엇이든 욕망하는 것을 이루려는 결심이 굳세어야 한다는 것이다.

반면에 복음의 빛은 우리로 하여금 우리가 의미 있는 존재인 이유는 단지 우리가 이루는 일 때문이 아니라 '우리가 누구인가'라는 사실 때문이라는 것을 보도록 돕는다. 우리가 의미 있는 존재인 이유는 우리가 대단한 명성을 누릴 정도의 성공을 했기 때문이 아니라, 하나님의 형상으로 창조되었으며 그의 아들에 의해 구속받은 존재이기 때문이라는 것이다.

더 나아가 우리가 가진 모든 것은 투지가 아니라 은혜로부터 온 것이다.[23] 우리는 이러한 이야기들 속에서 참되고 선한 것(근면함이나 결심에 대한 강조)을 예찬하면서도, 참되고 지속적으로 중요한 것은 주어지는 것이지, 획득하는 것이 아님을 깨닫는다.

우리에게 익숙하게 알려진 세상 이야기들에 나타나는 또 다른 주제는, '전통적인 도덕은 억압적'이라는 생각이다. 내 친구 마이크 코스퍼(Mike Cosper)는 이러한 주제를 '타락미화(美化)'라고 부른다. 왜냐하면 이러한 서사에 따르면, 죄는 노예상태가 아니라 자유로 이끌기 때문이다.[24]

우리는 영화 "자유의 댄스"(Footloose)와 같은 영화들 속에서 이러한 주제를 발견한다. 이 영화에서 마을의 댄스 금지는 고리타분한 조치로, 엄격한 율법주의적 신자들은 나쁜 사람들로, 해방된 젊은 세대는 영웅으로 그려진다.

혹은 1988년 영화 "플레전트빌"(Pleasantville)을 예로 들어보자. 이 영화는 1958년 텔레비전 쇼의 흑과 백만으로 이루어진 세계, 즉 텔레비전 쇼가 묘사하는 흑과 백으로 이루어진 건강한(?) 세계로 과거복귀적 시간 여행을 떠난다. 이야기가 진행되면서, 마을 사람들은 그들의 성적인 욕망에 눈뜨게 되고, 결과적으로 그들과 마을의 물체들은 흑백의 이원 색깔에서 다양한 색깔로 변화한다. 영화 속에서 '나쁜 사람들'은, 이 변화를 마을에 해롭다고 여기고 그 색채의 영향력을 탄압 — 책을 금지시키고 음악을 검열 — 하려는 권력자들이다. 그 영화의 끝부분에서 세계는 살균된 건강한(?) 1950년대의 경직된 사회에서 다채롭고 생명력 넘치는 성적 표현이 허용된 사회로 변화했다. 희락촌, 플레전트빌은 창조, 타락, 구속이라는 기독교 이야기를 역방향으로 후진시킨다. 성경 이야기에서 죄는 영적인 죽음에 이르는 반면, "플레전트빌"에서 죄는 세상에 색채를 부여하고 영적인 생명력을 산출한다.

전통적인 도덕을 억압적인 것으로, 죄악된 행동을 자유롭게 하는 행위로 묘사하는 영화들에 복음의 빛을 비춰 보면 무엇이 갈망이고 무엇이 거짓인지 그 정체를 밝히 깨달을 수 있다. 그 갈망은 자유와 지식을 향한 것이다. 우리가 이러한 것들을 하나님께서 이 세상을 만드신 방식을 떠나서 가질 수 있다는 것은 거짓이다.

우리의 많은 영화들과 특히 우리의 음악 속에 나타나는 또 다른 주제는, 삶의 만족은 일차적으로 낭만적인 사랑 속에서 발견된다는 것이다. 모든 시대의 가장 위대한 사랑의 노래들을 살펴보라. 상이한 방식들로 되풀이되는 동일한 정서를 보게 될 것이다. "난 당신의 사랑 없이는 살 수 없어요." 일부 노래들에서는 낭만적 사랑 예찬에서 성적인 쾌락 예찬으로 초점이 옮겨졌다. 어떤 경우든 여러분이 온전하고 충만한 만족감을 느끼기 위해서는 다른 누군가를, 소울메이트(영혼의 짝)를 가져야만 한다는 것이다.

복음의 빛은 이러한 노래들과 이야기들 속에 표현된 갈망의 원천을 설명해 준다. "우리는 하나님을 알고 사랑하기 위해, 우리 주변의 사람들과 공동체를 이루기 위해 창조되었다." 인간은 사랑과 우정을 나누기 위해 창조되었기에 친밀감에 대한 갈망은 인간의 근원적 갈망인 셈이다. 이런 점에서 세상의 사랑 노래들과 이야기들이 참된 충족과 만족을 발견하는 유일한 길은 낭만적인 관계성 속에 있다고 암시하는 것은 잘못된 것이다.

여러분이 엔터테인먼트를 소비할 때마다 세상에 대한 갈망들과 거짓들을 발견할 것이라고 기대하는 것은 당연하다. 엔터테인먼트 속에는 세상이 어떠할 수 있는지 혹은 어떠해야만 하는지에 대한 갈망들과 어떻게 행복한 결말에 이를지에 대한 거짓들이 범람한다. 우리는 다양한 형태의 이야기의 홍수에 뒤덮여 있다. 어떻게 우리는 황당무계한 신화들에 빠져 익사하지 않을 수 있을까? 어떻게 우리는 세상의 이야기들 중 최고 양질의 이야기들만을 향유하면서, 거짓을 사랑하는 데서 벗어날 수 있을까? 우리가 필요로 하는 것은 공산주의 치하에서 고통을 겪고 있던 루마니아인들에게 미국 영화가 제공했던 것이다. 그것은 새로운 세계를 상상할 수 있게 만드는 새로운 상상력이다.

성서의 세례를 받은 상상력

영화를 보거나 책을 읽는 것은 가치관이나 관점이 형성되는 경험이다. 단순히 엔터테인먼트가 우리에게 가르치는 내용 때문만이 아니라 그것이 우리에게 영감을 주는 방식 때문에도 그러하다. 외국 영화를 보았던 루마니아인들은 그들의 상상력이 살아나는 것을 느꼈다. 그들은 더 나은 세상을 동경했다. 서구 영화들이 그들의 지평을 넓혀 주었으며, 공산주의 선전이 황당무계한 신화임을 간파하도록 도와주었다.

나는 미국을 사랑하며, 다큐멘터리 "척 노리스와 공산주의의 대결"을 사랑한다. 그러나 미국 영화들이 복음은 아니다. 루마니아인들이 한때 공산주의 선전에 속아 공산주의 신화와 사랑에 빠질 수 있었던 것처럼, 우리 또한 미국에서 말하는 이야기들 속의 거짓과 사랑에 빠질 수 있다. 사실, 우리는 단순히 우리의 서구적 삶의 방식 중 너무나 많은 것을 참되다고 상정하기 때문에, 훨씬 더 거짓된 이야기에 더 쉽게 빠질지도 모른다. 끊임없는 엔터테인먼트가 무차별 영향을 미치는 이런 시대에 신실한 성도의 삶을 유지하려면, 우리는 하나님의 백성과 하나님의 말씀에 의해 함양된 상상력을 가질 필요가 있을 것이다. 그리고 우리는 몇 가지 자가진단용 질문들을 제기해야만 한다. 우리 교회들이 들려주는 이야기들, 우리 교회들이 구현하는 이야기들은 하나님 나라의 맛을 제공하는가? 그리고 사람들로 하여금 그 존재도 몰랐던 영생을 갈망하도록 고취하는가? 성경과 역사 둘 다로부터 연원되며 기독교의 토대를 형성하는 이야기들은 인간의 가장 깊은 희망과 꿈을 알려 주고 고취하는가?

이것들이 우리가 씨름해야만 하는 질문이다. 우리에게는 앞서간 신실한 성인들의 긴 줄 속에 서 있는, 성경에 흠뻑 젖어야 생기는 상상력을 가진 그리스도인들이 필요하다. 성서에 정통할 때 생기는 상상력을 기르기 위한 세 가지 방법이 있다. 첫 번째 방법은, 이 세상에 존재하는 가장 위대한 이야기인 하나님의 말씀, 성서 속으로 충분히 그리고 규칙적으로 침잠하는 것으로 시작된다.

설명하자면 이렇다. 만일 여러분이 기독교의 위대한 신앙 찬송시들을 아는 것보다 세상의 노래들을 더 잘 알고 있다면, 세상의 사운드트랙이 교회의 것보다 당신에게 더 큰 영향을 미칠 것이다. 만일 여러분이 어떤 영화나 쇼들은 거의 암기할 수 있을 만큼 많이 봤으면서도, 성경의 암송구절들, 예를 들어 주기도문(마 6 : 9-13)이나 예수님의 기도집으로 사용되었던 시편, 혹은 예수님의 하나님 나라 선언문을 보여 주는 설교(마 5-7장) 등은 희미하게 알고 있다면, 세상의 설교들이 성경보다 당신의 마음에 더 큰 영향을 미칠 것이다.

나는 세상의 노래들과 이야기들에 친숙한 것이 잘못되었다고 말하는 것이 아니다. 다만, 세상 노래들과 이야기들이 출발점이어서는 안 된다는 것이다. 하나님의 말씀에 대한 우리의 열정은 그 외의 것에 대한 우리의 열정을 사소해 보이게 만든다. 결국 엔터테인먼트의 세계에 있어서 구현되어야 할 신실한 삶은 세상 이야기들의 더 나은 해석자가 되려는 욕망으로부터 시작되지 않는다. 그것은 하나님의 이야기를 더 잘 알고자 하는 욕구와 함께 시작된다.

여기에 지름길은 없다. 만일 우리가 먼저 역사의 모든 것을 성경이 말하는 그 장엄한 이야기의 일부라고 보지 않는다면, 세상의 가장 인기 있는 이야기들 속에 있는 갈망들을 포착할 수도, 그 속의 거짓들을 간파할 수도 없다. 만일 여러분이 자신의 입술에 하나님의 말씀을 두고, 자신의 가슴에 그의 이야기들을 담은 채 성경의 낯선 세계에 거하지 않는다면, 여러분은 엔터테인먼트가 위력을 떨치는 세상 속에서 신실한 성도로 살아갈 수 없을 것이다. 세상의 엔터테인먼트에 대해 기독교 신앙에 걸맞게 대처하는 것은 영화를 보는 데서부터 시작하는 것이 아니라 성서에 주목함으로써 시작된다.

이러한 엔터테인먼트의 시대에 신실하게 사는 두 번째 방식은 어떤 이야기들이 세상 사람들을 사로잡고 있는가를 관찰하는 것이다. 왜 특정한 이야기들은 공명을 일으키며, 왜 어떤 노래들은 인기를 끄는지 물어야만 한다. 우리는 그들이 즐기는 엔터테인먼트를 통해서 우리 사회에 대해, 그리고 우리 주변 사람들이 인생을 어떻게 보는지에 대해 많이 배운다.

소련의 선전영상물(propaganda)을 보고 매혹되어 버린 조이 데이빗맨을 기억하는가? "차파예프"의 인기는 단지 스탈린의 비전이 무엇인가를 세상 사람들에게 알려 주었기 때문에 생긴 것이 아니었다. 그것이 조이에게 왜 호소력이 있었는가를 아는 것이 중요하다. 그 공산주의 선전영화는 빈부격차가 극심했던 대공황의 시대를 산 한 젊은 여성, 즉 하나님이 존재하신다는 믿음은 일찍이 포기했지만 여전히 세상이 새로워지기를 갈망했던 한 여성의 마음을 들여다보는 창을 제공했다.

잠깐 여기서 한 가지 주의를 환기하고 다음으로 넘어가려고 한다. 독자 여러분이 우리가 살고 있는 세상을 이해하기 위해서 모든 형태의 엔터테인먼트를 다 소비할 필요는 없다는 것이다. 사실 우리가 이 시대에 신실한 신앙을 지키는 방법들 중의 하나는 일부 쇼들과 영화들을 의도적으로 피하는 것이다. 예를 들어 인기를 끌었던 영화 "그레이의 50가지 그림자"(Fifty Shades of Grey)[25]는 일부 여성들이 여성성과 섹스를 어떻게 바라보는지에 대하여 무언가 슬픈 이야기를 내게 말해 준다. 그러나 그것이 내가 읽어야 할 책이거나 볼 필요가 있는 영화는 아니다. 마찬가지로 이를테면 "왕좌의 게임"(Game of Thrones)[26]과 같은 인기 있는 쇼들에 대해서는 선택적으로 소비할 수 있다. 영상의 생생한 폭력이나 과도한 성행위 장면을 견딜 필요 없이 텍스트로 읽음으로써 엔터테인먼트의 세계를 관찰할 수 있다.

일부 신자들이 자신들은 폭력이나 알몸 노출에 대해 대단히 너그럽기 때문에 노골적인 성적 장면이나 폭력 장면을 보는 데 아무런 문제가 없다고 말할 때면, 나는 그들에게 "당신들은 무딘 감수성을 자랑하는 것과 같다."고 말해 준다. 폭력이나 노골적인 성 묘사를 보고도 아무렇지도 않다고 느끼는 이 무감각성은 영적 진보의 표시가 아니라 둔감한 감수성을 가리키는 표지이다. 죄악 된 묘사들에 의해 마음이 불편해지지 않는 능력을 마치 영적인 성숙인 것처럼 혼동하지 말라.

이러한 관점들을 견지하면서 여러분이 오늘날의 엔터테인먼트를 관찰할 때, 영화들과 책들이 어떤 방식으로 우리에게 영향을 끼치는지 주목해 보라. 영화들과 책들은 모종의 방식으로 우리 사회의 현재 모습을 순간순간 촬영하거나 묘사함으로써 우리 사회를 중립적으로 반영할 뿐만 아니라, 우리 사회가 장차 가야 할 방향에 대한 영화 제작자들과 책 저자들의 비전을 제공하고 있다. 이 두 가지에 다 주목해 보자는 것이다. 어떤 경우, 여러분은 영화를 보면서 우리 사회를 비추는 거울을 들여다보고 있는 것이다. 또 다른 경우, 여러분은 영화나 책이 제시하는 우리 사회의 미래상을 보고 있는 것이다.

영화가 여러분에게 사회의 현재 상태에 대한 스냅사진을 제공할 때, 그것은 곧 거울이다. 결국 대부분의 영화 제작자들은 사람들이 보기 원할 것이라고 생각하는 어떤 것을 창조하기 때문이다. 영화나 책 혹은 노래의 존재는, 적어도 우리 중 일부 사람들이 무엇을 원하는지에 대한 상당히 정확한 추측이다. 그것은 여러분에게 사회가 어디에 있는지에 대해 무엇인가를 말해 준다.

영화는 단지 사회가 있는 곳을 비추어 줄 뿐만 아니라, 사회가 어디로 가야 하는지에 대해서도 말한다. 영화 제작자들이 생각하는 그 방향으로 우리 사회가 진보해야 한다고 믿고 특정 사회를 이상화거나 비난할 때 영화는 단순히 거울이 아니라 미래상이 된다.

엔터테인먼트의 세계는 계속해서 도덕의 틀을 좌지우지하는 사회적 변화를 추동하는 주요 동인들 중의 하나로 작용한다. 그것은 사회의 모습을 사실적으로 비추어 주면서 동시에 진보에 수반되는 일들에 대한 공적인 합의를 이끌어 내는 지도력을 발휘한다.

사회의 노래, 영화 그리고 책 일부는 정치적 명분을 촉진하고자 기획된 것인지도 모른다. 이런 것들 안에 숨겨진 프로파간다를 인지하고, 성경적 세계관의 렌즈로 그것을 분석하는 능력이 이전의 그 어느 때보다 더욱 절실하다.

마지막으로, 우리가 엔터테인먼트가 맹위를 떨치는 세상에서도 신실한 신앙인으로 살아갈 수 있으려면, 더 좋은 이야기들을 창조하고 널리 전파할 필요가 있다. 대중서적이나 영화에 대해 50페이지의 비평적 소감문을 쓰는 것과 더 좋은 이야기를 제작하는 것은 다른 차원의 과업이다. 그것이 내가 앤드류 페터슨(Andrew Peterson), N. D. 윌슨(N. D. Wilson), 메릴린 로빈슨(Marilynne Robnson) 및 탁월한 이야기나 시나리오를 쓰는 데 자신들의 재능을 사용하는 그 외 다른 사람들에게 감사하는 이유이다.

이야기들은 단지 정보를 알려 주거나 교육만 하는 것이 아니다. 그것들은 우리의 상상력을 촉발시키고, 우리의 욕망을 불러일으킨다. 이야기들은 세상의 악에 대해서 말해 주는 데 그치지 않고, 또한 어떻게 악이 선에 의해 패배할 수 있는지에 대해 말해 준다. 그것들은 상상력의 불꽃을 점화시킨다. 더 나아가 세상을 의미 있게 해석하도록, 그리고 우리가 어떤 존재로 부르심을 받았는지 이해하도록 돕는다.

교회 또한 이야기들을 가지고 있다. 그러므로 성경의 이야기 샘들로부터 상상력과 감수성의 물을 깊이 들이켜고, 우리의 마음과 상상력을 하나님의 말씀을 향해 열어 놓고 교회가 가진 이야기들을 되풀이하여 말하는 것은 우리가 마땅히 해야 하는 일이다. 우리는 단지 이야기들을 듣기만 하는 것이 아니다. 우리는 또한 그것들을 이야기하기도 한다. 다음 장에서 보게 되겠지만, 우리가 삶의 이야기를 말하는 방식은 우리가 사는 방식에 지대한 영향을 미칠 것이다. 그리고 우리의 삶의 이야기를 상상하는 성경적 방법을 찾아내는 것은, 하나님께서 이 시대의 막을 내리시기 전에, 앞으로 나아갈 우리의 길을 발견하는 데 극히 중요한 것이다. 우리는 신실하게 살도록 부름받았다.

This is Our Time

This is Our Time

3장

북극과 행复 추구

한때 북극에 아무도 가 보지 못한 적이 있었다. 수년 동안 사람들은 마치 외계행성처럼 매혹적이지만 낯선 이 세계의 꼭대기에 발을 딛는 첫 사람이 되기를 꿈꿨다. 지도 제작자들은 북극에 대해 알고 있었다. 그것은 더 이상 밖으로 나갈 수 없는 북쪽 끝이었기에 그곳에서는 어떤 방향으로 움직여도 남쪽을 향해 움직일 수밖에 없는 그런 장소였으며, 항상 세상의 모든 지각들이 신비하게 포개지는 곳이었다. 그러나 아무도 북극이 어떻게 생겼는지를 알지 못했다. 그래서 조지 드 롱(George de Long) 중령이 1879년에 USS 재닛호를 타고 미국을 위해 북극을 정복하려고 항해에 나섰다. 햄프턴 사이즈(Hampton Sices)는 「얼음 왕국에서」(In the Kingdom of Ice)[1]라는 그의 멋진 책에 이 원정 이야기를 기록했다. 사이즈는 드 롱의 계획들은 북극이 어떻게 생겼을 것이며 어떻게 하면 그곳에 도달할 수 있을 것인가에 대한 한 가지 아이디어에 근거해 짜였다고 말한다. 일찍이 유명한 지도 제작자인 아우구스트 하인리히 페터만 박사(Dr. August Heinrich Petermann)는 텅 빈 북극해가 있다고 말했었다. 사이즈는 페터만의 제안에 근거해 북극 원정 계획을 세웠던 드 롱이 가졌던 그 아이디어를 더 설명한다. "북극의 날씨는 그렇게 춥지 않았으며, 특히 여름에는 춥지 않았다. 반대로 이 지구의 지붕은 얕고 따뜻하며 얼음이 없는 바다로 둘러싸여 있었다. 이 바다의 해류는 마치 카리브해나 지중해를 항해할 수 있는 것처럼 부드럽게 항해할 수 있는 수준이었다. 미지근한 북극 바다 아래의 하상(河床)은 수중생물로 가득 차 있었으며 아마도 북극해 아래 잠긴 육지는 사라진 고대문명의 발상지였을 가능성이 매우 컸다. 지도 제작자들은 이 사라진 고대문명의 존재를 너무 확신한 나머지, 통상적으로 북극 지도에 그 사라진 문명 지역을 표시해 두었다. 그들은 가끔 그 지구의 꼭대기에 '텅 빈 극해'[2]라고 이름을 붙이기도 했다."

페터만은 북극에 대한 문외한이 아니었다. 유명한 지도 제작자들과 과학자들은 그의 이론을 믿었다. 북극해가 가져다줄 경제적 번영에 대한 웅장한 비전들이 곁들여지면서 텅 빈 북극해에 대한 이 사상은 더욱 강력한 지지를 받았다. 이 원정대를 재정적으로 지원한 사람들은 페터만이 상상한 그 바다가 존재하기를 원했다. 그들은 북극해 발견으로 얻게 될 경제적 이익을 계산하고 있었다. 페터만은 얼음이 없는 텅 빈 바다를 상상했는데, 불행히도 북극해를 발견할 목적으로 떠났던 이전의 모든 북극 원정대는 얼음이라는 문제에 봉착했었다.

자, 이제 이쯤 되면 여러분은 얼음덩어리와 충돌하는 순간마다 과학자들이 얼음이 없는 북극해 이론을 포기할 것이라고 생각할지도 모른다. 그렇지 않았다. 페터만은 "온도계 통로문"(thermometric gateway) 이론을 추가했는데, 이는 자신의 원래 이론을 약간만 수정했을 뿐이었다. 사이즈의 설명을 더 들어보자. "이 북극 얼음 장애물은 넓은 난류하상을 둘러싸고 있는 고리에 불과하다. 만일 어떤 탐험가가 이 얼음으로 둘러싼 지역을 과감하게 돌파할 수 있다면 — 강력해진 선체를 가진 배를 타면 더 바람직스러울 것이다. — 마침내 얼음 없는 바다를 만나게 될 것이며, 북극점까지 순조롭게 항해할 것이다. 요령은 얼음 사이에 있는 빈틈을 발견하는 것이다. 이 빈틈은 얼음이 좀 더 얇거나 좀 더 약하거나 좀 더 엉성하게 결빙된 곳으로서 북극점으로 진입하는 자연스러운 관문이 될 것이다."[3]

조지 드 롱은 바로 그 관문을 찾기를 원했다. 모험에 대한 갈망과 역사의 한 페이지를 장식하는 기회를 잡기 위해 스물여덟 명의 사람들이 드 롱의 원정대에 동참하기로 서명했다. 드 롱이 모든 지도 제작자들, 과학자들, 그리고 지리학자들이 틀렸다는 것을 발견하기까지는 긴 시간이 걸리지 않았다. 그가 포기한 이론의 첫 번째 부분은 얼음덩어리를 통과하는 '통로문'이 있을 것이라는 "온도계 통로문" 이론이었다. 그는 "나는 북극점으로 인도하는 온도계 통로문이 있을 것이라는 생각은 환상이며, 오류의 덫이었음을 선언한다."라고 썼다. 궁극적으로 그는 "얼음이 없는 텅 빈 바다" 가설을 포함한 그 이론의 나머지 부분도 의심하기 시작했다. 그와 그의 동료들은 영원히 뻗어 가는 것처럼 보이는 거대한 얼음암괴를 만났다. "이 거대한 얼음덩어리를 빠져나갈 출구를 영원히 찾지 못하지 않을까?" 그는 이렇게 자문했다.[4] 원정이 계속되자 드 롱과 그의 일행은 자신들이 속았다는 사실을 깨달았다. 원정대는 "터무니없이 낙관적 감정에 근거해 착안된 모든 원정 기획 아이디어를 포기해야만 했고, 북극의 참된 모습이 무엇일까에 대한 새로운 생각으로 그 옛 생각들을 대체해야 했다."[5] 그들은 현실이라는 암초들과 충돌하고 있었으며, 이 경우 그 암초들은 아주 꽝꽝 얼어붙은 얼음암괴의 형태로 나타났다.

1879년 USS 재닛호는 랭글 섬의 북서쪽에 있는 축지해(Chuckchi Sea)에 떠 있는 얼음 덩어리에 갇혔다. 1881년 6월 12일까지 그 배는 얼음덩어리와 함께 표류하다가 그날 얼음덩어리와 충돌해 바다 속으로 가라앉았다. 드 롱과 그의 원정대 일행은 빠져나와 시베리아 쪽으로 가려고 애썼다. 일행은 흩어졌다. 일부는 시베리아에 도달해 살아남았다. 다른 사람들은 얼음 속을 통과하는 그 외로운 고투를 계속했다.

조지 워싱턴 드 롱은 1881년 10월에 굶어죽었다. 그와 그의 일부 대원들은 그들의 시체를 찾기 위해 되돌아온 생존자 중 한 사람에 의해 발견되었다. 드 롱은 눈 속에 파묻혀 있었는데, 다만 그의 양 팔 중 하나가 마치 구조 요청을 하려는 듯 하늘을 향해 벌려진 채 눈 밖에 나와 있었다.[6]

거짓된 지도들을 따라가는 여정의 치명적 위험

USS 재닛호의 북극 원정 이야기는 무언가를 일깨워 주는 교훈적인 이야기이지만 비극적이다. 전율을 일으키는 박진감으로 가득 차 있으면서도 슬프다. 우리는 조지 드 롱과 그의 원정대원들의 용기를 높이 사고 또한 그들을 동정한다. 그러나 그들이 가진 북극으로 가는 지드와 북극이 어떻게 생겼을지에 대한 그들의 예상은 틀렸다. 치명적인 오류였다. 마침내 그들은 원정팀을 꾸려 그들의 생명을 거짓으로 판명된 그 무엇에 다 걸었다. 그들이 신뢰했던 그 이상한 지도는 그들의 모든 것을 빼앗아 가 버렸다.

우리는 어떤 목적지에 가기 위해 지도나 GPS 장치를 이용하듯이, 우리가 살아 있는 동안 가려고 하는 어떤 목적지에 관해, 혹은 모든 개별적인 일의 의미가 무엇인지에 관해, 혹은 행복하고 보람된 삶을 살기 위해서는 무엇이 필요한가를 알려 주는 지도를 마음에 갖고 있다. 이 이유 때문에 우리는 때때로 인생사의 사건들과 정기적 주기들을 '지도를 그리다'라고 묘사한다. 우리는 인생을 처음과 끝이 있는 이야기라는 의미에서 '여정'이라고 묘사한다. 우리는 기쁨과 행복을 추구하면서 목적지를 향해 움직이는 자신을 발견한다. 그러나 우리가 인생 여정을 위해 틀린 지도를 집어 들면 어떻게 될까? 드 롱 원정대처럼 우리의 지도가 이상해서 우리가 사는 이 세상의 참 모습을 알려 주는 데 실패한다면 어떤 일이 일어날 것인가? 제임스 K. A. 스미스는 말한다. "우리 문화는 종종 '좋은 삶'이 무엇인가를 가르쳐 주는 지도를 팔면서 오류투성이며 몽상적인 지도들을 판다. 이 지도들에는 그것을 사도록 유혹하는 그림들로 가득 차 있다. 너무나 자주 우리는 인생의 원정을 그 틀린 지도들에 맡기고 모든 돛을 달아 세운 채 항해를 시작한다. 그런데 우리는 이런 지도들이 상상에 근거하고 있기 때문에 그 여정에 담긴 위험도 생각하지 않은 채 항해에 뛰어든다."[7]

오늘날 같은 시대에 신실한 그리스도인으로 살아가려면 우리는 이 세상에서 사람들에게 방향을 알려 주는 으뜸 지도들이 무엇인가를 살펴보아야 한다. 우리 시대의 으뜸 지도들은 미래에 대한 비전과 행복으로 가는 길을 보여 준다고 하지만 우리 인간의 상상에 의해 움직이는 지도들이다. 이 세상 모든 일 각각의 의미는 무엇일까? 우리가 이 지구에 사는 이유는? '좋은 삶'이란 무엇일까? 무엇이 우리를 행복하게 만들까?

이런 것들은 우리가 매일 묻는 질문들은 아니지만 우리가 상상하는 대답들은 우리가 내리는 결정들에 지대한 영향을 끼친다. 스미스는 "난파당하기 전까지는 우리가 오류투성이의 지도들을 가지고 있었는지를 깨닫지 못한다."라고 말한다.[8] 스미스의 말이 옳다. 가끔 섬광 같은 통찰을 촉발시키기 위해서 혹은 '인생지도'가 황당무계하다는 것을 자각시켜 주기 위해서는 '개인적인 난파'가 필요하다.

2015년 11월에 론다 로우지(Ronda Rousey)는 극단격투기(UFC)의 여성 챔피언이었다. 그녀는 그때까지 12전 12승을 거두었으며 대부분은 1라운드에서 이겼다. 파이터로서의 그녀의 큰 명성은 그녀의 이야기가 영화로 제작되는 영광을 가져다주었다. 그런데 단 한 순간에 이름이 잘 알려지지 않은 무명 파이터인 홀리 홀름(Holly Holm)이 로우지의 머리를 가격해 즉각 제압해 버렸다. 론다는 나중에 다음과 같이 술회했다. "솔직히 병원에 누워 있을 때 내 생각은 아직도 현실을 받아들이지 못하고 있었다. '내가 더 이상 이 링의 파이터가 아니라면 내게 남은 것이 뭐란 말인가?' 문자 그대로 병실에 앉아 나는 자살을 생각하고 있었다. 정확하게 바로 그 순간에 나는 실상 아무것도 아닌 존재로 변해 있었다. 내가 이제 무엇을 더 할 수 있을까?"[9]

론다 로우지는 자신에게 사회적 성공을 가져다줄 것이라고 믿었던 지도, 즉 성공함으로써 자신의 인생목적을 성취하는 데 도움을 줄 것이라고 믿었던 지도를 따라 여행하고 있었던 것이다. 챔피언 쟁취, 그것이 그녀의 북극이었고 그녀의 갈망의 최정점이었다. 그러나 일순간에 단 한 번의 치명적 공격을 받아 로우지는 차가운 얼음 같은 현실의 빙괴에 난파당했다. 그녀는 더 이상 살 가치가 없다고 느낄 만큼 갑자기 방향감각을 상실해 버렸다.

"내가 이 챔피언이 안 된다면 내가 더 이상 무엇을 할 수 있을까?" 그리스도인들은 이 질문을 곰곰이 생각해 보아야 한다. 이 질문에 대한 대답은 우리가 어쩌면 우리의 여정을 위해 신뢰하는 그 지도에 대한 몇 가지 실마리를 줄 것이다. 인생의 목적이 우리의 직업적 경력 추구, 우리의 가족, 혹은 우리의 건강과 교육이라고 생각하기 쉽다. 특히 우리 주변의 많은 사람들이 이런 목적을 갖고 똑같이 살아가고 있는 세상에서는 이렇게 생각하기가 쉽다. 우리는 그리스도가 우리의 궁극적인 정체성이요, 그에 대한 우리의 신실함이 우리의 궁극적 목표라고 말한다. 그러나 우리는 또 다른 북극 원정을 떠나는 것처럼 살고 있다. 그러다 고난이 닥치고 어려운 환경이 우리를 사로잡은 환영(幻影)을 벗겨버리고 나면 길을 잃고 어디로 가야 할지 모르는 존재로 영락한 것처럼 느낀다.

어떤 사람들은 론다 로우지의 환멸을 보면서 생각한다. '나는 거기서 끝나고 싶지 않아. 내 사회적 입신양명이 내 삶의 초점이 될 수는 없어.' 그들은 성공만을 추구하는 인생지도를 거절한다. 잘하는 일이다. 그들은 인생여정에서 난파당하는 것을 원하지 않는다. 그래서 개인적 만족을 추구하는 것을 돕는 다른 지도를 선택한다.

우리 시대의 가장 유명한 여성가수들 중 한 명인 마돈나는 성공의 환멸을 꿰뚫어 본 사람이다. 그녀는 「아레나」(Arena)라는 잡지와 인터뷰하면서 다음과 같이 말한 적이 있다. "사람들은 명성에 집착하며 사람들로부터 인정받고 칭찬받는 것에 집착한다. 대부분 건강하지 못한 이유들 때문에 이 모든 것을 다 갖고 싶은 집착에 시달린다. 만일 여러분이 자신을 더 나은 사람으로 만들기로 작정한다면 왜 이런 것에 집착하는지 단 한 가지 이유를 생각해 보아야 할 것이다. 왜 명성에 집착하나? 내가 궁극적으로 찾는 것은 무엇일까? 내가 원하는 것이 바로 그것인가? 나는 왜 지금 이 자리에 와 있는가?"[10]

마돈나는 사회적 입신양명을 목적지로 삼는 지도가 오류투성이라는 것을 안다. 그러나 그녀는 난파를 피하는 유일한 길은 만족을 충족시키는 자기 자신만의 길을 찾는 것이라고 여긴다. 마돈나는 인생의 목적을 발견하는 일에 관하여 다음과 같은 말을 하고 있다. "나는 어떤 사람이 다른 사람에게 인생의 목적에 관해 무언가를 말해 줄 수 있다고 생각하지 않는다. 왜냐하면 모든 사람은 각자 사는 이유가 다르기 때문이다." 다른 말로 하면, 우리가 사회적 입신양명 추구나 다른 사람들이 중요하다고 생각하는 것에서 의미를 추구한다면 우리는 난파당할 것이라는 것이다. 결국 마돈나의 요지는, 내가 누구이며 내가 인생에서 무엇을 원하는가를 결정하는 사람은 바로 자신이어야 한다는 것이다.

영속적인 개인 만족을 추구하는 마돈나의 지도는 마돈나로 하여금 종교적 경전 본문들을 신비주의적으로 해석하도록 이끈다. 그녀는 '우리 각각의 사람에게 도움이 될 수 있는 진리'를 찾는다. 마돈나는 사람들이 자신이 종교에 과도한 열정을 보인다고 생각하는 것에 신경쓰지 않는다. 그녀는 진리를 찾고 싶은 소원이 있기에 자신의 길을 고집한다. 동시에 그녀는 모든 영적 전통들을 선택할 수 있는 여지를 남겨 두는 것이 지혜롭다고 생각한다. 그녀는 하나의 종교전통만을 따르지 않는 것이 지혜롭다고 생각한다. 그녀는 "나는 어떤 것에도 전적으로 투신하는 것은 원하지 않아요."라고 말한다. 만일 하나에만 전적으로 투신한다면 또 하나의 다른 유익한 여정을 놓칠지도 모르기 때문이다. 난파를 피하는 마돈나 식 방법은 지도를 계속 수정하는 것이다. 그녀는 혹시 자신이 틀렸을까 봐 자신의 북극이 어디에 있는지 말하는 것을 두려워한 것이다.

막다른 골목으로 이끈 지도를 따라간 론다 로우지와는 달리, 마돈나는 어떤 지도 하나만을 고집해 여정을 계속하지 않는다. 그녀는 직선적 여정을 추구하기보다는 빙빙 도는 항해를 선호하는 것처럼 보인다. 때로는 이 섬에 때로는 저 섬에 정박하며, 자신에게 자신의 여정을 안내하고 만족을 주는 영적 통찰력을 충분히 주기만 하면 어떤 섬에도 정박할 수 있다는 식이다. 그녀는 난파당하는 일은 없겠지만, 또한 결코 어떤 목적지에 도달하지도 못할 것이다. 뉴잉글랜드 패트리어츠 풋볼팀의 쿼터백인 톰 브래디는 전혀 다른 방향으로 인도하는 지도를 예시하는 인물이다. 그는 자아추구형 지도를 따라간 인물이다. 톰 브래디는 화려한 경력을 가진 선수다. 서른 살이 되기 전에 이미 세 차례나 슈퍼볼 챔피언에 올랐다. 정규 시즌에는 가장 많은 터치다운 통과기록을 세웠고, 최우수선수상을 수상했다. 한동안 그의 북극은 이런 수준의 성공을 이루는 것이었다. 그러나 이제는 더 이상 그렇지 않다.

그는 60분짜리 인터뷰에서 다음과 같이 말한 적이 있다. "왜 나는 세 번이나 슈퍼볼 챔피언 자리에 오르고도 아직도 내가 이루어야 할 더 위대한 업적이 남아 있다고 생각하는 것일까? 내 말은 이런 뜻이다. 아마 많은 사람들은 '이봐, 이게 당신이 찾던 바로 그 성공 아니야?'라고 말할지도 모른다. 나는 확실히 목표와 꿈을 이루었다. 내 필생의 목적이 성취되었다. 그런데 정말 내가 그런가? 나는 아직도 '이보다 더 위대한 무언가를 이루어야 할 것 같다.'라고 생각한다. 내가 말하려는 것은 슈퍼볼 챔피언이 되는 것 같은 성공이 인생에서 추구할 궁극적인 성공은 아니라는 것이다. 그런 성공이 내가 인생에서 궁극적으로 이룰 목표가 될 수는 없다는 것이다."

인터뷰 진행자는 브래디가 아직도 만족하지 않는다고 말하는 것을 듣고 놀란 듯 그에게 좀 더 집요하게 왜 그런지 따져 물었다. 브래디가 대답했다. "나는 풋볼 경기를 사랑하고 쿼터백 역할을 즐긴다. …… 그러나 동시에 나는 내 안에서 발굴되어야 할 다른 잠재력들도 있다고 생각한다. …… 내가 되고 싶은 바로 그 사람으로 살 수 없는 때가 많이 있다."[11]

톰 브래디는 자신의 선수 경력이나 자신의 부, 자신의 가족 혹은 자신의 인생에 만족하지 않는 것이 아니었다. 그는 그 자신에게 만족하지 못했다. 그는 자신이 원하는 바로 그 사람이 아닌 것이다. 그래서 그는 이것에 대한 불만족과 불편을 느끼며 새로운 북극을 그의 목적지로 삼는다. 브래디의 원정은 지구 중심을 통과해 북극에 도달하려는 시도처럼 보인다. 이 생각은 자신을 발견하기 위하여 자신의 마음 깊은 곳을 들여다보며 거기서 목적과 성취를 발견하자는 것이다.

이 세 지도들(사회적 입신양명 추구, 정신적 만족 추구, 자아계발 추구)은 초월에 이르고자 하는 세 가지 다른 방식이라고 말할 수 있을지도 모른다. 의미 추구의 세 가지 방식이라고 요약할 수도 있을 것이다. 의미 추구는 우리의 지상적 실존을 초월하고 우리 자신과 이 세상을 갖고 무언가 영원한 것을 만들어 내려는 갈망의 표현이다. 이 갈망의 원천은 하나님이시다. 하나님이 주신 갈망이다. 우리는 초월을 추구하도록 지음받았다. 우리는 하나님의 형상을 갖고 있기 때문에 의미심장한 존재가 되었으며 의미를 추구한다. 이 지도들이 말하는 한 가지 사실은 맞다. 즉, 우리는 어딘가로 가도록 만들어졌으며 어딘가에 도달하도록 만들어졌다는 것이다. 문제는 이 지도들 중 많은 지도가 세상적인 목표를 성취함으로써 의미 충족이 가능하다고 전제하는 것이다. 그런데 잘못된 지도에 표시된 의미에 여러분의 희망을 고정시키면, 여러분의 인생 여정은 난파당하는 것으로 끝나버린다.

"피너츠 코믹만화"(The Peanuts comic strip)는 위대한 만화가 찰스 슐츠(Charles M. Schulz)에 의해 매일 50년간 연재되었다.[12] 찰리 브라운, 루시, 리누스, 그리고 스누피는 미국 사람들에게 아이콘이 되었다. 찰리 브라운 크리스마스라는 방송은 첫 방송 후부터 50년 이상 텔레비전 방송의 프라임 시간 방송이었다. 이 만화의 등장인물들은 다양한 상품들, 예를 들면 '최고급 캐릭터 상품'과 영화들이 입증하듯이, 아직도 지속적인 영향력을 가지고 있다.

1999년, 이 "피너츠" 만화의 매일 연재가 거의 끝날 무렵에, 슐츠는 그 연재만화에서 초창기에 빈번하게 다루었던 주제인 눈사람들을 다시 다루었다. 전기 작가 데이비드 미카엘리스(David Michaelis)가 지적하듯이, 눈사람들은 슐츠에게 예술적 성취의 찰나적 본질을 수긍하는 방식을 제공해 주었다. 만일 어린이들이 눈사람을 만들면 그들은 눈사람이 오래 가지 못할 것을 안다. 눈사람은 멋지지만 오직 일순간에만 멋질 뿐이다. 해가 다시 뜨면 아이들이 만든 작품은 다시 물로 녹아져 버릴 것이기 때문이다. 미카엘리스는 이 은유가 혹시 슐츠 자신의 예술적 성취들에 대한 자기 평가는 아니었을까 하고 생각한다. "슐츠의 연재만화는 장기흥행에 성공할까? 100년이 지난 후에도 독자들은 이 피너츠 만화에서 의미와 즐거움을 찾아 누릴까? 혹은 오늘의 인기 연재 만화도 다음 날 태양이 뜰 때 눈사람이 녹듯 녹아 없어져 버릴까?"[13]

2천 년대가 되기 전 피너츠의 마지막 연재의 한 컷에서 슐츠는 눈이 오는 어느 날 등장인물들 몇 명이 서로 눈싸움하며 노는 장면을 그렸다. 스누피는 구석에서 눈덩이를 어떻게 만들지를 궁리하고 있다. 그리고 자막이 말한다. "갑자기 그 개는 아빠가 자신에게 어떻게 눈덩이를 던지며 눈싸움하는지를 가르쳐 준 적이 없다는 사실을 깨달았다.' 50년간 스누피를 그리고 그의 상상력 넘치는 이야기를 전개한 후, 슐츠는 다시 그 비글 개를 단지 평범한 개로 축소시킨다. 그 개는 모든 개들이 겪는 한계들에 다 직면하게 되

었다.[14]

그가 이 특별한 만화 대본을 썼을 때 슐츠는 바로 자기 자신의 한계 상황에 직면하고 있었다. 암이 그를 부서뜨리고 있었다. 그가 은퇴를 고려하고 있을 때 그는 절망과 분노 사이에서 요동치고 있었다. 쇠약해진 슐츠는 마지막 텔레비전 인터뷰에서 다음과 같이 말했다. "나는 이런 한계 상황 같은 것이 내게 닥칠 거라고는 꿈에도 생각하지 못했습니다. 갑자기 모든 게 사라졌어요. 모든 게 내게로부터 떨어져 나가 버렸습니다. 내가 이것을 내게서 멀리 떼 낸 것이 아닙니다. 이 모든 것이 내게로부터 떨어져 가 버렸습니다."[15] 여기서 우리는 자신의 경력이 끝나고 인생이 끝나는 현실을 받아들이는 한 부서진 사람을 본다. 연재만화를 끝내기도 전에 그의 건강을 앗아 가시는 하나님께 배반당했다고 느낀 사람이었다. 동료만화가이자 친구인 린 존스턴(Lynn Johnston)은 그의 마지막 날들에 대해 이렇게 썼다. "그는 50년 동안 피너츠 만화세계를 장악하고 있었으나 그 자신의 죽음에 대해서는 어떤 통제권도 갖지 못했다. 그는 죽음을 우아하게 받아들이지 못했다. 그는 아직 죽음을 받아들일 준비가 되어 있지 않았다."[16]

마찬가지로 미카엘리스도 다음과 같은 주장을 한다. "그 연재만화는 슐츠에게 영원할 것이라는 환상을 심어 주었다. 즉, 만화는 결코 끝나지 않을 것이고, 어떤 이야기도 아예 끝나는 일은 없을 것이며, 여전히 네 빈칸 분량의 신문 여백은 다음 연재를 기다리고 있다고 믿은 것이다. 마침내 그가 병들었을 때 그 환상은 돌이킬 수 없이 깨졌고 그는 자신이 시간에 속박되어 있는 피조물에 불과하며 결국 평범한 사람이라는 것을 발견했다."[17] 그의 인생을 인도하고 의미와 성취감을 가져다주리라고 생각했던 그 지도가 허구였던 것이다.

2000년 2월 13일 아침, 찰스 슐츠가 대장암으로 죽었다는 소식이 전해졌다. 같은 날 그의 연재만화 "피너츠" 마지막 연재분이 전 세계의 신문에 실렸다. 미카엘리스는 다음과 같이 쓴다. "마지막까지 그의 인생은 그의 예술과 분리될 수 없었다. 만화가로서 존재하는 것을 중단하는 바로 그 순간이 그의 인간으로서의 존재가 그치는 순간이었다."[18]

당신을 행복하게 만드는 곳

몇 년 전, 30대 중반으로 아내이자 아이 엄마였던 그레첸 루빈은 자신이 '중년기 질병'을 앓고 있었다고 생각했다. 거의 불만족감과 불신감에 반복적으로 시달리는 질병이었다. 그녀는 성공했고 안락한 생활을 하고 있었다. 그런 그녀가 다음과 같이 쓰고 있다. "나는 내가 원하는 모든 것을 가졌어요. 그런데 나는 그것에 감사하지 못하고 있었습니다."[19]

그레첸은 이 불만의 감정 문제를 어떻게 다루었을까? 그녀는 '행복 추구' 프로젝트에 착수하기로 결정했다. 그녀의 삶을 바꾸기로 한 전략이었다. 그녀는 자기 영혼을 고양시키는 일기장에 자신의 모든 활동들을 기록했다. 이 책은 비망록과 행복 추구 프로젝트라고 불리는 자기 계발 아이디어를 뒤섞어 놓은 것이다. 첫째, 그레첸은 무엇이 기쁨과 만족을 가져다주는가를 식별했다. 둘째, 그녀는 무엇이 그녀를 죄책감에 젖게 만들고 화나게 하고 후회하게 하는지를 기록했다. 그리고 그녀의 행복을 증진시켜 줄 것이라고 생각되는 결심들로 가득 찬 구체적인 실천 계획을 수립했다. 마지막으로 그녀는 이 결심을 1년간 실행해 보았다. 과정은 간단해 보였으나 그레첸은 이내 여러 가지 역설적 상황에 부딪쳤다. 그녀는 이렇게 쓴다. "나는 내 자신을 바꾸기를 원하지만 또한 내 자신을 있는 그대로 받아들이고 싶기도 했어요. 나는 내 자신을 덜 진지하게 여기기를 원하지만 또한 보다 더 진지하게 받아들이려는 마음도 있었어요. 나는 시간을 지혜롭게 사용하기를 원하지만 또한 약간 방황하고 놀고 마음대로 책도 읽고 싶었어요. 나는 내 자신을 잊어버릴 수 있도록 내 자신에 대해 생각해 보기를 원했어요. 나는 항상 짜증나기 직전까지 몰렸어요. 미래에 대해서는 부러움과 염려, 둘 다 놓아버리기를 원했지만, 내 에너지와 야심은 유지하고 싶었어요."[20]

그레첸의 행복 추구(만일 미국인을 한마디로 정의하려면 행복 추구야말로 미국인의 대표적인 분투이리라!)에서 가장 인상적인 면은 그녀가 행복이 무엇인가를 결코 정의한 적이 없다는 점이었다. 몇 문단에서 그 질문을 곰곰이 생각해 본 후 그레첸은 다음과 같이 결론을 내렸다. "나는 내가 언제 행복을 느끼는지는 알아요. 내 목적을 성취하려는 데 있어서 행복의 정의는 몰라도 언제 행복을 느끼는지만 알면 충분했어요."[21] 다른 말로 하면 이렇다. "나는 북극이 어디에 붙어 있는지는 몰라요. 그러나 내게는 행복으로 가는 올바른 여정에 들어섰다는 강한 느낌이 있어요." 행복 추구 프로젝트를 처음 시작했을 때 그레첸은 12가지 계명을 만들었다. 첫 세 가지 계명은 다음과 같다. 1계명. "너는 누구보다도 그레첸이 되어야 할지니라." 2계명. "모든 일은 순리대로 돌아가게 내버려 두라." 3계명. "내가 느끼는 대로 행동하라."[22] '너는 누구보다도 그레첸이 되어야 할지니라.' 이것은 첫째요 으뜸계명이며 준행하기가 가장 어려운 계명이다. 그녀는 "나는 내가 바라는 이상적인 내 모습에 대해서는 알고 있어요. 그런데 그 이상적인 내 모습이 실제 내가 어떤 존재인지를 이해하는 것을 애매모호하게 만들어 버려요."[23] '다른 사람이 아니라 각자 자신이 되는' 것은 행복에 이르는 각자 자신의 고유한 길을 발견하는 것이다. "여러분 자신의 북극을 발견해 여러분이 즐거워하는 특별한 것들을 추구함으로써 북극으로 가는 여러분 자신의 길을 개척하라."는 뜻이다. 그레첸은 금세, "행복을 느끼는 것은 또한 '내가 옳다'고 느끼는 것과 연결되어 있다."는 것을 발견했다. 직업, 거주처, 결혼 유무 등에서 '각자에게 적합한 삶을 살고 있는 것'이 행복감과 관련된다는 것이다. 그레첸은 이 행복감이 스스로 설정한 삶의 기준대로 살아내는 실천력과도 상관성이 있다는 것을 발견했다. "여러분이 설정한 기대치대로 살아가며 당신에게 부과된 의무를 행하는 것"이 행복감을 준다는 것이다.[24] 그레첸이 정의하는 삶의 요령은 이것이다. "우리 인간은 누구보다도 먼저 자기 자신이 되어야 한다." 즉, 무엇이 자신을 행복하게 만드는지를 발견하고 무엇이 자신에게 '옳은지'를 발견한 후 그대로 밀고 나가면 된다는 것이다.

오늘날 많은 사람들에게 이 모든 것은 그저 상식이 되었다. 스티븐 콜베어(Stephen Colbert)는 미국 노스캐롤라이나 주의 웨이크 포레스트 대학교 졸업식 축사에서, 외부의 비판에 맞서는 가장 좋은 길은 자기 자신의 기준을 정해 놓는 것이라고 말했다. 심지어 다른 사람들이 여러분을 실패자로 생각할 때에도 정한 기준으로 여러분의 성공 혹은 실패 여부를 판단하라는 것이다. 여러분 스스로 기준을 정해 두라. 여러분이 정한 기준에 못 미치면, 여러분은 '점수를 후하게 주는 사람'이 되면 된다. 콜베르트는 "여러분 자신을 위해서 무엇이 옳고 틀린 것인지를 스스로 결정할 용기"와 다른 사람들이 무엇이라고 생각하든 상관없이 "여러분이 정한 기준들에 따라 세상을 선하게 만드는 용기"를 가지라고 졸업생들을 격려함으로써 졸업식 축사를 마쳤다.[25]

그것은 행복을 발견하는 것과 스스로 옳다고 느끼는 감정을 연결시킨 축사였다. 아마도 여러분은 이 모든 것에 종교가 무슨 역할을 할 수 있을지 의문을 가질지도 모른다. 종교의 역할이 있긴 있다. 사람들 각자가 이미 선택한 길을 잘 가도록 도와주는 역할이다. 그레첸은 자신을 "신앙에 끌리는 경건한 불가지론자"라고 규정한다. 그녀는 "영적 고양감, 경외감정, 감사, 배려, 그리고 죽음에 대한 명상" 같은 영적 자질들을 추구한다. 그것들이 자신의 행복 추구에 본질적인 도움이 되기 때문이다.[26] 1년짜리 행복 추구 프로젝트에서 그레첸은 1800년대에 살았던 한 가톨릭 성녀에게 '약간 매료되었다'. 그 성녀는 24세에 죽은 프랑스 여성인데, 사소하고 평범한 행동들을 통해 성자가 된 사람이었다. 또한 그레첸은 불교 철학의 공통되는 몇 가지 원칙들로부터 약간의 지혜를 얻었다.

그레첸의 글을 보면 종교적 경험이 그녀에게 중요한 것은 분명하다. 다만 그 이유는 종교도 자신의 북극 원정, 즉 성취감과 행복감을 충족시키는 멋진 삶을 살도록 도와주는 여러 가지 방법들 중 하나이기 때문이다. 그녀는 "어떤 종교가 참될까?"라는 질문을 결코 제기하지 않는다. 그녀는 유용한 무언가를 찾기 위해 종교에 도움을 요청한다.

그레첸 루빈과 오늘날의 많은 미국 사람들에게 인생의 목적은 우리를 행복하게 만드는 것이 무엇인가를 발견하고 우리 각자에게 '옳은' 삶을 살아내며, 그리고 이런 목적을 이루는 데 도움이 될 만한 도구들이면 무엇이든지 찾아내는 데 있다. 우리 사회의 많은 사람들처럼 그녀는 '자기 자신이 되는 것'을 지상(至上)계명이라고 본다. 그러므로 인생 최대의 실패(혹자는 이것을 '죄'라고 부를지도 모른다.)는 다른 사람들의 인정을 받기 위해 혹은 여러분의 인생에 대한 다른 사람의 견해에 맞추기 위해 여러분 자신의 욕망들과 꿈들을 희생시키는 짓이다.

이것이 바로 그레첸의 삶을 이끌어 가는 이야기이며 요즘 많은 사람들에게 영향력을 끼치는 이야기이기도 하다. 사람들이 제기하는 질문들은 단순하다. "그렇게 사는 것이 효과가 있어?", "그게 사실이야?", "세상이 정말 이래?" 만일 이 질문들에 대한 대답이 "아니요."라면 우리는 현실이라는 얼음에 갇혀 좌초당할 운명이다.

오류투성이의 지도들이 판치는 세상에서 신실한 그리스도인으로 살아가는 길

1908년 4월 21일, 북극에 처음 도달한 사람들은 프레데릭 쿡과 두 명의 이누이트족 사람, 아필락과 이투쿠숙이었다. 조지 드 롱과 달리, 그들은 북극에 배를 타고 가려고 시도하지 않았다. 그들은 "얼음이 없는 텅 빈 북극해는 없다."라는 사실을 잘 알고 있었기 때문이었다. 대신 그들은 얼음 땅을 힘겹게 통과한 후, 북극원정에 필요한 모든 장비들과 준비물을 다 갖춘 채 걸어서 북극에 도달했다.

드 롱 원정대와 쿡 원정대를 비교해 보면 두 원정대에 참여한 모든 사람들이 기질과 성향 면에서는 유사점들을 공유했음을 발견할 수 있다. 그들은 용감했고 꿋꿋했으며 최악의 상황도 견뎌 가며 돌파할 준비가 되어 있었다. 그런데 왜 드 롱은 북극 정복에 실패하고 쿡은 북극에 도달했는가? 쿡이 드 롱보다 더 용감했기 때문이 아니라 쿡이 그가 만나게 될 지역과 지형에 대해 더 잘 이해했기 때문이다. 그리하여 쿡은 장기간 얼음땅을 걸어갈 때 필요한 모든 준비물들과 장비들을 가지고 있었다. 그런데 드 롱은 그렇지 못했다. 그들 모두가 얼마나 용감무쌍했는가에 상관없이 한 원정

팀은 실제로 존재하는 것을 고려해 계획을 짰고, 다른 한 원정팀은 그들이 발견하기를 바랐으나 실재하지 않은 것들에 근거해 계획을 짰다.

여기에는 우리 모두를 위한 중요한 교훈이 들어 있다. 우리는 용감무쌍할 수 있으나 이 세상에 대해 무언가를 잘못 알고 있을 수 있다는 것이다. 여러분이 용감할 수 있어도 망할 수 있다는 것이다. 멸망으로 가는 길을 가면서도 얼마든지 강하고 단호한 사람으로 보일 수 있다. 진정성이 아무리 좋은 자질이라도 궁극적으로 그것이 여러분을 구원할 수는 없다. "어떤 길은 사람이 보기에 바르나 필경은 사망의 길이니라"(잠 14 : 12).

그렇다면 모든 사람 각자가 인생이 무엇이며 최선의 삶이라는 목적지로 가는 최선의 길이 무엇인가에 대해 전부 다른 생각, 즉 다른 지도를 갖고 있는 이런 세상에서 신실함이라는 것은 어떠한 모습일까? 사람들이 진정성이 제일 중요하다고 생각하는 것처럼 보이는 세상에서 신실함은 어떠한 것일까? 당신이 옳다고 생각하는 한 당신이 무슨 지도를 갖고 있든 상관이 없는 것일까? 더 나아가 너무 많은 그리스도인들마저도 역시 오류투성이 지도들을 갖고 있는 마당에 우리가 어떻게 신실한 그리스도인으로 살 수 있을까? 우리는 웨스트민스터 신앙요리문답 몇 줄을 반복해 본다. 인생의 목적은 "하나님을 영화롭게 하고 그를 영원히 즐거워하는 것이다". 그러나 우리의 행동들은 가끔 우리가 다른 지도들에 매혹당하고 있음을 드러낸다. 우리는 올바른 대답을 알지만 틀린 여정을 따라 항해한다. 게다가 우리는 사실 황당무계한 지도에 의해 이끌리는 배를 타고 있으면서 그 배 위에 그리스도인의 돛을 올린다. 우리는 우리가 가고 싶은 곳으로 가고자 하면서 사실 기독교를 이용한다.

그렇다면 어디서 시작해야 할까? 시작하기 위해서 우리는 우리 사회 대부분의 사람들을 이끄는 지도에 대해 정확하게 이해할 필요가 있다. 가이브 라이언스와 데이비드 키네먼(Gabe Lyons And David Kinnaman)의 연구에 따르면, 84%의 미국인들이 "자신의 인생을 즐기는 것이 삶의 최고 목표"라고 믿는다. 여러분은 어떻게 당신의 인생을 즐기며 만족을 발견하는가? 86%의 미국인들이 "우리가 가장 원하는 것들을 추구하며" 사는 것이 인생을 즐기며 만족을 누리는 삶이라고 말한다. 91%의 미국인들은 "여러분 자신이 누구인지를 발견하려면 여러분 자신의 내면을 들여다보라."는 잠언을 긍정한다. 요약하면, 대부분의 미국인들은 인생의 목적은 행복을 가져다주는 것이며, 무엇이든지 추구하면서 결국 자신의 참된 자아를 발견하기 위하여 자신의 내면을 심층적으로 들여다보는 데서 얻어지는 인생 향유라고 믿는다. 충격적인 사실은 교회에 다니는 그리스도인들 역시 이런 행복관을 자신의 지도로 여기며 산다는 것이다. 이들의 연구는 교회 다니는 66%의 그리스도인들이 최고의 인생목표가 "자신의 인생을 즐기는 것"이라는 데 동의했다는 사실을 보여 준다. 72%의 그리스도인들은 자신이 가장 원하는 것들을 추구하여야 하며, 76%의 그리스도인들은 자신의 내면을 깊이 들여다보는 것이 자신의 인생을 즐기는 길이라고 말했다. 외견상으로, 인생의 목적과 행복 추구 같은 질문들에 대답하는 면에서는 그리스도인들드 세상의 나머지 사람들과 너무나 똑같아 보인다. 우리 그리스도인들의 지도가 특별히 다른 것으로 눈에 띄지 않는다는 것이다.[27]

하나님을 영화롭게 하고 하나님을 즐거워하는 것에 대한 기독교의 오래된 강조는 이제 길가에 떨어진 과거 유습이 되었고, 치유적이고 인본주의적인 자아성취주의라는 메시지에 의해 대체될 처지에 몰린 것은 이상한 일이 아니다. 결국 이런 관점에서 볼 때 기독교의 가르침은 개인의 자아성취를 방해하고 있는 셈이다.

위에서 인용한 통계 수치들은 엄중해 보인다. 대다수의 미국인들과 교회에 다니는 그리스도인들의 상당수가 '자신의 인생 향유'를 그들의 북극으로 보고, '자신들의 욕구를 발견하고 자신들의 욕구를 충족시키는 삶'을 북극으로 가는 길로 보고 있다. 이 책에서 우리가 다루는 모든 신화들 중에서 이 자아탐닉적 자아 성취 신화가 가장 지배력을 갖고 있다. 이제까지 우리는 사람들의 삶을 형성하는 토대가 되는 이야기, 즉 우리가 내리는 결정을 지도하는 지배적 신화를 파헤쳐 보았다.

미국 철학자 찰스 테일러(Charles Taylor)는 우리 시대를 '자기확증의 시대'라고 묘사한다. 자기확증은 "우리 각자는 자신의 인간성을 실현하는 자기 자신만의 고유한 방법을 갖고 있으며, 따라서 우리 밖에서 우리에게 강요되거나 우리 사회 혹은 이전 세대 혹은 종교나 정치적 권위자에 의해 강요된 모델에 순응하며 투항하는 것에 맞서서 우리 각자의 삶을 발견하고 그 삶을 살아내는 것이 중요하다."라는 인생관을 의미한다.[28]

자기 확증을 의미하는 또 다른 좋은 말은 비순응주의이다. 이 비순응주의에 따르면 인생의 요령은 다른 사람들이 되어 주기를 바라는 이상한 자아상과 반대로 스스로 설정한 자아상에 충실한 것이다. 이것은 우리 시대에 가장 많이 사랑받는 이야기들에 극적 긴장을 부여하는 사상이다.

디즈니 영화들을 예로 들어보자. 하나의 전래동화가 디즈니 영화로 만들어지기만 하면 어떻게 변하는가를 관찰해 보라. 동화의 중심적 주제들과 줄거리는 유지될지 모르나, 디즈니 영화는 가끔씩 이야기의 핵심이 마치 자신을 발견하는 데 유용한 도덕적 원칙을 말하는 것인 양 비틀어 버린다. "당신 자신이 스스로에게 진실되기만 하면 당신의 모든 꿈들은 실현될 것이다." 그래서 인어공주 에리얼은 자신이 원래부터 속하도록 만들어지지 않은 세상의 일부가 되기를 갈망하며 자신의 아버지에게 반항하고, 한때 자신이 왕자인 것처럼 행동하던 알라딘은 실제 왕자가 되고, 뮬란은 자신이 속한 공동체의 기대에 따르기를 거절한다.

디즈니 영화들(그리고 대부분의 모방작품들)은 우리에게 거듭, '인생에서 가장 중요한 교훈은 자신을 발견하여 발견된 그 자신에게 충실하며 마음이 이끄는 곳으로 따라가는 것'이라고 말한다. 이렇게 말한다고 해서 나를 디즈니 영화들을 미워하는 사람들 중 하나라고 여기지 마라. 나는 인상적인 등장인물들과 박진감 넘치는 생동감 때문에 대부분의 디즈니 영화를 즐긴다.

그래도 현시대에 신실한 그리스도인으로 살아가려고 애쓰는 우리로서는 영감을 고취하는 이야기들이 우리의 상상력에 어떻게 영향을 미치는지를 의식하여야 한다. 디즈니 영화는 대부분의 미국사람들이 이미 인생의 목적을 설정할 때 중요하다고 생각하는 바를 강화시키는 공식을 발견했기 때문에 어떻게 미국인들에게 호소력 있는 메시지를 창조해 내는지를 알고 있다.

그러나 주의할 게 있다. 삶의 목적에 대한 이런 견해는 미국 사람들이 믿는 견해라는 것이다. 세계의 나머지 사람들이 인생을 어떻게 바라보는지에 관한 것은 아니다.

"뮬란"은 중국에서 흥행 참패를 맛보았다. 그럴 만한 이유가 있었다. 수나라 때 늙은 아버지를 대신해서 군대에 입대한 한 어린 소녀에 관한 이 애니메이션 영화가 그 이야기가 원래 발생한 나라에서는 썩 환영을 받지 못했다. 심지어 뮬란의 제작자들이 아주 좋은 아시아 배우들을 캐스팅하고, 동양종교를 묘사할 때 동양의 영향을 받은 사실에 대해 존경을 표했음에도 영화는 중국에서 흥행되지 못했다.

무슨 일이 일어난 것일까? 미국 전역에서 수천 명의 소녀들이 집에서 거울을 보며 중국 소녀 주인공과 더불어 크리스티나 아길레라의 "반영"(Reflection)이라는 노래를 따라 불렀을 때, 정작 대부분의 중국 관람객들은, "오 제발. 아니올시다."라는 반응을 보였다.

사실, 중국인 중 많은 이들이 여주인공 소녀에게 "외국인 뮬란"[29]이라는 별명을 붙여 불렀다. 잠깐, 외국인이라니? 그녀는 중국인이었다!

사실 그렇지 않았다. 그녀의 외모가 아무리 중국인처럼 보였을지라도 뮬란은 자신의 행동들을 통해서 그녀가 중국인으로 변장한 미국인이라는 것을 보여 줬기 때문이다. 그녀는 지나치게 개인주의적인 사고에 젖어 있었으며, 오래된 권위를 가진 전통들을 충분히 존중하지 않았고, 자기를 내세우는 태도들은 겸양과 공동체 정서가 자기주장보다 더 소중하게 간주되는 유교문화에서는 거부감을 불러일으켰다.

디즈니 버전의 이야기는 또한 자신의 가족의 영광뿐만 아니라 자기 자신의 영광을 위해서도 싸우는 뮬란을 부각시켰다. 이것은 중국 문화의 많은 부분과 어긋난다. 에디 머피가 분한 중국 용 또한 중국 문화에서 자연스럽게 수용되지 못했다. 왜냐하면 이 용은 참된 중국 용이었다면 의식했을 '체면'이나 '수치' 그리고 '영예'에 대한 어떤 이해도 드러내지 못했기 때문이다.

세상에 대한 동양의 견해는 자기확증을 강조하는 서양문화와 현격하게 다르다. 또한 동양의 정체성에 대한 이해는 서양과 다르다. 여러분의 정체성은 여러분이 받는 그 무엇이며, 자연질서로부터 혹은 가족의 충고에 도움을 받아 분별하는 무엇이며, 여러분이 혼자 스스로 창조하는 그 무엇이 아니라는 것이다.

중국 관람객들은 뮬란의 행동들을 과감하고 도발적이라고 보았다. 이 점은 미국 관람객들도 마찬가지였다. 그러나 차이는, 미국 관람객들은 다른 사람들이 어떻게 생각하든 상관없이 뮬란이 영웅적이었다고 생각했던 반면에, 중국 관람객들은 뮬란이 이기적이라고 생각했다는 데 있다. 미국인들이 미덕이라고 생각한 그것이 중국인들에게는 악덕이었다.

여러분은 자기확증적 자아존중이라는 이 지도가 얼마나 우리 사회에 만연한지를 깨닫기 시작했는가? 일단 여러분이 지도가 무엇이라고 말하는가를 알게 되면, 여러분은 그 지도를 도처에서 보기 시작할 것이다. 그것은 여러분 자신을 믿고, 여러분 자신의 꿈들을 추구하고, 여러분 안에 있는 참된 영웅을 발견하기 위해 여러분 자신을 깊이 들여다보고, 여러분 자신을 사랑하는 법을 배우라고 말하는 노래들 안에 있다. 주인공이 자신을 세상의 지배적 규범에 맞추라고 압박하는 모든 외부요소들을 다 집어던지는 책들 안에도 있다. 그것은 우리가 정말 바라는 것을 들어주는 분으로 하나님을 말하는 교회 안에도 있다.

우리가 이 지도를 단지 약간 수정하거나 고치는 것만으로는 요즘 시대에 신실한 그리스도인으로 살아가기 힘들 것이다. 우리에게는 다른 지도가 필요하다. 우리는 이 세상에서 어떻게 하면 앞으로 나아가는지를 알고, 어떻게 하면 하나님을 영화롭게 하고 그분 안에서 만족을 발견하는 우리의 궁극목적을 성취할 수 있는지를 알 필요가 있다. 우리에게는 이 세상에 의해 제공된 이 황당무계한 지도들이 오류투성이임을 깨닫게 해 줄 복음의 빛이 필요하다.

그래야 우리는 이런 황당무계한 지도들 안에 감춰진 갈망과 거짓말, 둘 다를 꿰뚫어 볼 수 있으며 참된 평화를 주는 유일한 지도에 따라 살 수 있다.

하나님 안에서 쉼 없는 행복 추구

"하나님은 그분 자신을 위해 우리를 만드셨고 우리의 마음은 하나님 안에 안길 때까지 쉼을 누릴 수 없습니다." 1,700년 전에 살았던 신학자이자 주교인 아우구스티누스(Augustine)의 말인 이 고백은 오늘날에 큰 울림을 준다. 아우구스티누스는 진리를 보았다. "우리 인간은 하나님을 위하여 하나님에 의해 창조되었고 우리는 하나님 안에 안길 때까지 안식을 누리지 못하는 방랑자이다." 하나님의 품에 안길 때까지는 영적인 안식이 없다는 것이다. 사람들은 초월과 불멸에 대한 마음의 갈증을 피력하면서 이 세상 어딘가에는 갈증 이상의 무언가가 더 있을 것이라고 말한다. 성경은 이 갈망이 어디에서 비롯되는지를 이해하도록 도와준다. 삶의 목적은 인간의 머리로 발명되는 것이 아니라 발견되는 것이다. 우리의 목적은 한 인격을 알고 사랑하는 것이다. 다른 어떤 목적도 쉼 없이 방황하는 우리의 마음을 진정시키기에는 모자라다.

아우구스티누스의 위 인용문에서 주목할 만한 두 번째 측면 또한 무언가를 깨우쳐 준다. '우리는 하나의 이야기 속에 있다.' 우리는 무언가를, 좀 더 낫게 말하면, 누군가를 찾고 있다. 우리는 하나님 품에 안길 때까지 쉼을 누리지 못한다. 이 쉼 없는 방황이 무언가를 찾아 여행을 나서게 만든다. 제임스 K. A. 스미스가 요약하고 있듯이, "인간으로 산다는 것은 무언가를 위해 존재한다는 뜻이며, 무언가를 향해 투신한다는 것이며, 무언가를 향해 의도적으로 방향을 틀고 움직인다는 것이다. 인간으로 산다는 것은 무언가를 추구하며 무언가를 좇아가면서까지 갈망하면서 움직이고 있는 것이다. …… 우리는 단지 어떤 생각들을 담고 있는 정지된 용기(容器)들이 아니다. 우리는 어떤 목적을 따라 움직이는 역동적 피조물이다."30

그레첸 루빈이 자신이 '중년병'에 걸렸다고 느껴서 행복 추구 프로젝트에 착수한 것도 이상한 일이 아니다. 조지 드 롱 원정대장의 원정팀에 참여한 사람들이 북극에 가려고 목숨을 건 것도 이상한 일이 아니다. 혹은 왜 우리에게 알려진 가장 위대한 주인공들은 이미 상당한 업적을 성취하고 나서도 무언가 다른 곳으로 가려고 움직이는 것처럼 보일까? 위에서 언급된 사람들은 무언가를 찾아 나서는 여정, 이것을 위하여 우리 인간이 창조되었다는 사실을 일깨워 주는 사례들이다.

그러나 하나님께서는 우리로 하여금 이 현세 이상의 것을 탐험하도록 의도하시며, 확실히 우리 마음이 열망하는 것 이상을 추구하도록 의도하신다. 하나님께서 우리에게 알려 주신 지도는 우리가 영생의 샘물을 마실 수 있는 생명의 샘으로 인도한다.31 우리의 모든 탐색은 우리를 하나님의 마음으로 이끌도록 의도되었다. 하나님의 마음은 십자가상에서 숨을 헐떡이며 죽음을 경험하시고 며칠 후에 죽음을 이기고 걸어나오는 한 사람 안에서 완전히 계시되었다.

여러분 자신의 마음을 따라 살아가는 것은 복잡하다. 누가 진정으로 마음이 원하는 것을 알랴? 체스터턴이 썼듯이, "자아는 어떤 별보다 더 멀리 있다. 그대는 그대의 주 하나님을 사랑할지니라. 그러나 그대는 그대 자신을 알지 못할지니라."[32] 여러분의 마음이 무엇을 원하는지를 알아내는 것은 여러분의 마음이 원하는 바를 추구하는 것보다 실제로 더 어렵다. 예언자 예레미야가 말하듯이, "만물보다 거짓되고 심히 부패한 것은 마음이라 누가 능히 이를 알리요마는"(렘 17 : 9).

심지어 우리는 그리스도께 와서 새 마음을 받은 후에도 우리의 내면 깊은 곳에서부터 솟구쳐 올라오는 욕망의 가마솥 안에 있는 모든 것을 다 알지 못한다. 다윗 왕은 주께서 자신의 숨은 죄악들, 즉 자신이 의식하지도 못하고 범한 죄의 지배력으로부터 자신을 깨끗케 해 달라고 기도했다. "자기 허물을 능히 깨달을 자 누구리요 나를 숨은 허물에서 벗어나게 하소서 또 주의 종에게 고의로 죄를 짓지 말게 하사 그 죄가 나를 주장하지 못하게 하소서 그리하면 내가 정직하여 큰 죄과에서 벗어나겠나이다"(시 19 : 12-13). 바울은 사도임에도 자신의 동기들을 정확하게 해석할 수 없었기 때문에 그의 마음을 심판하실 주님에 대해 말했다. "내가 자책할 아무 것도 깨닫지 못하나 이로 말미암아 의롭다 함을 얻지 못하노라 다만 나를 심판하실 이는 주시니라"(고전 4 : 4).

우리 각자가 마음의 소원을 갖는 것, 즉 갈망을 갖는 것은 옳다. 그러나 우리 각자의 마음이 그 소원들이 무엇인지 정확하게 말해 줄 수 있다는 것은 거짓말이다. 오히려 우리는 시편 기자의 말들을 경청해야 한다. "또 여호와를 기뻐하라 그가 네 마음의 소원을 네게 이루어 주시리로다"(시 37 : 4). 여호와를 기뻐하여야 우리 각자의 소원이 여호와 하나님의 소원과 일치될 것이다. 우리가 주의해야 할 계명은 "네 자신을 발견하라"가 아니라 "네 자신이 기뻐하라"이며, 또한 여기서 동사의 목적어도 유의해야 한다. 이 세상의 물질들이나 일들을 기뻐하라는 것이 아니라 여호와를 기뻐하라는 것이다.

모든 사람이 저마다 자기 마음의 소원을 따라 살아가는 시대에 그리스도를 따르는 삶은 어렵다. 이 어려움은 부분적으로는 우리가 두 가지 선택지 중 하나를 선택해야 한다고 생각하기 때문이다. 즉, 우리 각자 자신이 되어, 자기 자신에게 진실되게 살아갈 것인가? 이 사회가 우리에게 가하는 규제들을 받아들이며 살아갈 것인가? 거짓말 탐지기형 그리스도인들은 이 두 번째 선택으로 기운다. 그들은, 거룩함은 욕망 억제를 의미하며 우리의 고유성을 부정하고 그저 의심 없이 규칙들을 따르는 것을 의미한다고 생각한다. 반면에 긍정수용형 그리스도인들은 첫 번째 선택으로 기운다. 그들은 거룩함과 하나님 추구를 재정의하여 거룩함과 하나님 추구를 자신들의 가장 깊은 욕망들을 충족시키는 것을 돕는 도구들로 삼는다. "그저 여러분 자신의 내면을 깊이 들여다보라. 만나는 모든 사람에게 여러분이 느끼는 것을 긍정해 달라고 요청하라. 그리고 여러분 자신에게 진실하라. 하나님께서 여러분 자신의 내적 본질을 진솔하게 표현하는 것에 복을 주시도록 요청하라."

이 두 가지 선택은 황당무계한 지도들을 가지고 사람들의 세계에서 작동한다. "다른 사람들에 의해 강요된 굴레들에 저항함으로써 네 자신에게 충실하게 살아라." 혹은 "질서정연하고 경건한 삶의 규칙들을 준수함으로써 고분고분하게 살아라." 기독교는 이 두 가지 모두에 대해 "미안하지만 아닙니다."라고 말한다. 우리 모두는 누구보다도 '우리 자신에게 충실하여야' 한다고 믿는 사람들에게는 다음과 같이 대답한다. "당신들은 당신들의 가장 깊은 소원들이 무엇인지 충분히 잘 모른다. 설령 알고 있다고 하더라도 종종 당신들의 소원 자체가 잘못되었다. 우리는 우리의 가장 깊은 내면에서 솟구치는 본능들을 기릴 것이 아니라 그것들로부터 구조될 필요가 있다."

우리는 사회규범을 지키고 우리 사회의 규칙들을 지켜야 한다고 믿는 사람들에게 다음과 같이 대답한다. "구원은 마치 몇 가지 규칙목록을 통해 오지 않는다. 그런 몇 가지 규칙목록에 의지해 우리의 의지력을 갖고 우리의 죄성에 대해 그런대로 대처할 수 있는 것처럼 생각해서는 안 된다." 복음은 우리를 율법을 지켜 구원을 받으려고 하는 짐으로부터 자유케 한다.

기독교는 전혀 다른 것을 말한다. 자신답게 살고 싶은 갈망과 사회규범에 따라 살고 싶은 갈망을 가장 창조적인 방법으로 결합한다. 그리스도인이 진정한 자신을 찾아 자신답게 살기 위해서는 원래 내 안에 있는 자연인인 '나에게' 충실할 것이 아니라 그리스도가 새롭게 이름 지어 주신 그 새사람이 된 '나'에게 충실해야 한다. 나는 하나님이 구속하신 자녀로서 '나답게' 살아야 하는 것이다. 내가 나답게 살고자 할 때 그 '나'는 그리스도의 형상으로 새롭게 창조된 사람이다. 나는 이제 이렇게 새롭게 태어난 나의 정체성에 걸맞게 살아야 한다. 그리스도인으로서 나는 은혜로 구원을 받았지만 내가 죄를 짓는 순간에는 '나'에게 충실한 것이 아니다. 나는 오히려 새롭게 창조된 내 새로운 정체성을 거슬러 죄를 짓는 중인 것이다. 내가 하나님께 불순종하기로 선택하고 유혹에 넘어갈 때는 참된 의미에서 '나'에게 충실하게 사는 것이 아니다. 나는 하나님께서 내게 선사하신 새로운 정체성을 거부하는 셈이다. 참된 자기다움은 나 자신의 자기 표현을 받아들이는 것이 아니라 그리스도를 통해 하나님께서 내게 선사하신 하나님의 자기 표현을 받아들이는 것이다.[33]

그리스도인으로서 순응주의자로 살아간다는 것은 우리의 마음이 갱신되고 삶이 변화되기를 추구하며 산다는 것을 의미한다. "너희는 이 세대를 본받지 말고 오직 마음을 새롭게 함으로 변화를 받아 하나님의 선하시고 기뻐하시고 온전하신 뜻이 무엇인지 분별하도록 하라"(롬 12 : 2). 우리는 그리스도의 형상을 본받기 원한다. 그러나 이 그리스도의 형상을 본받는 행동이 세상의 나머지 사람들에게는 세속사회에 대항하는 반역자들처럼 보인다는 것을 의미한다. 세상의 흐름을 거슬러 헤엄쳐 올라감으로써 예수를 따르는 그리스도인들의 마음속에서는 참된 반역이 일어난다. 이것은 세상 모든 다른 사람이 저마다 자기 마음을 따르는 때에도 우리는 예수님을 따른다는 것을 의미한다. 우리 시대에 여러분 각자의 기준들을 만들고, 그것에 따라 살아가는 데는 절대적으로 어떤 용기도 필요 없다. 참된 용기는 진정 무엇이 "옳고 그른가?"를 스스로 결정하는 것이 아니라, 여러분 자신을 위하여 그리고 모든 사람 각자를 위하여 무엇이 진정 옳고 그른가를 발견하려고 애쓰는 것이다. 여러분 자신의 밖을 쳐다보고, 여러분의 마음을 스스로 설정한 기준들보다 더 큰 사상에 붙들어 매며, 진리를 발명하기보다는 진리를 탐구할 때의 용기가 필요하다. 우리에게 무엇이 북극인가? 하나님을 영화롭게 하고, 그를 영원히 즐거워하는 것이다.[34]

그리스도인의 희망은 우리의 가장 큰 소원이 우리의 가장 큰 즐거움과 일치하는 것이다. 이 희망이 우리로 하여금 북극으로 가는 우리의 여정을 향도한다. 여러분은 세상에 다른 지도를 보여 주길 원하는가? 그렇다면 여러분 자신을 사랑하고 여러분 자신에게 충실하려는 데 초점을 맞추지 말고 하나님과 이웃을 사랑하고 하나님과 이웃에게 진실한 사람이 되는 데 초점을 맞춰라. 예수님께서는 온 율법과 선지서를 두 개의 계명으로 요약하신다. "예수께서 대답하시되 첫째는 이것이니 이스라엘아 들으라 주 곧 우리 하나님은 유일한 주시라 네 마음을 다하고 목숨을 다하고 뜻을 다하고 힘을 다하여 주 너의 하나님을 사랑하라 하신 것이요 둘째는 이것이니 네 이웃을 네 자신과 같이 사랑하라 하신 것이라 이보다 더 큰 계명이 없느니라"(막 12 : 29-31).

여러분의 인생을 타락 상태에서 구출되어 하나님께로 나아가는 여정으로 보라. 여러분은 타락 상태에서는 옳다고 긍정되지 않았다. 여러분의 인생을 하나님의 형상으로 새롭게 빚어지는 여정으로 보라. 그리하면 여러분이 스스로 발견한 여러분의 모습이 아니라 그분의 은혜와 선하심에 대한 전례 없이 깊어진 발견이 여러분의 정체성을 결정짓는 결정적인 표지가 된다. 그리고 북극을 향해 온 힘을 기울여 달려갈 때 여러분은 지금 여러분의 그 모습 그대로에 만족해하고 행복해하도록 작정된 존재가 아님을 알게 된다. 여러분은 이제 하나님께서 빚어 가실 그 새로운 여러분의 모습에 대한 비전을 품게 될 것이다.[35]

기독교는 자기 확증에 탐닉된 세상을 향해 증거할 참신한 메시지를 갖고 있다. '구원은 인간의 의지력을 총동원하고 여러분의 발자취를 세상에 표시하는 것을 통해 오지 않으며, 하나님에 대한 여러분의 의존성을 인정하고 예수 그리스도의 인격으로 하나님이 세상에 찍어 둔 표지를 받아들이는 데 있다. 참으로 용기 있는 사람들은 세상이 우리로 하여금 충실하라고 말하는 바로 그 자아를 십자가에 못 박는 사람들이다. 그러나 감사하게도 자아를 십자가에 못 박은 우리는 그리스도와 함께 일으킴을 받아 하나님께서 항상 우리에게 작정하신 바로 그 이상적인 인간이 된다. 우리가 상상할 수 있는 가장 위대한 모험은 우리가 우리의 자아에 대해 매일 죽도록 이끈다. 왜냐하면 우리의 옛 자아를 십자가에 못 박아 죽이는 것을 통해서만이 우리는 부활의 실재를 맛보기 때문이다. 예수님이 말씀하셨다. "또 무리에게 이르시되 아무든지 나를 따라오려거든 자기를 부인하고 날마다 제 십자가를 지고 나를 따를 것이니라 누구든지 제 목숨을 구원하고자 하면 잃을 것이요 누구든지 나를 위하여 제 목숨을 잃으면 구원하리라"(눅 9 : 23-24). 바울도 다음과 같이 주장했다. "그리스도 예수의 사람들은 육체와 함께 그 정욕과 탐심을 십자가에 못 박았느니라"(갈 5 : 24). "너희가 육신대로 살면 반드시 죽을 것이로되 영으로써 몸의 행실을 죽이면 살리니"(롬 8 : 13).

이 부활의 삶이 우리가 우리의 과거, 현재, 미래를 바라보는 관점을 재정위(再定位)한다. 그것은 또한 우리가 우리의 성공 여부를 측정하는 방법, 혹은 무엇이 '전진'인지 무엇이 '퇴보'인지를 판단하는 방식을 반드시 변화시킨다. 우리의 인생궤적을 성경적 관점에서 바라보는 것은 실제보다 더 쉬워 보인다. 특히 우리가 소비지상주의 사회에 살 때 그렇다. 이것이 바로 우리가 다음 장에서 대면할 도전이다.

This is Our Time

This is Our Time

4장
행복 쇼핑

—
—

나는 낮은 으르렁 소리를 듣는다. 분초를 다투며 점점 커지는 굉음, 경적소리, 그리고 불쾌한 소음을 듣는다. 다음 순간에는 세 살짜리 내 아들 데이비드가 "쓰레기차가 왔어."라고 외치며 앞문으로 달려가면서 내는 타닥타닥 소리를 듣는다. 창가에 앉아 쓰레기 트럭이 거대한 기계손으로 쓰레기들을 적치장에서 들어올려 거대한 기계 입으로 집어던지는 광경을 보는 데이비드의 눈이 반짝 빛난다. 그가 미화원에게 손을 흔들자 이번에는 그 미화원이 모자를 벗어 인사하거나 경적을 울리며 응답한다. 이 장면이 금요일 아침, 내 아들에게 제일 중요한 일과이다.
어린이들은 우리 사회에서 쓰레기 모으는 일에 주목하는 극소수 중의 일부이다. 청소용역 노동자들은 그들이 근무복을 입고 있을 때는 보이지 않는 존재로 느낀다고 말한다. 그들은 그들의 트럭이 보통 사람들이 운전하거나 걸을 때 거추장스러운 장애물로 여겨진다는 것을 알면서 하루하루의 수고를 감당한다.

대부분의 사람들은 쓰레기 적치물을 보이지 않는 데 두기를 선호하며, 아예 생각하기도 싫어한다. 그래서 우리는 우리 도시의 건강이 쓰레기 수거와 거리청소에 얼마나 의존하는지를 충분히 인지하지 못한다. 우리는 또한 이 청결과 위생관리 노동에 수반되는 고생과 위험을 인정하지 않는다. 전 뉴욕시장이었던 마이클 블룸버그는 청소 위생 노동이 경찰과 소방수의 일보다 더 위험하다고 주장했다. 사람들은 그를 조롱했으며 그가 정신이 나갔다고 말했으나, 연방노동통계국에 따르면 블룸버그의 말이 옳았다. 도시 지역에서 일하는 청소 위생 노동자들의 경우, 시간당 사고율과 산재 사망률이 경찰과 소방수보다 더 높은 것으로 드러났다.[1]

로빈 네이글(Robin Nagle)은 쓰레기 수거작업이라는 보이지 않는 세계를 깊이 들여다보기를 결단한 인류학자이다. 우리의 모든 쓰레기는 어디로 가는가? 그녀는 궁금하게 생각했다. 맨해튼같이 인구가 조밀한 섬에서는 쓰레기가 어떻게 수거되는가? 위생처리작업은 이 사회에 대해 무엇을 말해 주는가?

그녀는 쓰레기가 우리 눈에 안 보일지 모르나 그렇다고 쓰레기가 침묵을 지키는 것도 아니라는 것을 발견했다. 쓰레기는 우리가 사는 이 시대에 대해 무언가 말하고 있다. 전 세계에 걸쳐서 이국적인 장소들에서 진행되는 모든 고고학적 발굴들을 한 번 생각해 보

라. 이 발굴터들의 대부분은 옛날 사람들이 남긴 쓰레기더미들이다! 고고학자들은 옛날 사람들이 남긴 쓰레기더미들을 파헤쳐서 옛날 남자, 여자들이 오래전에 버렸던 물건들을 세심하게 발굴해 연구한다. 옛날 쓰레기들은 우리에게 옛날 사람들에 대해 무언가를 말해 준다. 네이글은 이렇게 말한다. "고고학 발굴터가 우리 자신의 과거에 대해 주는 통찰들은 가끔 오래전에 사라진 문명들의 쓰레기처럼 쓸모없는 분석에 의존한다. 사랑받지 못하고 버려진 이 모든 것은 한때 이런 것을 소유했던 사람의 흔적을 보지하고 있다."[2]

우리의 쓰레기는 오늘날 우리에게 무엇을 말하고 있는가? 우리의 '사랑받지 못하고 버려진 것들'에서는 무슨 흔적들이 발견되는가? 쓰레기는 우리의 소비와 축적 패턴에 대해 무엇을 말해 주고 있는가?

나는 루마니아에서 대학을 다닐 때, 두 명의 남학생과 방을 같이 쓰고 있었다. 각자 침대 옆에 작은 쓰레기통을 두었는데 항상 내 쓰레기통이 가장 빨리, 가득 찼다. 어느 주간에는 다른 두 룸메이트들보다 세 배나 자주 쓰레기통을 비웠다. 나의 음식물 종류의 수가 룸메이트들에 비해 너무 많았다는 데 나와 그들의 차이가 있었다. 음식물 포장지들과 플라스틱 병들과 캔들토 된 음식들이 쓰레기를 많이 남겼다. 나의 음식물 소비 방식이 현저하게 달랐다.

내 룸메이트 중 한 사람은 루마니아에 오기 전 요르단에 살았던 이집트 사람이었다. 어느 날 내가 하루를 시작할 준비를 하면서

양치질을 하고 있었는데, 내 룸메이트가 경쾌하게 욕실로 들어와 수도꼭지를 잠그면서, "너는 물을 너무 많이 사용해."라고 말했다. 테네시 주 중부에서 태어나 자란 소년이었던 나는 물에 대해 혹은 그것이 어디서 오는지에 대해 한 번도 생각해 보지 않았다. 그는 물이 귀한 건조한 기후를 가진 나라 출신이었다. 물을 조금이라도 낭비하는 것은 소중한 자원을 낭비하는 것이었다. 그때까지 그는 수 주 동안 물을 낭비하며 씻는 내 습관들을 지켜보다가 더 이상 참을 수 없었던 것이다!

다른 사회에 사는 사람들은 그들의 자원에 대해 다른 관계를 맺고 있다. 루마니아에서 나의 처가 식구들은 새로운 목적을 위해 병들과 포장지들을 아꼈다. 그들은 시장에 갈 때마다 이전에 썼던 식료품 가방들을 재사용했다. 미국에서는 자원에 대한 우리의 관계가 더 간결한 경향이 있다. 하나의 포장지는 단지 포장용일 뿐이다. 여러분과 나는 하루에 만지는 물건들 중 많은 것들을 버린다. 간편함은 속도를 유지하도록 돕는다. 즉, 신속한 삶을 살도록 도와주는 것이다.

그러나 우리의 분주한 삶의 방식 뒤에서 양산된 우리의 쓰레기에는 무슨 일이 일어나는가? 여러분은 혹시 쓰레기 매립지에 가 본 적이 있는가? 여러분은 쓰레기가 분류되고, 으깨지고, 그리고 뭉쳐져 무언가 다른 것으로 바뀌는 곳을 생각이라도 해 보았는가? '쓰레기 연옥'이 무엇처럼 보일까? 쓰레기 연옥이란 우리가 버린 물건들이 마침내 마지막으로 땅 속에 파묻힐 장소에 도달하기 전에 가는 곳이다.

로빈 네이글은 쓰레기 연옥의 실상을 찾아내기로 결단했다. 그녀는 뉴욕의 쓰레기 처리 시설 중 하나를 방문한 후 그것을 여러 개의 미식축구장만큼이나 넓게 펼쳐진 거대동굴 같은 방이라고 묘사한다. 그 방의 마룻바닥에는 쓰레기더미가 트럭들보다 더 높게 차곡차곡 쌓여 있었다. 그녀의 묘사를 들어 보자. "마룻바닥에 쌓여 있는 쓰레기들로부터 나오는 분진(粉塵)들을 먼지덩어리로 압착하기 위해 먼 천장에 달린 노즐들로부터 습한 연기가 분사되고 있었으며, 그 분사된 습기는 쓰레기더미에서 올라오는 따뜻한 쓰레기 습기와 뒤섞여 회갈색 연기 같은 것을 만들어 내고 있다. 그 회갈색 연기는 방의 구석들과 멀리 있는 벽들을 희뿌옇게 만들고, 쓰레기더미를 입을 떡 벌린 거대한 흑암으로 바꾸고 있다. 거대한 불도저는 쓰레기더미를 갖고 조형물을 만들 것처럼 굉음을 내며 그 위를 가로질러 움직이고 있다."[3]

이 쓰레기 연옥의 "악취, 거대소음, 암울한 분위기"를 포착하기 위해, 네이글은 단테(Dante)의 「신곡」 중 "지옥편"(The Inferno)으로부터 인용된 영적 메타포에 호소한다.

"지옥의 3환(環)은 탐식자들이 오물구덩이에 빠져 영원히 지내도록 저주받은 곳이다. 단테처럼 재능 있는 시인마저도 그보다 더 나쁜 장면을 묘사할 수 없었다. …… 탐욕스러운 자들이 축적과 낭비의 죄악 때문에 벌을 받아 서로를 공격하기 위해 사용하는 무거운 무게를 지고 다녀야 하는 지옥의 4환(環) 또한 뉴욕 쓰레기

시설에서 완벽하게 재현되고 있다. 트럭과 불도저들이 인간들의 일을 대신하고 있으나 거대한 짐들을 옮기는 과업은 마찬가지로 끝이 없다. 그러한 짐들은 그것들의 존재가 쓰레기 하치장 같은 곳을 요구하기 때문만이 아니라, 또한 그것들의 출처 때문에도 끔찍하다. 그것들은 한때는 각각의 용도와 모양을 가진 구별되던 특정한 물건들이었으나 지금은 형체를 알아보기 힘들 정도로 사정없이 으깨어지고 망가뜨려져 '쓰레기'라고 불리는 거대하고 단일한 혐오물이 되었다. 결국 같이 뒤섞여 있도록 만들어지지 않았던 물건들이 으깨어지고 삼켜져서 또 하나의 거대한 물건으로 변형된다. 이 과정에서 모든 물건들의 특징과 개체성은 도말되고 만다."[4]

나는 쓰레기 수거와 처리에 대해 배우면 배울수록, 쓰레기 매립지에 덜 방문하고 싶다. 그런데 선하고 고귀한 일을 해 주는 청소 위생 노동자들에게는 그만큼 더 감사하고 싶다. 그러나 나는 요즘은 좀 더 자주 세상 물건들과 내 자신의 관계, 우리 시대를 특정 짓는 고도소비와 과다축적에 동참하는 나의 축적과 소비 행태에 대해 곰곰이 생각해 본다. 미래 세대들에 의해서도 보존되고 소중하게 여길 수 있는 몇 개의 물건들을 제외하고는, 내 집에 있는 사실상의 모든 물건이 언젠가 '쓰레기'로 전락할 것들이다. 단지 시간 문제일 뿐이다. 이 사실이 지금 내가 물건을 바라보는 관점에 어떻게 영향을 끼치는가?

"물건 수집자들"(Hoarders)이라는 텔레비전 프로그램은 모든 종류의 물건들 — 많은 것이 쓰레기 — 이 꽉 찬 집들을 보여 준다. 우리는 프로그램에 소개된 사람들이 앓고 있는 정신적 질병을 보고 마음이 슬퍼져 동정심으로 고개를 흔든다. 그러나 나는 이전 시대의 사람들 혹은 오늘날 이 세상의 다른 지역에 사는 사람들이 혹시 우리 미국인들에게 동일한 반응을 보이는 것은 아닐까 생각해 본다. 만일 그들이 우리의 벽장, 혹은 차고, 혹은 다락방을 들여다본다면 그들이 우리가 쌓아 둔 물건들을 보고 '도대체 이 사람들이 무슨 생각으로 이렇게 물건을 쌓아 두고 있을까?'라고 생각할 것이다.

만일 오늘날의 소비와 축적 행태가 모든 면에서 우리에게 정상적으로 보인다면 우리는 코를 막고 우리의 쓰레기더미를 깊숙이 파헤쳐 보거나 오늘날 만연한 신화들에 대한 세심한 고찰을 할 수 있는 마음의 여지를 만들기 위해서라도 우리 마음의 벽장을 깨끗하게 비울 필요가 있다.

우리 스스로가 부, 소유물, 사회적 입신양명, 그리고 성공에 대해 말하는 이야기들은 무엇인가? 우리가 사용하는 물질자원이 우리에게 무슨 말을 해 주고 있는가? 이런 시대에 그리스도에게 신실한 삶을 살 수 있는 유일한 길은 복음의 빛이 항상 더 많이 가지고 더 많이 누리려고 하는 우리의 끝없는 추구 안에 내포된 갈망들과 거짓들을 들추어내는 데서부터 열린다.

'지금 더 많이'를 부추기는 종교

여러분은 이제 다른 건물들과 동떨어져 있는 한 건물 안으로 들어

가려고 한다. 이 건물은 다른 사람들과 함께 무언가 특별한 것 — 지금 여러분과 함께 있지 않은 사람들에게는 허락되지 않은 특별한 것 — 을 경험하기를 희망하는 장소이다. 여러분이 거리를 걸어와 요란스러운 도시 한복판에 있는 피난처인 이 성소에 가까이 접근하면, 여러분은 이 건물 자체가 당신에게 무언가를 말해 주고 있다는 것을 느끼게 된다. 이 건물의 초월적인 건축미가 당신에게 이 세상의 것이 아닌 무언가를 경험할 것이라고 말해 준다. 여러분이 보기에 그 문들은 필요 이상으로 훨씬 더 크다는 — 문화역사가인 에리카 로블즈-앤더슨(Erica Robles-Anderson)이 묘사한 것처럼 '거대하며 몽환적인 문' — 것을 눈치챈다. 그 문들의 육중함이 이 경험의 중요성에 대해 무언가를 전달해 준다. 그 거대한 문들은 이 공간으로 들어오는 의식(儀式)에 극적 효과를 배가시킨다. 일단 이 건물 안에 들어서면 여러분은 스스로를 작다고 느끼며, 이 공간을 신성한 것처럼 느낀다. 에리카는 말한다. "여러분은 저 멀리 있는 무언가를 보고 있으며 그것은 여러분의 몸이 '당신은 어떤 거룩하고 신성한 장소에 와 있다.'라는 느낌을 갖게 만든다." 여러분은 여기가 어디라고 생각하는가? 종교적 사원? 고딕식 대성당? 실상 내가 묘사하는 이 건물은 맨해튼 소호[5]에 있는 애플 스토어이다. 그러나 나는 여러분이 사원이나 교회 건물을 상상했다고 해서 비판할 수는 없다. 내가 인용한 글의 출처가 된 기사는 "애플 스토어들은 새로운 신전들인가?"이다. 이 기사에서 문화역사가인 에리카 로블즈-앤더슨은 작가 새라 라스코우(Sarah

Laskow)가 어떻게 애플이 물리적 공간을 이용해 소비자들에게 영적 경험을 맛보게 해 주려고 애쓰는지를 이해하도록 도와준다.[6]

애플 스토어와 예배 처소들과의 유사성은 입구에서 그치는 것이 아니다. 2층에 올라가기 위해 당신은 입구의 탁 트인 수직공간을 가로지르는 통로를 반드시 통과해야 하는데, 이것은 거룩한 장소에서 공통적으로 나타나는 건축심리학적 전략이다. 에리카는 말한다. "천장을 조금 낮추건 그 천장 밑으로 나올 때 숭고한 느낌을 갖게 된다. 엄청난 창공이 열리고, 문자 그대로 심리적으로 그리고 여러분의 몸이 느낄 정도로 외경심을 불러일으킨다."

2층은 바로 "애플의 천재들, 즉 종교적 사제들에 상응하는 사원들이 지식을 나눠 주는" 곳이다. 거기서 피고용인 중 한 사람이 애플 제품을 갖고 무언가를 입증한다. 마치 스티브 잡스가 자기 회사의 최신 제품을 자랑하기 위해 무대를 이용하는 것과 유사한 방식으로 애플 직원은 자사제품을 선전한다. 이 경험은 애플 스토어가 그것의 원창업자인 스티브 잡스와 여전히 연결되어 있음을 보여 주며, '여러분이 자신과 자신의 필요를 초월하는 어떤 조직, 즉 애플이라는 보다 더 큰 공동체의 일원이라는 자부심'을 느끼게 해 준다. 라스코의 말을 들어보자. "애플은 자기 가게를 방문하는 사람들이 어떻게 전화하거나 인터넷에 연결하는가 등의 질문들보다 더 깊은 질문들에 대한 해답을 찾고 있다는 사실을 이해하는 것처럼 보인다. 언제든지 스크린으로 변할 수 있도록 잘 꾸며진 가게들의 벽에는 행성들과 별들의 운행체계들을 보여 주는 그림들이 걸려 있다. 애플 스토어는 이 평평하고 빛나며 단단하게 조립된 장치들을 갖고 '당신은 전 우주를 이해할 수 있다.'고 약속하는 것처럼 보인다."[7]

애플사처럼 대부분의 회사들은 단지 상품만을 팔지 않는다. 그들은 약속도 판다. 그들은 이 부서진 세계를 치유하거나 파열된 인생들의 고통을 완화시킬 치료책을 내놓겠다고 나선다. 그들은 구원을 받고 새롭게 태어나고자 하는 우리의 갈망을 이용한다. 그래서 대부분의 텔레비전이나 인터넷 광고들은 단지 상품을 사라고 선전하지 않고, 하나의 이야기를 들려준다. 코카콜라 상업광고물 중 얼마나 많은 것이 실제 콜라에 관한 것일까? 대부분의 광고들은 여러분 자신이 등장인물 중 하나로 포함되어 있는 이야기를 들려준다. 상품은 그저 전체 그림의 한 부분일 뿐이다. 모든 개별적인 요소들을 한데 모아 이야기로 만드는 것이 열쇠이다. 광고는 여러분이 전체 이야기를 보고 있으며, 전체 이야기의 일부라고 느끼게 하거나 혹은 진정으로 미국인이라고 느끼게 해 준다. 아니면 결국 모든 것은 끝에 가서 잘될 것이라고 느끼게 해 준다.

광고는 전체를 파악하고 전체의 일부라고 느끼고 싶은 인간의 갈망을 이용하며, 쇼핑은 우리의 필요들을 충족시키도록 의도된 종교적 활동이 된다. 광고가 효과적인 이유는 우리 시대에 널리 퍼진 신화들 중 하나가 '구원은 축적을 통해 온다.'이기 때문이다. 우리는 물건을 모으면서 행복을 느끼고 적어도 안전보장을 느낀다. 이 축적 신화는 너무나 강력하고 도처에서 위력을 드러내기 때문에 사람들은 가끔씩 그것이 작동하는 것도 눈치채지 못한다. 우리는 또한 무언가를 사면 얼마나 안락해질까에 대한 우리의 기대뿐만 아니라 우리의 축적 습관들이 어떻게 우리 마음을 지배하는지도 깨닫지 못한다. 축적 신화는 우리가 소중하게 여기는 것이 무엇인지, 왜 소중하게 여기는지를 결정한다.

여기에 우리의 축적 습관이 우리의 기대를 어떻게 변화시키는지를 보여 주는 하나의 예가 있다. 얼마 전에 나는 어떤 작은 모임에 갔는데, 거기서 한 친구가 일본작가 엔도 슈사쿠(Shūsaku Endō)가 쓴 유명한 책 「침묵」(Silence)을 모인 사람들에게 한번 보라고 건네주었다.[8] 일단 몇 장을 열어 훑어보자 나는 책을 읽어 보고 싶어졌다. 그래서 전화기를 켜 아마존 앱으로 가서 온라인 서점에서 그 책을 발견하고 '구매하기' 버튼을 클릭했다. 다음 날 그 책은 나의 집 문간에 도착했다. 이 장면이 지금 내 아버지께서 내 나이였던 20~30년 전에 일어났다면 어땠을까 상상해 보라. 나의 아버지는 그 친구에게 책을 빌려야 했거나 책 제목을 써 두었다가 서점에 가서 찾았을 것이다. 서점 책장에서 새 책을 발견할 수 없었다면 중고서점으로 가서 다소 누더기가 된 책을 구입했을 것이다. 만일 그 방법이 안 통했다면 그는 책 목록을 구해 1-800번으로 직접 전화해 주문했을 것이다.

책을 구하는 것은 고단한 일이었다. 내 아버지께서 그 모든 수고를 해 가면서까지 책을 사서 책장에 얹어 두기만 하고 결코 읽지 않는 상황을 상상이나 할 수 있겠는가? 아니다. 그때는 읽지도 않을 책을 사서 책장에 얹어 두는 것은 상상할 수 없었다. 그렇게 애를 써서 책을 구입했다면 그 책을 귀하게 여겼을 것이며, 시간과 정성을 바쳐 독파했을 것이다. 내 경우는 다르다. 나는 최소한의 노력으로 다음 날 그 책을 손에 넣을 수 있다. 상품이 이렇게 빨리 우리 손에 들어오는 방식은 우리가 구매한 물건들을 바라보는 방식을 바꾸어 버린다. 설령 그 책이 내 아버지 때의 가격과 동일했더라도 우리가 그 책에 부여하는 가치는 다르다.

여러분은 왜 이런 일이 일어나는지를 깨닫는가? 여러분이 구입하는 물건과 당신의 관계는 온라인 구입이든, 가게 방문 구입이든 상관없이 여러분의 쇼핑 습관들에 의해 정해진다. 내 말의 요지는 물건들을 구하기가 더 어려웠던 '옛 시절'이 더 나았다는 것이 아니다. 또한 여러분의 모든 구매가 일종의 '행복을 쇼핑'하는 방식이라고 말하는 것도 아니다. 다만 나는 우리의 쇼핑 방식이 우리가 물건들을 대하는 방식을 형성한다는 사실을 보여 주고 싶을 뿐이다. 우리는 우리 조부모들보다 어떤 물건들을 덜 소중하게 여기려는 의식적인 결단을 할 필요가 없다. 단지 우리는 우리 사회의 구매 방식에 영향을 받았기 때문에 자동적으로 그렇게 한다. 우리는 쇼핑몰에 금방 갔다 오거나 스마트폰 클릭 한 번을 통해 필요한 것은 무엇이든지 발견할 수 있다고 생각하는 방식으로 물건들을 대하는 데 익숙해져 있다.

그것이 바로 습관들이 우리 마음에 작동하는 방식이다. 우리는 우리가 축적하는 것에서 만족을 발견할 수 있다고 말하는 신조를 암

송할 필요가 없다. 아니, 우리가 "행복을 쇼핑할 수 있다."는 신화가 무의식적으로 우리 가운데 작용하며 우리의 행등들을 통해 우리 마음에 와닿는다. 우리에게 가장 큰 영향을 미치는 것은 우리가 큰 소리로 긍정하는 신조가 아니라, 우리가 조용히 전제하고 있는 것, 즉 우리가 우리에게 영향을 미치는 것이 무엇인지 따져보기 위해 고민하며 심지어 생각할 필요도 없는 습관들이다. 그리고 가장 크고 가장 현저한 습관들 중 하나는 우리가 너무 쉽게 간과하는 것, 즉 우리가 시간을 어떻게 생각하는가 하는 것이다.

쇼핑하는 날로 변질된 거룩한 날들

「크리스틴 라브란스다테르」(Kristin Lavransdatter)는 1928년에 노벨 문학상을 수상한 노르웨이 작가 시그리드 운세트(Sigrid Undset)에 의해 쓰여진 거대한 서사시이다.[9] 크리스틴 라브란스다테르에 등장하는 인물들도 기억할 만하지만, 나에게 가장 인상적인 것은 그것이 전개되는 무대요, 배경이었다. 운세트는 여러분을 14세기 노르웨이의 세계 속으로 깊이 초대한다. 여러분은 노르웨이의 겨울이 뿜어내는 한기를 느끼며 떨게 된다. 여러분은 그 서사시에 나오는 몇몇 늙은 아내들의 이야기들과 마을 사람들의 약초치료법들이 과연 옳은지 곰곰이 생각해 본다. 여러분은 공동체의 도덕적 훈계들을 무시함으로써 받게 되는 수치의 짐을 공유한다. 여러분은 성서적 진리와 미신이 뒤섞인 종교개혁 이전의 노르웨이 로마 가톨릭교회 분위기를 경험하게 된다.[10]

또한 여러분이 이 작품에서 발견하는 것은, 이야기 속에 기록된 날과 시간의 대부분이 오늘날 우리가 사용하는 세속달력에 따르지 않고 교회의 축제절기와 교회력을 기준으로 설정되어 있다는 것이다. 운세트는 각 사건이 일어난 시간을 설정할 때 성 요한의 날 혹은 성 미카엘마스의 날, 혹은 성모 마리아 탄생축일 등을 기준으로 삼는다. 다른 사건들은 성 바돌로매의 날, 성 십자가의 날, 혹은 성녀 마가레타 축성일에 맞춰져 언급된다.

지금부터 600년 후의 세상은 어떤 모습일까? 미래의 소설가들은 우리가 보내는 이 역사적 순간을 묘사하기 위해 어떤 무대를 채택할까? 우리가 시간을 나누고 달력을 분할하는 방식을 어떻게 묘사할까? 아마도 그들은 우리에게 일어난 사건들의 연대 구분을 우리의 쇼핑 절기에 따라 설정할 것이다.

지금 우리는 물건을 사고파는 일로 분주한 나라에 살고 있다. 추수감사절은 최대 규모의 할인 판매 축제일인 블랙프라이데이와 사이버먼데이[11]의 선구자이다. 이날부터 사람들은 크리스마스 시즌까지 쇼핑하느라고 분주하게 보낸다. 이 시즌이 끝나면 새해 정월에는 모든 종류의 운동과 다이어트 제안들이 쏟아진다. 이 다이어트 제안은 소비주의적 극단을 어느 정도 정화한다. 그런데 이 정화 제안마저도 소비를 촉진하는 기간에 우리에게 판매된다. 1월의 소강상태가 지나면 2월의 발렌타인데이, 3월의 어머니의 날, 아버지의 날, 4월의 현충일, 5월의 노동절로 이어진다. 노동절은 누군가가 무엇을 기리는 시즌이라기보다는 오히려 여름 쇼핑

시즌의 시작과 끝을 의미하는 것이 되었다. 이것들은 다 오늘날 미국 사회를 형성하는 계절이자 리듬이다.

오늘날 대부분의 '휴일들'(holidays)이 어떻게 '거룩한 날들'(holy days)이 아니라 '쇼핑하는 날들'(shopping days)로 사용되고 있는지를 주목해 보라. 사회가 인생의 주요한 목적이 더 많은 물질과 부를 모으는 것이라는 신화를 채택할 때, 시간조차 사람들이 더 많은 것을 소비할 수 있도록 재구성된다. 이것이 모든 것이 소비주의 신화로 맞춰져 돌아갈 때 나타나는 세상의 모습이다. 밖에서는 성자들을 기리는 축일인 것처럼 보이지만, 사실 이 축일들은 쇼핑하는 이들의 활기를 북돋우는 날이다!

사회적 측면에서도 우리는 사는 것과 파는 것을 중심으로 시간을 설정한다. 이것이 해마다 우리의 삶을 지배하는 이야기이기도 하다. 그러나 우리는 또한 우리 사회의 이 중심 이야기(쇼핑)가 우리의 인생에 대해 말하는 이야기, 나아가 우리가 계획하고 결정을 내리는 방식에 어떻게 영향을 끼치는지 고려해야 한다.

자신에게 온 직장 제의를 받고 결정해야 하는 30대 초반 청년 마이클의 예를 보자. 시간이 지남에 따라 그는 그를 잘 길러 준 부모님만큼이나 성공해 자신이 받았던 수준의 교육을 자녀들에게 제공해 줄 수 있기를 바란다. 그러한 미래로 가는 길은 사업에 성공해 은퇴를 위해 돈을 저축해 둘 정도로 부유해지는 것이다. 그의 목표는 그의 가족을 돌보고 안락한 삶을 유지하는 독립적이고 자수성가한 사람이 되는 것이다. 이제까지는 그의 꿈을 이루기 위한 여정의 첫 단계일 뿐이다. 새롭게 열린 직장은 더 많은 보수를 줄 것이지만 그는 나라를 가로질러 가야 할 정도로 멀리 이사를 해야 한다.

이제 한 걸음 뒤로 물러가 마이클이 자기 인생 이야기를 하는 방식에 있는 '줄거리 지점'을 생각해 보자. 그는 자신을 여정의 첫 단계에 있는 사람이라고 본다. 지금 당장 그에게는 가진 것이 많지 않다. 그는 이 여정의 끝이 재정적인 안전보장이 확보된 곳이라고 본다. 그때에는 그가 원하고 성공의 열매를 즐기려고 마음을 먹기만 하면 그가 원하는 것을 소비할 수 있을 것이다.

그가 그의 인생 이야기를 마음속에 그리는 방식에 비추어 볼 때, 여러분이 보기에는 그가 어떤 결정을 내릴 것 같은가? 물론 그의 '행복한 결말'이 큰 집이요 좋은 차이며 안락한 삶이라면 그는 이 직장 제의를 받아들이는 쪽으로 기울어질 것이다. 그 새 직장이 그의 자수성가와 자기충족적 삶을 성취하는 데 도움이 될 것이기 때문이다.

만일 마이클 자신이 성공의 사다리를 타고 있다고 본다면, 이 새로운 직장은 더 높은 사다리 계단처럼 들릴 것이며 더 많은 것을 얻으려는 그의 능력을 배가시키는 새로운 기회처럼 들릴 것이다. 부의 축적에서 올라가는 것은 앞으로 가는 것을 의미한다. 내려가는 것은 후퇴하는 것이다. 마이클이 그의 인생을 생각할 때 그는 자신이 얻기를 원하는 안전보장이나 자신이 이미 얻은 사회적 성공을 기준 삼아 판단한다. 그가 자신의 인생 이야기를 어떻게 말하든 상관없이 이것이 그를 움직이게 만드는 이야기이다.

이것은 마이클 혼자만의 이야기가 아니다. 아메리칸 드림은 열심히 일하는 누구나 위로와 성공을 성취할 수 있다는 생각이다. 그 꿈이 우리 미국인들의 선택들을 좌우하는 이야기이다. 우리는 그 아메리칸 드림의 용어들에 상응하는 방식으로 우리의 인생 이야기를 만들어 간다.

우리가 '전진하는지' 혹은 '퇴보하는지'는 우리의 재정적 상황 개선 여부에 달려 있다. 이 이야기 속에 표현된 갈망은 안정과 안락함에 대한 욕구이다. 이 갈망은 좋다. 쉬면서 우리 노동의 열매를 즐기는 것은 하나님의 형상대로 지음받은 인간이 기대할 수 있는 상급이다.[12] 이 이야기 속에 있는 거짓말은, 재물 축적이 인생의 목표이며 재정적인 안정을 이루려는 야심이 우리의 행동과 선택들을 좌우하는 최고의 길잡이 역할을 하는 것은 선하고 고귀한 일이라는 주장이다.[13]

문제는 이 갈망과 거짓말이 너무 정교하게 뒤섞여 있어서 우리가 이 둘의 차이를 식별하기 어려운 시대에 살고 있다는 것이다. 그렇다면 우리는 어떻게 할까? 만일 우리가 우리의 희망과 꿈까지 지배하는 '아메리칸 드림'이라는 이 신화에 흠뻑 젖은 세상에 살고 있다면, 어떻게 이 신화 속에 작동하는 거짓말을 꿰뚫어 보기 위한 충분한 거리를 확브할 수 있을까? 이 세상 물건들에 그렇게 많은 의미 부여를 하지 않고도 우리가 가진 것들을 즐기는 것이 가능할까?

아메리칸 드림 안에 있는 이 갈망과 거짓을 따로 분리시키는 것보다 더 어려운 것은 없다. 나의 누이가 최근 발견한 바에 따르면 때때로 이 둘 사이를 명료하게 분리하는 데 비극이 필요하다.

불타는 아메리칸 드림

2015년 추수감사절에 일어난 일이었다. 나의 누이 티파니와 남편 브랜넌은 모든 왁스 가족들을 다 초대했다. 부모님, 조부모님, 형제, 자매, 고모와 삼촌들과 사촌들 모두를 그들의 새 집에 초청해 추수감사절을 기리려고 했다.
수년 동안 브랜넌은 의학박사 학위를 따려고 온 힘을 쏟았다. 84시간이나 일하며 혹독한 레지던트 수련도 감수했다. 그 사이 티파니는 세 아들을 출산했다. 이제 결혼 후 처음으로 그들은 안정되고 행복한 삶에 뿌리를 내리려고 하던 참이었다. 브랜넌은 이제 막 병원을 열어 개업했으며, 브랜넌과 티파니는 마침내 언덕 위의 아름다운 집으로 이사했다. 이 집은 그들이 스스로 설계하고 지은 집이었다.
추수감사절인데 이미 크리스마스를 위한 집 단장이 끝나 있었다. 어린아이들이 노는 것을 지켜보면서 우리는 그 주말의 상당 시간을 안마당에서 보냈고, 좀 더 나이가 든 아이들은 위층 다락방에서 테이블 축구게임과 레고게임을 하면서 놀았다. 추수감사절이 끝난 금요일, 우리는 다시 언덕 위의 그 집에 모였다. 어른들은 벽난로 옆에서 게임을 즐기고 있었다. 아이들은 위층에서 "엘프"(Elf)를 시청하고 있었다. 집은 사랑과 웃음으로 가득 찼으며 추수감사절을 위해 만들었던 음식들도 많이 남아 있었다!

그런데 다음 주 월요일 아침에 모든 것이 사라졌다. 티파니가 아이들을 학교에 보내려고 준비시키고 있을 때 집의 가스관에서 가스가 누출되어 작은 폭발을 일으켰다. 브랜넌의 말을 들어보자. "나는 폭발 직후 즉각 소리쳤던 것을 기억한다. 그리고 나는 티파니에게 물었다. '나 괜찮아?' 나의 눈썹이 짧아졌고 속눈썹이 사라졌으며 머리칼이 탔다. 바로 그때 또 다른 폭발이 내 등 뒤에서 일어났다. 그때 우리는 다급하게 소리쳤다. '집에서 나가!'"

티파니는 아들들을 급히 도아 아래층으로 내달려와 밖으로 질주했다. 거기서 그녀와 브랜넌은 911에 전화를 걸어 긴급구조팀의 신속 출동을 요청했다. 티파니의 말을 들어보자. "불과 10분 안에 일어난 일이었어요." 브랜넌은 "다락방에서 연기가 나오는 것을 보았을 때, 나는 모든 게 끝났다는 것을 알았지요. 집이 사라졌어요."라고 말했다. 이내 순식간에 화염이 창밖으로 뿜어져 나와 지붕을 짚고 검은 연기로 삼켜버렸다. 브랜넌은 말했다. "그것은 천천히 고통스럽게 경험하는 죽음 같았어요. 거기 서서 집이 몇 시간 동안 불타다가 무너져 내려앉는 것을 보면서도 불타는 것을 중단시키기 위해 아무것도 할 수 없었지요." 조사가 끝난 후 보험회사는 그 집이 '전소'(全燒)되었다고 선언했다. 완전한 재산 상실이라는 것이다.

며칠 후에 나와 아내 코리나는 그 집을 보기 위해 불탄 곳에 가 보았다. 나는 그 처참한 광경과 불탄 후 남겨진 폐허 위에 감도는 냄

새와 기이한 애통의 감정을 결코 잊지 못할 것이다. 우리는 마치 무덤 안을 방문한 것처럼 느꼈다. 우리는 내 여동생 가족들의 목숨을 살려 주신 하나님께 감사를 드렸지만, 얼마나 오랫동안 그 트라우마가 그들을 괴롭힐 것인가를 걱정했다.

"화재사고 후 첫 3주는 상당히 힘들더군요." 브랜넌의 말을 더 들어보자. 우리 부부와 브랜넌과 티파니, 네 사람은 우리 집 안마당에 나와 앉아 땅거미가 이제 막 따스한 여름밤 위에 내려앉는 것을 보고 있다. 몇 마리 반딧불이 뒤뜰을 밝히며 날고 있다. 나는 브랜넌과 티파니가 자신들의 인생 이야기를 풀 때 느껴지는 공포와 슬픔의 장면들을 되살리고 있다. "나는 우리집이 불타 무너져 내릴 거라고는 상상도 못했어요. 단 한 번도 그런 생각이 내 마음에 스쳐 간 적이 없었지요. 그런 일은 항상 다른 사람들에게나 일어나는 일이라고 본 거지요."

티파니가 말을 이어받는다. "사라져 버린 집 때문에 슬퍼하는 것은 좋은 일이었어. 결국 중요한 것은 집이 아니라 가정이었어. 그러나 우리는 셋집에 살게 되자마자 깨달았어. '우린 괜찮다'는 것을. 교회 사람들과 동네사람들이 얼마나 우리를 아껴 주고 사랑해 주는가! 우리 집보다 우리가 누리는 이 우정과 인간관계가 훨씬 더 귀중하다는 것을 깨닫고 있어!" 나는 나의 여동생 부부가 이 시련을 통해 깨달은 진리들이 무엇인지 궁금했다. 브랜넌은 껄껄 웃으며 의자에서 앞으로 몸을 기울이며 말했다. "내가 하나님께 드린 기도가 생각나요. '하나님께서 이 사건을 통해 뭘 배우기를 원하시든지 내가 이번 기회에 그것을 배워 다시는 이런 사고를 겪지 않게 해 주세요.'라고."

티파니와 브랜넌은 야고보서 1장을 진지하게 묵상하고 있는 것이 분명하다. 야고보서 1장은 모든 종류의 시련이 신자들을 대적할지라도 이 시련이 하나님의 선하심과 주권적 돌보심을 빼앗아 갈 수 없다고 말한다. "내 형제들아 너희가 여러 가지 시험을 당하거든 온전히 기쁘게 여기라 이는 너희 믿음의 시련이 인내를 만들어 내는 줄 너희가 앎이라 인내를 온전히 이루라 이는 너희로 온전하고 구비하여 조금도 부족함이 없게 하려 함이라"(약 1 : 2-4). 그들이 하나님께서 그들에게 가르치길 원하셨던 교훈들에 대해 말할 때, 그들은 하나님이 결코 냉혹한 하나님이 아니었음을 분명하게 말했다. 티파니는 "이 일을 통해 하나님을 더욱 인격적으로 가깝게 느꼈어. 이 사건을 통해 하나님은 '너희들에게 어떤 중요한 성품을 길러 주기 위해 내가 이 어려움을 준 거야.'라고 말씀하시는 것 같지는 않았어. 결코 그런 하나님이 아니었어. 이 모든 일을 통해 보인 하나님은 정말 다정한 아버지였어."라고 말했다.

티파니는 불탄 그 집에 남아 있는 물건들을 정리하다 간혹 개인적인 귀중품을 발견했다. "모든 물건이 재가 되었거나 녹아내렸거나 물에 젖어버린 한 방에 들어가, 나는 우리가 멀리 떨어져 있을 때 가족 및 친구들과 주고받은 사랑의 편지들이 담긴 상자를 발견했어. 그 물에 젖은 편지들을 말려서 복구할 수 있었지. 나는 내가 받은 사랑에 어쩔 줄 몰라 하며 감격했어. 하나님의 사랑, 친구들과 가족들의 압도적 사랑을 느꼈어."

아메리칸 드림이 재와 파편들로 무너져 내릴 때 무슨 일이 일어나는가? 세속적 관점에서 보면 집과 모든 재산을 잃은 것은 충격적인 실패다. 안락하고 편안한 삶이라는 성공의 사다리 상층부에서 몇 단계 아래로 굴러떨어진 추락과 같다. 그러나 우리가 복음의 관점에서 이 사다리를 보면 어떨까? 우리가 만일 우리 인생을 궁핍에서 부유함으로 상승하는 것을 지상목표로 삼는 아메리칸 드림의 관점이 아니라 거룩함의 성취 여부를 갖고 인생의 성공여부를 측정하는 인생관을 가지고 우리의 인생을 말하면 어떻게 될까?

브랜넌은 화재사고가 나기 전에는 자신이 아메리칸 드림의 기준으로 자신의 인생을 기획하고 설계했다는 점을 시인했다. "나는 인생을 좋음(A)에서 더 좋음(B)으로 올라가는 상승과정이라고 보곤 했지요. 내게 B는 주택, 자동차, 좋은 직장, 은퇴를 대비한 저축입니다. B는 항상 A보다 나은 것이며, A보다 더 많은 것이어야 한다고 생각했어요."

티파니가 말을 받았다. "그래서 화재로 집을 잃었던 첫 순간에는 우리가 퇴보한다고 느꼈어. 우리가 1년, 아니 그보다 더 많은 것을 전부 잃었다고 느꼈어." 이번에는 브랜넌이 말을 이었다. "그러나 결국 화재 이후에 나는 B가 더 많은 돈을 갖는 것이 아님을 깨달았어요. B는 그리스도를 닮아 가는 성화요, 성결한 삶이었어요.

성공의 사다리 꼭대기는 주택, 돈, 혹은 직장의 안전보장이 아니라 내가 주 예수님을 닮게 만들기 위해서 무엇이든 하실 수 있는 하나님이었어요. 하나님은 내 주택보다 내 마음 상태에 관심을 쏟으십니다."

화재로 집을 잃고 난 후에는 그들이 인생궤도를 이전과 다르게 보고 있는 것이 명백해 보인다. 그들은 성공과 퇴보를 재정적 성공 여부를 따라 판단하지 않으며 영적 성장 여부에 따라 판단한다. 이렇게 보면 그들은 재정적인 풍요의 차원에서는 전진했지만 영적으로는, 정체 상태에 빠져 있거나 퇴보 중이었던 세월이 있었다는 점을 인정한 셈이다.

브랜넌이 말했다. "우리는 그동안 인생에서 제일 중요한 것은 하나님과의 관계라고 말했지요. 그러나 마음속 깊은 곳에서는 B를 추구했지요. 더 큰 주택, 더 좋은 직장, 더 많은 은행 잔고, 독립된 삶을 추구했지요. 내 인생은 온통 B에 쏠려 있었습니다. 하나님은 뒷전이었지요. 그러나 화재가 모든 것을 바꿨어요. 이제 내가 생각하는 B는 이전의 B가 아닙니다. 내가 올라가는 사다리는 이제 예수 그리스도를 닮아 가는 성화의 사다리입니다."

땅거미는 이제 어두운 밤으로 바뀌었다. 반딧불이 불빛도 깜빡거리다 꺼졌다. 여름밤의 어둠이 우리 위에 내려앉고, 나는 내 여동생과 그녀의 남편에 의해 영감을 받고 도전을 받았음을 느낀다.

그들은 이제 어렵게 자신의 인생 여정을 성찰하며 오늘날의 소비주의 사회를 사는 사람들의 세계관을 따르지 않고 복음에 따라 그들의 인생행로를 확정하고 있다.

그러나 나는 자신의 인생을 새롭게 보는 이 관점이 얼마나 지속될지 매우 궁금하다. 결국 브랜넌과 티파니는 그 언덕에 자신의 아름다운 집을 새로 짓고 있다. 대부분의 사람들처럼 그들도 여전히 사고파는 이 세계에 살고 있다. 이곳은 습관들이 우리의 마음을 규정하는 곳이다. 브랜넌과 티파니의 마음을 하나님께로 돌이키는 데는 화재사고가 하나의 계기가 되었다. 그러나 그 화재사고로 인한 마음의 변화가 영원히 지속될까?

이 세상에서 신실한 성도로 살아가기 위해 요청되는 계속되는 투쟁에 대해 현실감각을 가진 브랜넌은 다음과 같이 말한다. "우리는 사고 후에도 똑같은 욕구를 다루기 위해 동일한 투쟁을 경험해요. 우리는 이전과 같은 문화적 자력에 직면하고 있습니다. 이 문화적 자력은 우리의 나머지 삶과 행동들을 다 끌어가는 만유인력 수준의 위력입니다." 브랜넌과 티파니는 우리 사회의 모든 것이 그리스도를 얼마나 닮았는가가 아니라 부와 안전보장이라는 측면에서 다시 한 번 자신의 인생 성공 여부를 측정하라고 요구한다는 사실을 깨닫는다.

왜 이렇게 어려울까? 나는 곰곰이 생각해 본다.

티파니의 대답을 들어보자. "물질은 우리가 눈으로 볼 수 있고 만질 수 있는 구체적인 것이기 때문이야. 세상에서 가장 가치 있는 것들은, 즉 우리 인간을 참으로 행복하게 만드는 것들은 돈을 주고 살 수 없는 것들이야." 나는 고개를 끄덕이면서 그녀의 말에 동의하며 돈의 기만성에 대한 예수님의 경고뿐만 아니라 볼 수 없는 것들을 바라고 믿는 믿음에 대한 신약성경의 강조를 상기한다.[14]

브랜넌이 부와 소유의 '만유인력적 위력'에 대해 이야기할 때 나는 부를 '영광의 무게'라고 비유했던 아우구스티누스의 말이 생각났다. "내 영광의 무게는 나의 사랑이다. 내가 어디로 이끌려가든지 나의 사랑이 나를 이끌고 간다."[15]

제임스 K. A. 스미스는 아우구스티누스가 한 말의 요지를 이렇게 설명한다. "우리 삶의 방향을 결정짓는 사랑의 대상들은 인력과 같다. 그것이 쏠리는 쪽으로 우리를 데리고 가기 때문이다. 만일 우리의 사랑이 물질적인 것들에 대한 집착이라면 우리의 사랑은 열등한 물질적인 것으로 끌어내리는 무게에 의해 지배를 받는다. 그러나 우리의 사랑이 성령의 갱신불꽃에 의해 생기를 얻게 되는 신령한 사랑이라면 우리의 삶의 중심은 하늘 쪽으로 상향조정된다. …… 제자도는 우리를 성령의 불에 노출되게 하고, 우리가 하는 사랑의 무게 중심을 바꾼다."[16]

이런 이유 때문에 예수님은 "너희 보물이 있는 곳에 마음이 있다."라고 말씀하셨다(마 6 : 21 ; 눅 12 : 34). 그 반대가 아니라는 것이다. 이 차이를 아는가? 예수님께서는 마치 여러분이 무엇을 사랑할 것인가를 의식적으로 결정하면 여러분의 행동들도 스스로 선택한 그 사랑에 보조를 맞출 수 있는 것처럼, "네 마음을 옳은 데 쏟으라 그리하면 거기에 네가 아끼는 보물들도 따라가리라."라고 말씀하시지 않았다. 그는 "네 마음이 있는 곳에 보물을 두라. 그리하면 네 마음이 보물이 있는 곳으로 기울어지리라."고 말씀하셨다. 다른 말로 하면 여러분은 지상의 소유물들이 만유인력적 위력을 발휘한다는 것을 인정해야 하며, 여러분의 마음이 쏟아지는 바로 그곳에 그 지상소유물을 두는 전략적 지혜를 발휘해야 한다는 것이다.

티파니와 브랜넌과의 대화가 끝날 무렵 내 마음은 이 대화에서 얻은 깨달음을 어디에 그리고 어떻게 적용할 것인지를 두고 분주하게 움직이고 있었다. 여동생과 처남의 불탄 집의 잔해를 따라 걸어내려오는 동안 내내 나는 내 자신의 주택과 소유물에 대해 질문해 왔다. "이 모든 것이 없어도 나는 괜찮을까?"

티파니는 고개를 흔들면서 부동의(不同意)를 표시한다. "그건 적절한 질문이 아니야." 나는 적잖이 놀란다. 왜 아니지? "이 질문이 마음속에서만 떠오르는 질문이기 때문이야. 오빠는 물론 '이것들 없어도 나는 괜찮아.'라고 가정하겠지만 그것은 마음속의 생각에서 정리된 것일 뿐이야." 그녀가 옳다. 나는 그런 상황을 가정할 뿐이다. "여기서 우리가 간파하는 거짓말은 우리가 그런 것이 없으면 괜찮지 않을 것이라는 게 아니야. 우리가 그것들이 있으면 분명히 더 행복해질 것이라고 믿는 것이지."

브랜넌은 동의한다. "맞아요. 매형이 물어야 할 질문은 '이런 것들이 없어도 괜찮을까?'가 아니라 '내가 이런 것들 때문에 더 행복해질 것이라고 생각하는가?'입니다."

이 두 번째 질문은 더 까다롭고 어려운 질문이다. 우리의 양심을 찌르는 질문이다. 그리고 갑자기 나는 이 사회 대부분의 사람들처럼, 누구 못지않게 나 또한 축적의 신화를 믿는 방향으로 기울어져 있다는 사실을 깨닫는다. 내 마음 안에는 갈망과 거짓이 정교하게 뒤얽혀 있다. 내가 나를 행복하게 만드는 데 필요한 모든 것은 돈이라는 거짓말을 믿지 않을지는 모른다. 그러나 내가 돈이 나를 더 행복하게 만든다는 신화를 믿는 쪽으로 끌려간 것은 사실이다.

티파니가 전화기를 꺼내 무언가를 보여 준다. 티파니의 말을 들어 보자. "오빠, 이것 좀 봐. 불도저가 우리 집에 남은 잔해들을 분쇄하던 날 나는 나의 타임홉 앱(Timehop app)을 체크했어. 집이 불타서 무너져 내리던 그날, 곡 1년 전에 나는 페이스북에 빌립보서의 다음 구절들을 적었었어. '그러나 무엇이든지 내게 유익하던 것을 내가 그리스도를 위하여 다 해로 여길뿐더러 또한 모든 것을 해로 여김은 내 주 그리스도 예수를 아는 지식이 가장 고상하기 때문이라 내가 그를 위하여 모든 것을 잃어버리고 배설물로 여김은 그리스도를 얻고'(빌 3:7-8)." 브랜넌은 "그게 바로 내가 붙잡은 B였어요!"라고 말했다.

하나님 나라를 꿈꾼 사람

412년에 오늘날 시리아의 알렙포 근처에서 한 깡마른 수도사 한 사람이 20미터가 넘는 기둥 위로 올라가 남은 생애를 그 기둥 위에서 보내기로 결단했다. 그의 이름은 시므온 스티리테즈였으며,

이 남자는 30년이 넘는 세월 동안 뜨거운 여름 햇살과 사납게 내리는 겨울비를 기둥 위에서 견뎠다. 그러는 동안 수도사는 제자들이 기둥으로 올려 주는 일정량의 빵과 우유를 양식으로 하여 연명했다.

시므온은 교회사에 등장했던 많은 금욕주의자들처럼 부의 위험성을 감지했으며, 결과적으로 자신의 인생행로를 바꾸었다. 그들의 이야기들을 돌아보며 우리는 갈등을 느낀다. 우리는 세상 향락을 끊고 금하는 그들의 집요함과 용기를 찬양하면서도, 소유물에 대한 그들의 부정적인 견해가 하나님이 주신 선물로서의 부의 선한 측면을 축소시키지는 않을까 하고 걱정한다.

시므온은 아마도 거짓말 탐지기형 그리스도인의 극단적 유형일 것이다. 재물 축적이 인간을 행복하게 할 것이라는 이 신화의 본질을 꿰뚫어 본 이 거짓말 탐지기형 그리스도인들은, 마치 재물이 우리에게 화상을 입힐 뜨거운 감자라도 되는 것처럼 재물을 즉각 없애는 것이 해결책이라고 말한다.

오늘날 우리 주변에는 시므온 유형의 그리스도인들(금욕의 기둥 위로 올라가는 그리스도인들)이 그렇게 많지 않다. 한편 북미에서는 정반대의 입장을 취하는 일탈적 기독교 분파가 활동하고 있다. 그 분파는 아메리칸 드림에 기독교적 언어로 세례를 베풀며, 부자가 되려는 야심을 삶의 목표로 제시한다. 부에 대해 아첨하는 긍정수용형 그리스도인의 극단인 셈이다. 이러한 유형의 기독교적 접근은 안락과 안정을 얻고자 하는 인간의 갈망에 응답하려고 한다.

그것들의 모토는 "하나님은 당신이 부유하고 건강한 사람이 되기를 원하신다."이다.

우리 대부분은 이 두 극단 중 어디에도 속하지 않는다. 그래서 우리는 금욕주의와 욕망탐닉주의 사이를 오가며 표류한다. 마치 하나를 갖고 다른 하나를 교정이라도 할 수 있는 것처럼 둘 사이에서 오락가락한다. 우리는 폭식과 체중감량 노력 사이를 진자처럼 오가는 다이어트 실천자들처럼, 음식이나 소유에 대해 하나의 건강한 관계를 발견할 수 없는 것처럼 보인다. 우리는 삶의 안락을 즐길 때에는 죄책감을 느끼고, 교회나 자선기관에 기부를 할 때는 자기 의(義)를 찾는다.

이것들 중 어떤 것도 예수님의 길과 일치하지 않는다. 복음서들에서 우리가 읽는 부에 대한 거친 말씀들은 엄중하게 들린다. 예수님은 안개를 걷어내고 우리에게 하나님 나라에 대해 완벽하게 명료한 시각을 주기 원하시기 때문이다. 주님은 재물의 위력이 얼마나 강력한가를 아신다.[17] 그는 재물이 우리에게 초래하는 염려와 근심을 아신다.[18] 그는 우리의 탐욕이 초래하는 분열을 아신다.[19] 그는 우리 인간이 하나님과 맘몬, 두 주인을 동시에 섬길 수 없다는 것을 아신다. "한 사람이 두 주인을 섬기지 못할 것이니 혹 이를 미워하고 저를 사랑하거나 혹 이를 중히 여기고 저를 경히 여김이라 너희가 하나님과 재물을 겸하여 섬기지 못하느니라"(마 6 : 24).

그렇다면 이런 세상에서 우리는 어떻게 예수님을 따를까? 하나님이 원하시는 것은 우리가 이 세상에서 철수해서 모처에 있는 동굴에 숨어사는 것이 아니다. 하나님은 당신이 지금 여기에서 신실한 삶을 살아내기를 기대하신다. 그러나 어떻게? 우리 대부분은 결코 브랜넌과 티파니가 겪은 그런 화재사고를 겪지 않을 것이다. 우리가 일순간의 경제적 쇠퇴과 침체로 모든 것을 잃지는 않을 것을 가정한다면, 우리는 아마도 우리를 각성시켜 현실을 대면케 해 줄 비극에 의지할 수는 없을 것이다. 그렇다면 어떻게 우리의 삶을 복음의 빛에 따라 재정위하며 우리 사회가 집착하는 갈망들과 거짓들로부터 벗어날 수 있을까?

우리 시대에서 신실한 성도의 삶을 살아가려면 몇 가지 전선에서 의도적 노력을 경주하여야 한다. 첫째, 앞서 살펴보았듯이, 우리는 인생에 대해 올바른 질문을 제기할 필요가 있다. 복음은 우리에게 세속적인 성공의 사다리와는 전혀 다른 목표를 제시한다. 우리의 삶을 규정하는 토대적 이야기는 부의 증대가 아니라 그리스도를 닮아 가는 성화의 증진이다.

그리스도를 닮아 가는 이 이야기가 우리의 뼛속까지 스며들게 하기 위해서 우리 스스로 올바른 질문들을 던져야 한다. 매년 마지막 순간, 세속적인 성공을 기준 삼아 자신의 지난 1년을 평가할 수는 없다. "올해는 재정적으로 성공적인 한 해였나?", "앞으로 전진했는가, 퇴보했는가?" 이런 질문들은 더 이상 적합한 질문들이 아니다. 대신 우리는 스스로 이렇게 물어야 한다. "올 한 해 동안 나는 거룩하게 성장했는가?", "지난 1년 전보다 더 예수님을 닮아 갔는가?" 여러분이 일단 아메리칸 드림을 거꾸로 뒤집어 보면 여러분은 이 두 번째 종류의 질문들에 대한 대답이 "아니요."임을 발견할지도 모른다. 더 나아가 여러분은 여러분이 해가 가고 세월이 흘러도 예수님을 닮아 보이지 않는 이유들 중 하나가 여러분이 직장에서나 사업에서 더 성공적이었기 때문임을 깨달을지도 모른다. 여러분의 재산 증식이나 발전이 실제로 그리스도를 닮아 가려는 여러분의 성화(聖化) 여정을 방해했을 가능성이 있다는 것이다.

둘째, 우리는 이 그리스도를 닮아 가는 여정이 단지 한 개인을 위한 프로젝트가 아니라 한 공동체를 위한 프로젝트임을 깨달을 필요가 있다. 우리는 해가 갈수록 예수님을 더욱 닮아 가고 있는지에 관한 우리 자신의 분석을 믿을 수 없다. 우리의 마음 자체가 기만적이기 때문이다. 우리는 주변 사람들에게 우리가 예수님을 닮아 가고 있는지 물어야 하고, 그들에게 우리를 직접적으로 에누리 없이 평가할 자유를 주어야 한다.

다른 말로 하면 우리는 회중에게 우리의 인생 이야기가 어떤지 평가해 달라고 요청할 필요가 있다. 우리에게는 우리 삶의 진실을 말해 줌으로 영향을 끼쳐 줄 멘토들과 리더들이 필요하다. 그들의 역할은 우리에게 인생에서 가장 중요한 것이 무엇인지를 상기시켜 주는 것이다. 더 나아가 우리도 사람들에게 이런 역할을 해 주는 멘토와 리더가 되어야 한다. 우리는 우리의 시간을 다른 방식으로 사용하고 배분하는 방식을 터득해야 할 필요가 있다. 쇼핑 이벤트들을 따라 시간과 계절을 획정하는 것이 아니라 하나님의 구원 이야기를 중심으로 연중 시간을 획정할 수 있어야 한다. 이것이 하나님의 사람들이 매년 구원의 이야기를 되풀이함으로써 재물 축적의 신화를 무력하게 만드는 방식이다. 우리의 삶을 규정하고 활기차게 만드는 것이 21세기 아메리칸 드림이 아니라 예수님의 하나님 나라 꿈이 되도록 하는 것이다.

여기에 미묘한 난점이 있다. 소비지상주의 사회에서 교회가 교회다움을 유지하는 것이 어렵다는 점이다.

한번 생각해 보라.

여러분의 주변 세상 전체가 여러분의 필요를 충족시키고 여러분의 욕구를 실현시키는 데 최적의 조건으로 맞추어져 있을 때, 여러분은 교회를 똑같은 방식 — 소비지상주의 방식 — 으로 보기 시작할 수밖에 없다. 여러분이 목회자들을 여러분을 행복하게 해주는 조건으로 유급 고용된 피고용인으로 본다는 것이다. 교회 프로그램은 여러분 자신의 필요를 충족시키는 데 봉사하는 한 가지 방식일 뿐이다. 다른 말로 하면 여러분은 소비주의 사회심리를 교회 안으로 끌어들이는 것이다. 갑자기 교회는 예수 그리스도와 그가 행하신 일에 관한 것을 가르치는 곳, 또는 하나님의 영과 하나님의 영이 다른 사람들을 사랑하고 섬기도록 당신을 어떻게 영적 권능으로 구비시키는가를 가르쳐 주는 곳이 아니라 여러분의 필요에 응답하고 여러분이 필요로 하는 것을 채워 주는 곳이 되어 버린다. 여러분을 변화시키는 하나님 나라의 꿈 대신에 여러분은 아메리칸 드림이 여러분의 교회를 변질시키도록 방치한다.
「나는 교회에 다니는 교인입니다」(I am a Church Member)라는 책에서 톰 레이너(Thom Rainer)는 다음과 같이 말한다. "미국 전역의 교회들이 쇠약한 이유는 교회에 다니는 사람들 중 많은 사람이 더 이상 그리스도의 몸에 대한 성서적 이해를 갖고 있지 못하기 때문이다." 그의 말을 직접 들어 보자. "하나님은 우리에게 회원들이 특권을 누리고 특혜를 갖는 시골마을 클럽으로 이용하라고 지역 교회를 세워 주신 것이 아니다. 그분은 우리를 교회 안에 여러 가지 직분자로 세워 주셨는데, 그 목적은 다른 사람들을 섬기고 돌보며, 지도자들을 위해 중보적 기도를 하는 것이다. 또한 우리를 교회 안에 세워 주신 까닭은 우리가 복음을 배우며, 가르치고, 전하며, 어떤 경우에는 복음 때문에 목숨도 바치기를 원하시기 때문이다."[20]

이런 교회관은 소비지상주의 사회에 만연된 교회에 대한 이해와는 급진적으로 다르다. 우리가 교회관을 바르게 세우기까지 우리는 재물 축적의 신화를 회피하기가 어렵다는 것을 발견할 것이다. 특히 출석교인 각자가 그들이 무언가를 줄 수 있고 내놓을 수 있기 때문에 교회에 온 것이 아니라 무언가를 얻을 수 있기 때문에 교회에 와 있는 경우에는 자기만을 생각하기 쉽다. 역설적으로 여러분이 교회에 와 무엇을 얻을 수 있는가에 초점을 맞추고 있다면, 여러분은 줌으로써 받는 더 큰 복을 놓칠 수가 있다. 왜냐하면 예수님께서 말씀하시기를, "주는 자가 받는 자보다 더 복되다."라고 말씀하셨기 때문이다(행 20 : 35). 만일 우리가 오늘날과 같은 소비지상주의 시대에 신실한 그리스도인으로 살아가려면 언급해야 하는 또 다른 문제가 있다. 만일 우리의 쇼핑 습관이나 관습이 우리의 마음과 지성을 형성한다면, 우리는 단지 생각이나 말로써가 아니라 행동으로 우리의 소비지상주의 사회에 대항할 수 있도록 영적으로 무장해야 한다는 것이다. 예수님은 단지 "재물에 대해 올바르게 생각하라."고 말씀하시지 않는다. 그는 "가난한 자들에게 주라."고 말씀하신다(마 5 : 42 ; 6 : 2-4). 그는 부자관원에게 모든 소유를 다 팔아 가난한 자에게 다 주고 자신을 따르라고 말씀하신다(마 19 : 16-30 ; 막 10 : 17-27 ; 눅 18 : 18-23). 우리가 단지 부에 대해 옳은 진리를 생각하는 것만으로는 이 싸움에서 이길 수가 없다. 우리는 성령님께서 우리의 사랑을 돈에서 옮겨 하나님과 하나님의 백성을 사랑하는 사랑으로 재정위하시도록 해야 한다. 이런 사랑의 방향의 재정위는 실천을 통해서만 일어난다.

금식은 우리의 지성과 몸을 단련시키는 데 가장 실제적인 방법들 중 하나이다. 규칙적으로 단식하는 것은 우리의 마음을 담금질해 "하나님은 내 마음의 반석이시요 영원한 분깃이시라"(시 73 : 26)고 고백하게 만드는 효과적인 방법이다."[21]

기꺼이 베풀고 주는 것도 우리의 마음을 하나님께로 재정위하는 데 도움이 되는 또 다른 실천방식이다. 이런 실천이 처음에는 자연스럽게 이루어지지 않을지도 모른다. 그러나 우리가 진정으로 "그리스도께서 하늘보화들을 버리고 우리를 위하여 가난케 되셨다."는 복음에 사로잡힌다면, 어찌 다른 사람들에게 후히 베풀지 않을 수 있겠는가?[22] 유쾌하고 일관성 있는 기부를 규칙적으로 행하는 습관은 물질과 재산이 우리 마음을 사로잡는 그 완력을 느슨하게 할 것이다.[23]

아메리칸 드림은 "행복은 쇼핑에서 온다."라는 주장을 중심으로 착상된다. 하나님 나라의 꿈은 하나님 안에서 희락을 경험하는 데서 착상된다. 인생에서 좋은 것들을 즐기려는 우리의 추구는 재물 축적의 신화를 해체하려는 가열한 노력들에 의해 열매를 맺는다. 우리는 오로지 하나님으로부터만 만족을 얻어야 한다. 하나님이 주신 선물들에 대한 집착과 사랑도 하나님 안에서만 누리는 만족을 대신할 수 없다. 신실한 삶은 사람마다, 개교회마다 다르게 보일 수도 있다. 그러나 우리 모두는 복음에 감화·감동되어 기꺼이 베풀려는 마음으로 왕이신 하나님을 위해 희생을 자취하는 선한 청지기들로 부름받았다.

This is Our Time

5장
인간의 도시에서는 결코 '편안'을 느낄 수 없다

테네시 주의 중심도시 내슈빌 중심가에는 항상 노래가 들린다. 기타를 튕기는 아마추어 가수들의 노랫소리들이 식당에서 흘러나와 사업가들이 약속 장소로 가기 위해 걷는 거리로 울러 퍼지며, 관광객들은 카우보이 모자와 장화 차림을 하고 사진을 찍기 위해 포즈를 취한다. 심지어 노래가 중단된 후에도 음악은 공중에 맴돌고 있다. 음악도시의 마법적 매력은 내가 중부 테네시를 고향이라고 부르는 것을 자랑스럽게 여기는 이유 중 하나이다.

몇 년 전에 나는 막 은퇴한 목사님을 점심식사에 초대할 기회가 있었다. 내슈빌 중심지의 푸켓 식료품점에 딸린 식당을 선택했다. 고기 하나와 세 종류의 다른 음식을 고르는 식당이었다. 거기는 사람들이 저마다 바비큐를 먹고 야채로는 튀긴 오크라를 먹었으면 하고 바라는 곳이다. 내가 초대한 이 목사님은 40년 동안 한 교회를 섬기며 그곳이 큰 교회로 성장하기까지 담임목사로 섬겼던 분이다. 우리가 식사하려고 앉았을 때, 내 배는 비었으나 내 마음은 그분께 물어볼 질문들로 가득 차 있었다.

어떻게 이분은 한 교회 회중을 그토록 오랫동안 지속적으로 섬길 수 있었을까? 그는 지난 40년 동안 자신이 섬겼던 그리스도인들의 삶에서 어떤 변화들이 일어나는 것을 목격했을까? 교회 관행에서 어떠한 변화가 일어나는 것을 보았을까?

우리는 예배 음악의 스타일과 예배 참석 시 입을 의상, 어린이들을 안전하게 돌보는 것에 대한 기대들, 다양한 성경번역본들, 그리고 교회 프로그램의 가변적 성격 등에 대해 이야기를 나누었다. 우리는 또한 오늘날 교회를 다니는 미국 사람들의 뜨내기 근성과 수년 이상 한곳에 오래 '정주하는' 사람이 점점 희소해져 가는 세상에서 살아가는 것이 무슨 의미가 있는지에 대해서도 의견을 나누었다.

내 접시에 구운 콩들이 서너 개가 남았을 즈음, 나는 마지막으로 그 목사님에게, 미국 사회에서 일어난 변화들 중에서 그가 목격한 것이 무엇인지 물어보았다. 우리의 대화는 빠르게 진행되었고, 그때까지 막힘없이 잘 흘러갔다. 그러나 이 지점에서 그 목사님은 멈칫했다. 그는 긴 한숨을 내쉬었다. 그는 입술을 열고 앞으로 몸을 수그리며 팔꿈치를 식탁에 대면서 말했다. "트레빈, 솔직하게 말하자면, 때때로 나는 더 이상 내 나라에 와 있다고 느끼지 못한다네."

그때부터 목사님은 우리 사회의 도덕규범상의 변동을 간추려 말하기 시작했는데, 특히 성 혁명에 의해 초래된 도덕규범의 변화를 말했다. 그는 우리의 정치적 의견 교환 시에 드러나는 시민적 교양의 결핍을 언급했고, 정치적 노선이 다른 그리스도인들이 지혜롭지 못하고 유익하지 못한 방식으로 서로 엉겨붙어 싸우는 것을 보는 것이 얼마나 낙심천만한 일인지를 말했다. 그는 급속한 변화 속도에 방향을 잃은 것처럼 느꼈으며, 다음 세대가 과연 이 상황에 잘 대처할 수 있을지 걱정이 된다고 말했다.

점심 식사를 마친 후 내슈빌 도심거리를 걸으면서 나는 기분이 가라앉지 않을 수 없었다. 나는 오늘날의 세계, 내 아이들이 자라서 살게 될 세계에 대해 생각해 보았다. 그리고 다음과 같은 것들을 곰곰이 생각해 보았다. "지금부터 40년 후에 한 젊은 부모나 젊은 목사가 내가 앞서 목사님께 물었던 질문들을 나에게 해 오면 뭐라고 대답할 것인가?" 우리는 다음 세대에게 무슨 유산을 남겨 줄 것인가? 방향감각을 잃고 방황하는 그리스도인들의 정치적인 입장은 무엇이 되어야 할까?

"나는 더 이상 내 나라에 와 있다고 느끼지 못한다네." 내가 루마니아를 방문하고 미국으로 돌아올 때마다 이런 감정을 느꼈던 것을 기억한다. 미국 문화의 어떤 측면들은 더 이상 나에게 옳다고 느껴지지 않았다. 내가 한때 당연시 여겼던 것을 지금은 의문시하고 있다. 나는 어디에도 속하지 못하기 때문에 생기는 방향감각의 상실을 체험적으로 안다. 나는 루마니아인들에게 외국어로 더 듬거리는 이방인이요, 내가 집처럼 편안하게 여겨야 하는 미국에서도 소속감을 느끼지 못하는 이방인이다. 수십 년의 목회를 통해 자신의 삶을 송두리째 바친 그 나라에서, 더 이상 자신의 조국이라는 아늑한 소속감을 느끼지 못하는 이 목사님을 생각하면서 마음이 울적해졌다.

바로 이 순간에 한 가지 생각이 떠올랐다. 이 목사님이 느낀 감정이야말로 그리스도인들이 이 세상에서 항상 가져야 하는 감정이라는 것이다. 우리는 하나님이 우리를 심어 주신 모태 토양인 조국을 아무리 사랑할지라도 어떤 지상나라에서도 완벽하게 아늑한 본향에 왔다는 느낌을 결코 가질 수 없다는 것이다. 우리는 무언가 '낯선 곳에 와 있다.'는 느낌을 가져야 하고, 여기는 '무언가 우리와 어울리지 않는' 데가 있다고 느껴야 한다. 그리스도인들은 이 세상에서 결코 아늑한 본향에 와 있다는 느낌을 가져서는 안 된다. 만일 우리가 세상을 편안하게 느낀다면 그것이 문제이다.

그렇다면 왜 우리 중 많은 사람이 이러한 고독한 무소속감에 공감하는가? 아마 우리가 우리나라에서 너무 편안함을 느끼는 이유가 방향감각을 상실하고 헤매고 있기 때문이지는 않을까? 세상이 편안하게 느껴지는 것은, 우리가 너무 오랫동안 우리를 둘러싼 주류사회의 지배적 신화들을 받아들였다는 사실 때문이지 않을까? 그렇다면 아마도 그리스도인들에게 가장 필요한 것은 이 세상에서 혼란을 덜 느끼는 것이 아니라 더욱더 큰 혼란을 느끼는 것이리라.

양극화되는 공공 신앙

내 부모님과 조부모님이 살던 세상에서는 그리스도인이 된다는 것, 혹은 교회에 속한다는 것은 명예의 표지였다. 그리스도인의 정체성은 한 공동체 안에서 문화적인 품격을 갖춘 사람이자 분별력 있고 이해심이 많은 남자 혹은 여자라는 인정을 획득하게 하는 명예였다. 그런데 오늘날 많은 곳들에서 그리스도인의 정체성은 문화적 품격을 갖춘 사람으로서의 존경을 유발하지 못한다. 오히려 문화적 대가를 치르게 만든다. 만일 여러분이 '예수님이 하나님께 이르는 유일한 길이며 결혼은 남자와 여자의 결합'이라는 성경의 증언과 오랜 역사 속에서 확정된 교회의 고백에 동의한다면, 아마도 문명인다운 예절과 자유를 해치는 적이라고 의심받으며 경멸당할지도 모른다.

왜 이렇게 되었을까? 우리나라는 분명 의견의 다양성이 존중받는 자유국가이다. 그렇지 않은가? 왜 이렇게 변했을까? 왜 이런 방향의 감각 상실이 초래되었을까? 아마 한 가지 이유는, 점점 더 많은 사람들이 기독교는 그저 사적인 영역의 기호나 취미라고 생각하는 신화를 믿기 때문일 것이다. 종교의 자유를, 각자가 자신의 사적 영역에서 혹은 개교회의 맥락에서 믿는다면, '각자가 원하는 것이면 무엇이든지 믿을 수 있는 자유'라고 정의하는 것이 보통이다. 그래서 공공영역 — 정치, 교육, 사업, 혹은 공공의 공간 — 은 종교가 간섭해서는 안 되는 분야라는 것이다. 모든 사람이 자신의 집을 나가 사회로 나아갈 때에는 자신의 신념이 공적 영역에 끼어들지 않도록 조심해야 하는 분위기가 형성된다. 만일 여러분이 각자의 확신대로 살아갈 권리를 너무 강력하게 내세우면 사람들은 여러분을 종교적 극단론자라고 생각할지도 모른다. 사회에 해를 끼치지 않는 소수종파의 신도에서부터 신정체제를 세우기 원하는 테러리스트까지 다 포함하는 스펙트럼 어딘가에 존재하는 사람으로 볼 것이다. 어떻게 생각하든 사람들은 공적인 영역에까지 종교를 끌어들이는 태도를 해결책이라고 보지 않고, 골칫거리로 생각한다.

그리스도인들의 방향감각 상실이 왜 초래되었는가를 설명하는 이상의 견해가 널리 퍼져 있지만, 이것이 그리스도인들이 미국에서 방향을 잃고 갈팡질팡하는 사태를 초래한 유일한 이유가 될 수는 없다. 결국 기독교의 중심 주장들은 항상 주류에서 밀려난 소수파 입장이었다. 그리고 많은 미국의 그리스도인들, 특히 흑인교회의 전통을 상속한 아프리카계 미국인 형제자매들은 주류에서 배제되고도 살아남았고, 공적 삶의 주변부에서 번성해 오고 있다.[1]

이제 또 다른 하나의 가능성, 즉 기독교가 미국 사회를 양극화시키고 있다는 생각을 한 번 살펴보자. 뉴욕에서 목회하는 팀 켈러(Tim Keller) 목사는 "이 나라에서 세속적인 사람들의 숫자뿐만 아니라 경건한 사람들의 숫자가 늘고 있습니다. 큰 변화는 양극단 사이에 있는 중도 입장을 취하는 사람들이 사라지고 있다는 것이지요." 우리는 팀 켈러가 갈하는 중도 입장의 사람들 — 켈러가 말하는 '말랑말랑한 중도층' — 이 사라지고 있는 현실을 보고 있다. 이 중도 입장의 사람들은 한때는 자신을 그리스도인이라고 여기고 이따금 교회도 출석했으나 특별히 독실한 신앙생활을 하지 않았던 사람들이다. 이 '말랑말랑한 중도층'은 한때는 자신을 그리스도인이라고 여겼으나 지금은 더 세속적인 사람이라고 여기는 사람들이다.

켈러는 '기독교 문화가 사라지는 현상'은 오늘날 독실한 그리스도인들이 한때 자신들을 보호해 주었던 것에 변화가 일어나고 있음을 감지하기 때문이라고 설명한다. 그는 독실한 사람들을 위한 피난처로 쓰였던 우산의 우비를 이용한다. 사람들이 기독교를 믿지 않더라도 공공연히 기독교를 대적하지는 않았던 때가 있었다. 사람들은 그리스도인들이 견지했던 문화적 품격 때문에 그리스도인들을 존경하곤 했다. 켈러는 말한다. "변화되고 있는 것은, 역사상 처음으로 성경이 나쁜 책이라고 생각하는 사람들의 무리가 점점 커지고 있다는 사실이다. 성경은 위험하고 퇴행적이며 나쁜 문화적 세력이라는 것이다. …… 물론 지금 독실한 그리스도인들은 갑자기 그들을 보호하던 우산(기독교를 존중해 주던 시민사회문화)이 사라졌고, 이제는 비를 맞는 옥외로 내몰렸으며, 자신들의 견해에 대해 큰 비난이 쏟아지고 있다는 것을 깨닫는다."[2]

기독교는 사적인 기호라는 신화와 기독교는 사회를 양극적으로 분열시킨다는 생각을 한데 연결시켜 보면, 우리는 왜 많은 그리스도인들이 이전과는 달리 더 이상 미국에서 '아늑한 본향'에 와 있다고 느끼지 못하는지를 깨닫기 시작한다. 그럼에도 나는 왜 그렇게 많은 그리스도인들이 미국 사회에서 '아늑한 본향'을 느끼기를 기대하는지가 궁금하다. 만일 우리가 참된 기독교는 결코 인기가 없으며 예수의 주장들은 각 세대의 사람들을 양극적으로 나눈다는 사실을 안다면, 왜 우리가 주변화될 때 방향을 잃은 것처럼 혼란을 느낄까? 왜 이런 감정이 우리를 놀라게 할까? 이 질문에 대한 답을 찾다 보면 다시 우리는 250년 전의 설교 강대상들과 목사들의 시대로 되돌아가게 된다. 그때는 미국이란 어떤 나라인가에 대한 하나의 생각이 우리 사회의 DNA에 내장되어 있었다.

이스라엘의 사명을 이어받았다고 자임한 아메리카

미국 혁명 전쟁 기간에 코네티컷 주 이스트 헤이븐에 니콜라스 스트리트(Nicholas Street)라는 이름을 가진 목사가 살고 있었다. 1777년, 그러니까 미국 식민지들이 영국으로부터 독립을 선언하기 몇 달 전에 스트리트 목사는 구약성경의 이야기들을 미국 혁명 전쟁 사건들에 적용하여 설교 메시지를 전했다. 물론 그 혼자만이 그런 설교를 한 것은 아니었다. 당시의 많은 설교자들이 같은 취지의 설교를 했다.

미국에 도착한 시간부터 가장 초기의 순례자들은 미국 땅을 때가 묻지 않고 순수한 '신세계'라고 묘사했다. 당시 미국 땅은 대륙 전체를 변화시킬 기독교의 문명 창조 사역을 위해 때가 무르익었다고 볼 만큼 준비된 땅이었다. 종교적 박해를 이제 막 피해 신대륙으로 건너온 초창기 미국인들은 스스로를 자신들 앞에 놓여 있는 이 새 세계에 하나님 나라를 건설할 과업을 떠맡을 하나님의 백성이라고 이해했다. 미국 땅에 최초로 발을 디딘 영국 사람들 중 한 사람이었던 존 윈드롭(John Winthrop)은 자신의 저자들을 규정한 예수님의 말씀을 이용해² 기독교 국가 미국 건설을 '산 위의 동네'를 건설하는 것으로 이해했다.

초창기 미국 사람들 중 많은 사람들이 그들은 세상의 종말이 와서 역사가 완성될 때 무언가 모종의 역할을 할 것이라고 믿었다. 그들의 종말론은 대충 이랬다. "일단 이 세상이 충분히 복음화된다면 예수님이 재림하셔서 그의 지상왕국을 세우실 것이다. 교회가 순종과 신실함이 온전히 구현된 황금 시대를 성취한 후 그리스도가 재림해 세상을 새롭게 하실 것이다."⁴ 이 정리는 그들의 견해를 지나치게 단순화한 것이다(때때로 후천년설⁵로 불리는 견해). 그러나 나는 도표들과 그래프들의 수렁에 빠지지 않기 위하여 단순하게 정리하고 있다(나중에 독자들은 이것 때문에 나에게 감사할 것이다).

그래서 여러분이 뉴잉글랜드에 처음 발을 디딘 초기 유럽 정착자들의 종교적 열정과 세상이 충분히 기독교화되면 예수님이 재림하실 것이라는 이 사상을 한데 연결시켜 보면, 여러분은 초기 미국 사람들이 자신들이 하나님 나라를 이 땅에 도래하게 하는 데 선택받은 바로 그 백성이라고 믿는 것이 얼마나 쉬웠겠는가를 알 수 있다. 그들은 자신들이 주님의 재림 직전에 전 세계를 기독교화하려는 하나님의 계획의 성취를 돕는 촉매제가 될 것이라고 보았다. 그래서 그들은 세계의 나머지 지역을 기독교화하는 혁명적 변화를 주도할 산 위의 동네가 되기를 열망했다.

미국 식민지 역사 첫 백 년 동안에는 설교자들이 구약의 이스라엘 초기 형성사 이야기들을 미국의 건국 과정에 적용했다. 여기서 우리는 다시 니콜라스 스트리트 목사가 1777년에 행한 한 설교 메시지를 거론하게 된다. "광야의 이스라엘 자손들과 가나안 안식에 들어가려는 그들을 방해하는 적들의 상황을 재연(再演)하는 미국의 식민지들"(이 설교 제목을 교회의 천막에 붙일 수 있도록 적당하게 고쳐 보라!) 스트리트의 설교는 초기 미국 사람들이 자신의 새 나라 건설 실험을 어떤 관점으로 보았는지를 엿볼 수 있게 해 준다.

스트리트는 영국 압제자들 아래 고생하는 미국 식민지 정착자들을 이스라엘의 자손들이라는 역할로 분장시켰다. 그는 미국 혁명의 지도자들을 이스라엘 자손을 노예살이에서 구출한 모세와 아론에 비겼다. 그는 영국을 구약의 이집트와 유사한 노예 압제 국가라고 보았다. 그는 그의 회중들에게 신실한 삶을 살라고 말했다. 그들은 광야를 통과하는 구약의 이스라엘 자손들처럼 자신들도 광야에서 하나님께 연단과 시험을 받는 중이라고 생각했기 때문이다. 만일 그들이 하나님께 순종하면 복을 기대할 수 있고 불순종하면 실패할 운명이라는 것이었다. 갓 세워진 공화국이 영국에 대해 벌이는 투쟁들은 홍해를 건너는 모험과 비교되었다. 이스라엘에게 약속의 땅인 가나안은, 영국으로부터 독립을 쟁취한 미국의 식민지 주들이 건설하려던 나라의 이상적 청사진이었다. 당시의 영국 왕 조지 3세는 하나님의 백성을 여전히 노예로 부려먹으려던 이집트 왕 파라오였던 셈이었다.[6]

니콜라스 스트리트의 설교를 읽어 보면 여러분은 자유를 쟁취하고자 벌인 미국식민지 주들의 독립투쟁 대의명분에 대한 심오하고도 감동적인 묘사를 발견하게 될 것이다. 그러나 그 설교의 밑바탕에 깔린 메시지를 한번 생각해 보라. 그리고 스트리트 같은 목사가 수십 명씩 혹은 수백 명씩 떼 지어 그런 취지의 설교를 했다고 상상해 보라. 그러면 여러분은 어떤 과정을 거쳐 미국 사람들 — 종교를 가졌든 안 가졌든 상관없이 — 이 자신들의 나라 전체가 교회와 똑같을 정도로 하나님이 택하신 선민들의 공동체라는 생각을 품기 되었는지를 이해할 수 있게 될 것이다. 역사가 존 윌시(John Wilsey)는 이렇게 말한다. "미국 사람들은 자신들의 독립투쟁 대의명분이 세계를 복음화하려는 하나님의 대의명분을 성취하는 도구이며, 그러므로 하나님께서 결국 자신들의 독립투쟁 대의명분을 신실하게 도와주실 것이라는 사실에 위안을 얻었을 수 있다."[7]

물론 영국 왕 조지를 파라오와 비교하거나 미국 독립혁명을 강제 노역의 폭정으로, 노예를 지배하던 체제에 대한 승리라고 보는 관점에는 엄청난 위선이 작용하고 있었다. 특히 미국 건국 첫 세기 동안에 미국이 이룬 발전은 노예들의 고통스러운 수고 위에 구축되었기 때문에 이런 위선은 더욱 분명해진다. 당시의 설교와 가르침에는 미국의 위대함과 선함만을 보고자 하는 선택적 관점이 작동하고 있었는데, 안타깝게도 그런 관점이 아예 대세가 되어 버렸다. 벤자민 프랭클린(Benjamin Franklin)은 미국의 위대한 국새(國璽, 미국 국가의 권위를 상징하는 인장)가 히브리 노예들의 홍해 통과 장면을 묘사하기를 바랐다. 토마스 제퍼슨(Thomas Jefferson)은 낮의 구름기둥과 밤의 불기둥의 가호를 받으며 광야를 행진하는 이스라엘을 묘사해 주기를 바랐다.[8]

거의 100년 후에 「모비 딕」(Moby Dick)의 작가인 허만 멜빌(Herman Melville)은 '미국이 선택된 나라'라는 이상을 한층 더 심하게 적용했다. 미국은 세계의 나머지 나라들에 대해 메시야 역할을 부여받았다는 것이다. "우리 미국 사람들은 특별하며 선택된 나라이다. 우리 시대의 이스라엘이다. 우리는 세계의 자유를 수호하기 위한 법궤를 보유하고 있다. …… 하나님은 우리 미국의 위대한 사명을 예정해 두셨고, 인류는 우리 미국 사람들로부터 행해질 위대한 일들을 기대하고 있다. …… 하지만 우리는 충분히 오랫동안 우리 자신에 대해 회의론자였다. 실로 정치적 메시야가 등장한 것인지 아닌지에 대해 의심도 했다. 그러나 그는 이미 우리에게 왔다. 만일 우리가 그가 속삭이는 수준의 말들을 공공연히 피력하기를 기뻐한다면."[9]

하나님께서 미국과 특수한 관계를 맺고 있으며 우리 미국 사람들은 하나님의 은총을 받은 특별한 부류의 사람들이라는 이 사상은 미국의 유전자 정보로 입력되어 있다. 오늘날에는 대담하게 다수의 구약성경 구절들을 미국 상황에 직접적으로 적용하면서 니콜라스의 흉내를 내는 설교들을 듣기는 쉽지 않을지 모른다. 그러나 우리는 여전히 구약성경의 하나님의 백성인 이스라엘과 오늘날 미국의 국가적 사명 실현 실험 사이에 모종의 상응성이 있는 것처럼, 구약성경의 약속들을 미국에 적용하는 설교자들과 목사들이 활동하는 것을 본다.

이런 이유로 많은 그리스도인들이 미국이라는 나라에 대해 황당무계한 견해를 갖게 되었다. 하나님께서 미국과 특수한 관계를 맺고 계시며, 아마도 미국에 선교사 국가로서의 사명을 부여하셨을 것이라는 견해가 바로 그것이다. 혹은 적어도 어떤 의미에서는 미국 사람들이 '선택된 나라'라는 생각이나 미국은 평화와 자유를 전 세계의 나머지 지역에 확산시키는 특별 사명을 수행하기 위해 하나님께 유난히 복을 받았다는 생각이다. 어떤 작가가 말했듯이, 미국의 선교사적 역할이 지구상의 기독교를 위한 최후의 위대한 희망이라는 것이다! 오늘날의 이 상황이 몇몇 그리스도인들을 혼란스럽게 만드는 것은 결코 이상한 일이 아니다. 세계 인류를 위해 선한 일을 수행하여야 한다는 미국의 역할에 대한 그들의 전체 견해가 뒤집혀지고 있다는 것이다!

이제 공평하게 말해 보면 우리는 미국의 건국신화에 담긴 갈망과 거짓말 둘 다에 주목해야 할 것이다. 한편으로 하나님께서 우리의 공로를 훨씬 초월하는 방식들로 우리나라에게 복을 주셨다는 사실은 맞다. 미국이 세계의 다른 나라들 가운데 예외적이라고 말하는 것이 논쟁거리가 되어서는 안 된다. 루마니아에 사는 내 친구들은 내가 마치 미국이 특별한 나라가 아니고 하나님께 복 받은 나라도 아니며 어떻게 보든지 예외적인 나라가 아니라고 말하려고 애썼다면 나를 비웃었을 것이다. 우리가 하나님께 받은 복들을 잘 관리하고 나누는 선한 청지기가 되는 것은 옳은 일이다. 우리는 미국에 복을 베풀어 달라고 간청할 수 있고, 간청해야 한다. 우리는 이 나라를 사랑하는 애국적 기독교 신자가 될 수 있고, 되어야 한다. 그러나 우리가 하나님께 미국에 복을 내려 주시도록 아무리 간절히 빌지라도 우리는 미국이 하나님과 특별한 관계에 있으며 심지어 하나님께 특권을 받은 나라라는 거짓을 들추어 내야 한다. 미국의 역사는 복잡하다. 우리는 가끔 세계에 정의를 구현하는 힘이기도 했다. 그러나 우리나라는 미국의 건국 이념 자체의 기준에 따라 행동하는 데 실패했다. 심지어 미국이 이룬 역사적 성취들이 흠이 없다 할지라도 구약성경의 약속들을 오늘날 우리나라에 바로 적용하는 것은 불건전한 성경 해석이다. 미국이 아니라 교회가 산 위에서 빛을 비추는 동네이다.[10]

그래서 우리가 더 이상 우리나라에서 편안한 소속감을 느끼지 못하고 혼란을 겪는 이유들 중 하나는, 미국이 '하나님과 특별한 관계를 누리는 나라'라는 신화에 탐닉하고 있기 때문이다. 그러나 이 신화를 들추어내는 것만으로는 충분치 않다. 만일 미국이 이스라엘이 아니라면 우리는 우리나라를 어떻게 보아야 하는가? 미국을 또 다르게 볼 길이 있는가?

음녀 바벨론으로서의 미국

만일 우리가 미국을 구약의 이스라엘과 연결시킬 수 없다면 미국을 바벨론으로 봐야 할까? 우리 스스로를 이교도 국가로 유배당해 우상들에게 절하라고 압력을 받는 다니엘과 세 친구들의 역할을 맡은 바벨론 포로들이라고 여겨야 할까?[11] 미국이 이스라엘과 더 가까울까? 바벨론과 더 가까울까?

이 질문에 대한 여러분의 대답이, 여러분이 정치 참여를 바라보는 방식을 급진적으로 바꿀 것이다. 만일 니콜라스 스트리트처럼 여러분이 미국을 이스라엘이라고 본다면 여러분은 오늘날 미국 사회에서 벌어지고 있는 사건들에 대해 마치 그것들이 우리나라가 이어받아 온 기독교적 유산을 배반하는 현상인 것처럼 부정적으로 대응할 것이다. 여러분은 마치 미국이 항상 하나님과 특별한 관계에 있으며, 하나님의 특별소명을 받은 기독교 국가인 것처럼 생각해서 미국을 다시 그리스도에게로 이끌어 가고자 할 필요를 느낄 것이다.

또 다른 한편, 만일 여러분이 미국을 바벨론이라고 본다면 단기적으로 정치에 참여해 무언가를 이루어 낼 수 있다는 여러분의 기대는 점점 작아질 것이다. 여러분은 공적 삶으로부터 물러나 오로지 교회나 기독교 기관들을 강화시키는 데 초점을 맞춰야 한다고 느낄 것이다.

바로 여기에서 세대 차이가 난다고 본다. 내가 최근 우리나라에서 벌어지고 있는 일들에 관해 나이가 좀 든 그리스도인들과 이야기를 나눠 보면 그들 중 많은 사람들은 기독교인 유권자들을 총동원하는 것이 사회정책 및 여론 변화를 이끌어 내는 데 최선의 전략이라고 보고 있다는 인상을 받는다. 좀 더 젊은 그리스도인들과 대화하다 보면 그들은 이제 그리스도인이 소수파가 되었다고 느낄 정도로 미국 사회의 정치, 문화, 여론 등의 지형이 바뀌었다고 생각한다는 인상을 받는다. 젊은 그리스도인들의 강조점은 목회 사역이지 정치 참여가 아니다.

여기가 바로 우리가 기억할 필요가 있는 지점이다. 미국을 이스라엘이라고 보는 것도 문제가 있지만, 미국을 아예 바벨론이라고 보는 것 또한 문제가 있다는 것이다. 우리는 민주공화국에 살고 있기 때문에 여전히 우리나라의 미래에 대해 발언권이 있으며, 우리를 대표하는 사람들(정치가들)의 입장이 어떠해야 한다고 말할 권리가 있다. 다니엘과 세 친구들은 이런 정치적 자유라는 호사를 누리지 못했다.

미국을 다시 이스라엘과 같은 단일종교국가로 되돌리려고 하는 것은 우리가 취할 길이 아니다. 위의 두 갈래 길 중 어떤 것도 우리를 우리의 예언자적 소명을 빼앗아 갈 정도의 수동적 태도로 퇴행시키지는 못한다. 혹자는 말하기를, "정치는 정신을 산만하게 만드는 번쇄한 일이다. 우리는 법들이 아니라 우리의 마음을 바꿀 필요가 있다."고 말한다. 이에 대한 나의 응답은 이렇다. "우리는 둘 다를 바꿀 필요가 있다." 우리는 성매매를 알선하는 뚜쟁이들이 우리가 법들을 제정해 그들의 성적 착취를 불법이라고 단죄하기 전에 그들이 스스로 마음을 고쳐먹을 때까지 기다려서는 안 된다. 우리는 법을 제정해 태어나지 않은 태아의 생명을 보호하기 전에 낙태 시술 의사들이 스스로 마음을 고쳐먹을 때까지 기다릴 수는 없다. 우리가 인종차별을 법으로 단죄하기 전에 인종차별주의자들이 먼저 그들의 마음을 고쳐먹기를 기다릴 수는 없다. 그렇게는 안 된다. 우리는 정의를 구현하기 위해 적극적으로 일해야 한다. 우리가 전파하는 복음은 개인구원일 뿐만 아니라 세계에 대한 그리스도의 주권적 통치의 확장을 성취하는 복음이기 때문이다.

그래서 아마도 오늘날의 미국 사회에서 그리스도인들이 느끼는 이 방향감각의 상실과 '타국에 와 있다.'는 소외감은 좋게 보자면 이 세상 안에 있으나 이 세상에 속하지 않게 산다는 것이 무엇을 의미하는가를 상기시켜 주는 실마리이다.[12] 아마도 오늘날과 같은 혼란스러운 때들은 기독교 신앙이 모든 개별 정파의 주장과 지향을 초월하고 비판한다는 사실을 상기시키는 데 도움이 될 것이다. 우리는 항상 이 사실('더 이상 다늑한 조국에 와 있지 않다.'는 소외감)을 인정했다. 다만 지금 우리가 그 진실의 무게를 묵직하게 느낄 뿐이다. "미국이 더 이상 고향이 아니다."라고 느끼는 것은 어차피 타락한 세상에 사는 모든 그리스도인이 각각 느끼는 감정이리라.

과거에는 기독교 지도자들이 항상 특정 정당에 과도하게 유착되는 것을 경계했다. 척 콜슨(Chuck Colson)은 종교적 자유와 양심의 권리에 대한 좌파의 점증하는 불관용 노선을 경고했다. 그러나 그가 또한 감옥제도의 개선을 주창했을 때는 우파의 불같은 비판을 받았다. 그는 우파 정당의 노선에 기꺼이 저항했고, '범죄에 온건한 자'라고 낙인찍히는 것을 감수했다. 왜냐하면 그는 어떤 일이 행해져야 하는가를 기독교 신앙의 기준에서 판단했고, 정치적 여론 바람들이 어떤 방향으로 부는지에 상관없이 자신의 입장을 내세울 준비가 되어 있었기 때문이다. 콜슨은 다음과 같이 썼다. "교회가 어떤 정파나 정당의 노선에 자신을 밀착시키는 경우, 영원한 진리에 대한 올바른 기독교적 신앙고백을 우선시하기보다는 정치 세계의 타협들과 일시적 성공을 우선시하게 된다. 그리고 교회가 문화를 분별하고 검증하는 양심으로서의 자기의 마땅한 본분을 포기하게 되면 그 포기가 사회에 끼치는 결과들은 무서울 정도로 해로울 수 있다."[13] 실로 우리의 문화는 그것의 순전성을 보전하기 위해 양심이 필요하다.

어떤 그리스도인들은 그들이 속한 정당이나 그들 나라의 정책들에 의견을 달리하면 의리가 없다고 비판을 받을지 걱정한다. 그러나 그렇지 않다. 때때로 의견을 달리하는 것이 가장 위대한 애국 행위의 형식이기 때문이다. 윌리엄 윌버포스(William Willberforce)는 노예무역의 죄악들을 들추어 영국 양심을 각성시킬 정도로 충분히 자기 조국을 사랑했다. 그는 영국을 사랑했기 때문에 자신의 조국이 기독교적 미덕과 가치를 따라 살기를 원했다. 디트리히 본회퍼(Dietrich Bonhoeffer)가 나치의 권력장악을 반대했을 때 그는 독일의 기독교 유산을 배반한 것이 아니었다. 그는 히틀러가 열망할 수 있었던 최고의 진정성보다 더 위대한 진정성을 보여 준 독일인으로 생을 마감했다.

어떤 정당에서 '아늑한 집'과 같은 편안함을 누리지 못하는 주된 이유는 우리가 이미 다른 의미의 정치적 사회에 속하고 있기 때문이다. 우리가 이미 속한 다른 정치적 공동체는 교회라고 불린다.[14] 교회는 민족국가의 경계들과 세속적 장애물들을 초월한다. 교회에서는 대통령을 뽑기 위해 투표하지 않는다. 그러나 우리는 한 왕에게 경배한다. 하나님의 백성으로서 우리는 이 세상 안에 거주하지만 이 세상에 속했다고는 느끼지 못한다. 미국에 살고 있으나 미국에 속하지 않고 특정 정당에 가입했으나 그 정당에 속한 것은 아니다. 이 긴장을 품고 사는 것은 약점이 아니라 우리의 신실함의 징표이다.

두 도성 이야기

410년 8월 24일, 생각할 수 없는 일이 일어났다. 전사 알라릭이 이끄는 4만 명의 야만인들에게 로마가 함락되었다. 800년 이상 동안 그 영원한 도시는 로마 제국의 권세를 항상 대표하는 봉화(烽火)로 굳건히 서 있었다. 그런데 갑자기 전복되었다. 성경을 라틴어로 번역한 그 유명한 제롬(Jerome)은 그 소식을 듣고 3일 동안 한마디도 할 수 없었다. 결국 그는 무서운 현실을 받아들이며 곰곰이 생각했다. "전 세계를 고꾸라뜨린 그 도시가 고꾸라졌다. 만일 로마가 멸망한다면 세계의 어느 곳이 안전하단 말인가?"[15]

북아프리카의 주교 아우구스티누스는 이러한 공포와 비통에 빠져 펜을 잡고 인간 역사에서 가장 심오하고 영향력이 큰 책 중의 하나인 「하나님의 도성」(The City of God)을 집필하기 시작했다. 아우구스티누스는 여기서 두 도성, 즉 인간의 도성 이야기와 하나님의 도성 이야기를 병렬시켜 이야기했다. 로마는 인간 도성의 대표이다. 성경이 전개하는 장엄한 인간의 역사에서 보면 로마는 미미한 역할을 할 뿐이다. 또 다른 한편 예수 그리스도의 교회인 하나님의 도성은 영원토록 건재하다. 역사는 인간의 모든 도성들에서 살아남고 번성하는 하나님의 도성 이야기이다.

아우구스티누스는 하나님의 도성을 지상의 도성과 너무 가깝게 동일시하는 것의 위험성을 보았다. 심지어 로마처럼 명성이 크고 위대한 도시와도 동일시하는 것은 위험하다고 보았다. 그는 이웃을 사랑하고 이웃 사랑을 통해 역사 속에 일어나는 참된 변혁을 기리는 것을 부정적으로 보게 만드는 냉소주의적 견해뿐만 아니라 지상에 하나님 나라를 세우려는 유토피아적 환상도 경고했다.

1600년이 지난 지금도 아우구스티누스의 말들은 여전히 메아리치고 있다. 「하나님의 도성」 안에 있는 진리들은 우리로 하여금 미국이 이스라엘이라는 생각이나 혹은 미국이 바벨론이라는 생각 안에 있는 깊고 의미심장한 갈망을 꿰뚫어보는 것을 돕는다. 그것은 참된 권위에 고개를 숙이고 만유를 다시 정의롭게 회복하실 참된 왕이신 예수 그리스도에게 경배하는 세상에 대한 갈망이다. 그것은 인간이 하나님 사랑과 이웃 사랑 안에서 함께 융성하게 될 그런 세상에 대한 갈망이다. 그것은 「하나님의 도성」에 대한 우리의 향수병이자 본향을 찾으려는 절규이다.

복음은 그 희망을 하나님 안에서 뿌리내리게 하며, 우리나라에 두려는 그 희망을 예수 그리스도와 그의 백성에게 두도록 우리의 희망궤도를 재정위한다. 복음은 하나님이 창조하실 새 세계에 대한 우리의 희망이 우리가 모든 신자들 — 그들의 국적과 상관없이 — 과 공유할 그 무엇이라는 사실을 상기시킨다. 우리는 우리의 왕 예수 그리스도의 충분한 권위뿐만 아니라 그의 교회의 세계적 확장성과 포괄성도 파악했다. 그래서 우리는 믿지 않는 옆집 미국 사람들보다 이란에 있는 기독교인들과 더 많은 공통점을 갖고 있다는 사실을 깨닫기에 이르렀다. 복음은 우리에게 더 큰 범위로 모이는 백성과 더 좋은 이야기를 우리에게 들려줌으로써 우리가 너무 자주 우리나라에 고정시켰던 희망을 더 큰 하나님 나라에 두도록 재정위한다. 우리의 첫째 되고 궁극적인 시민권은 전 세계적으로 흩어져 있으나 하나님 안에서 하나로 결속된 하나님 나라의 백성 공동체에 있다. 이 공동체는 부족, 언어, 국적이 각기 다른 사람들로 구성되었지만, 그들은 왕이신 예수님께 무릎을 꿇는다.[16]

그렇다. 앞으로 몇 년 안에 미국의 그리스도인들이 사회적 지위 혹은 영향력을 잃을 수도 있으며, 심지어 어느 정도의 자유도 빼앗길 수 있다. 행여 그런 일이 일어난다면 우리는 전 세계에 걸쳐서 그리고 긴 교회사에 걸쳐서 사회적 추방과 정부의 압력을 '정상적인 조치'로 경험했던 남자와 여자들, 수백만 명의 다른 나라 그리스도인들의 대열에 동참하게 될 것이다. 그러면서도 우리는 묻는다.

우리를 둘러싼 신앙생활 여건들이 악화되는 경우에도 신실한 성도로 살아가기 위해 우리는 스스로를 어떻게 준비시킬 수 있을까? 이런 문화적 도전의 시기에 신자들을 어떻게 강화시킬 수 있을까? 우리는 이 세상이 가하는 박해의 스티그마를 갖고 다니기 위해 스스로를 어떻게 준비시킬 수 있을까?

가장 간단하고 심오한 대답은, "사랑을 통해, 사랑에 의해, 그리고 사랑을 위해서 준비할 수 있다."이다.

신약시대의 신자들을 '거류민들'(paroikos)과 '나그네들'(parepidemos)이라고 묘사하는 서신에서 베드로는 처음 '그리스도인들'을 '사랑받는 자들'(아가페토이[agapetoi])이라고 말한다(벧전 2:11). '사랑받는 자들'이라는 말에는 두 가지 의미가 있다. 이 두 가지 의미는 거류민들과 나그네로 살아가도록 우리를 잘 준비시켜 준다.

첫 번째 의미는 수평적인 사랑을 가리킨다. 베드로는 하나님의 사랑받는 가족의 일원이 되는 것을 사랑받는 자가 되는 것이라고 말한다. 이때의 사랑은 신자들이 믿음의 형제자매들에게 실천하는 사랑이다. 그래서 우리가 그리스도 편에 서는 스티그마를 짊어지고 다니도록 스스로를 영적으로 무장시키는 방식 중 하나는, 하나님의 가족구성원으로서 동료신자들과 함께 세상이 주는 스티그마를 짊어지는 것이다. 믿음의 대의명분을 위해 홀로 맞서는 것과 여러분의 교회가 여러분의 뒤에 있고, 구름같이 둘러싼 허다한 증인들이 여러분 위에 있고, 세지 곳곳에서 신실한 신자로 살아가는 남은 자들이 여러분을 둘러싸고 있을 때 여러분이 세상과 맞서는 것은 전혀 차원이 다르다.

만일 여러분이 정치에 관심을 끊고 '산으로 도망치는 도피형' 정신[17]을 채택한다면, 결과적으로 이 세상에 신실한 자들은 거의 없다는 사실 때문에 한탄하는 엘리야의 궤적을 따라갈 것이다(왕상 19장). 그것은 어리석은 헛보이다. 바알에게 아직 무릎을 꿇지 않았고 결코 꿇지 않을 수백만 명의 그리스도인들이 있다. 우리는 모든 제국들보다 더 오래 살아남은 교회에 속한다. 우리는 구주의 이름을 위해 고난받기를 즐거워했던 남자들과 여자들의 긴 대열에 같이 서 있다. 유다 지파의 사자 옆에 있는 콜로세움의 사자가 도대체 무슨 위협이 되겠는가?

두 번째 의미는 수직적인 사랑을 받는 자라는 뜻이다. 우리 그리스도인들은 당신의 독생자를 우리에게 내어 주심으로써 당신의 사랑을 입증하신 하나님에 의해 사랑을 받는 자들이다. 하나님이 우리를 사랑하신다. 이 사랑은 하나님으로부터 우리에게 내려오는 수직적 사랑이다.

여기서 바로 하나님의 수직적 사랑을 경험하는 것이 기독교 신앙을 강화하고 우리 시대에 복음을 증거하는 일을 북돋우는 데 얼마나 중요한지가 밝혀진다. 만일 우리가 이 기독교 진리를 우리 마음 깊은 곳의 확신으로 영접하는 데 실패한다면, 그리하여 어떤 상황에서도 우리를 향하신 하나님의 실패할 수 없고 변할 수 없는 사랑을 인정하는 데 실패한다면, 우리는 낯선 땅에서 유배당한 거류민처럼 살아가는 동안 하나님을 잘 대표할 수 없을 것이다. 세상의 미움에 맞설 수 있는 유일한 길이 있다면 그것은 우리 자신이 하나님의 사랑에 푹 잠기는 길밖에 없다. 다른 사람들의 지지와 승인 없이도 살 수 있는 유일한 길은 그리스도 안에서 우리를 받아 주시고 지지해 주신 하나님의 영접해 주시는 사랑을 확신하는 길밖에 없다. 우리가 세상 모든 사람들이 우리를 조롱할 때에도 이런 세상과 맞설 수 있는 유일한 길은, 여러분이 조롱당하는 바로 그곳에 하나님이 함께 계시며 우리를 응원하시고 우리를 그분의 사랑받는 자녀라고 불러 주신다는 사실을 아는 길밖에 없다. 우리가 하나님의 사랑에 압도당하지 않는 한, 우리는 세상 사람들을 두려워하는 마음에 압도당하게 될 것이다.[18]

그리스도인들은 수평적 사랑과 수직적 사랑, 이 두 사랑을 받는 하나님의 사랑하는 자들이다. 수평적 사랑을 보양하기 위해 우리는 그리스도인들의 공동체적 결속을 강화해야 하고, 어두운 세상 한복판에 믿음, 소망, 사랑의 오아시스를 창조하여야 한다. 그 오아시스는 우리가 세상의 배척을 더 잘 견디게 만들어 주는 사랑의 요새이다. 이 사랑의 요새인 교회로부터 우리는 사랑과 환영을 받기 때문에 그만큼 세상의 배척을 더 잘 견딜 수 있다.

수직적 사랑을 보양하기 위해 우리는 스스로를 거듭 그리스도 안에서 우리를 위해 하나님이 부어 주신 그 무궁무진한 사랑의 샘에 푹 잠기도록 해야 한다.[19] 그것은 예수 그리스도를 통해 주어진 값없고 충만한 구원으로 우리를 소생시키는 샘이다. 결국 '완전한 사랑이 두려움을 쫓아낸다'(요일 4 : 18).

오래 지속되는 증거

2015년 10월 한 외로운 총잡이가 오리건 주 로즈버그에 있는 움프콰 전문대학에 들어가 살육과 절망의 장면을 연출한 후, 자신의 총으로 자살했다. 몇 시간이 안 되어 우리나라의 정치적 총질들이 최고조에 도달했다. 어떤 사람들은 총기 규제법의 부재를 탓했고, 다른 사람들은 '총 없는 지역들'을 향해 비난을 쏟아냈다. 각각의 정치적 주장들이 무엇이든 상관없이, 모든 목소리가 하나에서는 일치했다. 변화가 일어날 수 있는 유일한 영역은 입법 영역이나 사법 영역이라는 생각에 그들의 상상력들이 사로잡혀 있었다는 것이다. 총기 관련법들에 대한 토론의 모든 당사자들을 대표하는 각 사람은, 정부가 잘못하고 있으니 책임져야 한다거나 정부가 우리의 유일한 희망이라고 전제하고 있다.

많은 사람들이 기독교는 공적 생활과 관련된 주장이 아니라 사적인 기호나 취미 같은 것이라고 보기 때문에 그들은 종교가 시민생활의 주변부에 머물러야 한다고 기대한다. 신앙은 한 개인이 자신의 내적 치유를 위해 귀의하는 대상이지, 공공영역에서 이루어지는 삶에 대한 대답을 가지고 있다고 기대될 수 없다는 것이다. 그래서 종교가 자리를 비운 그 자리를 정치적 행동주의가 극성을 부리며 그 자리를 차지하게 되었다. 그렇다면 비극의 순간들이 닥치면 우리는 어디에 호소해야 하는가? 기도가 아니라면 정책에 기대게 된다. 교회가 아니라면 국가에 기대게 된다. 모든 사람들의 마음속에 있는 공유된 인도주의의 온기가 아니라면 파당적 분열주의의 총질이 득세하게 된다.

페기 누난(Peggy Noonan)은 이렇게 쓰고 있다. "점점 더 많은 미국 사람들에게 정치는 종교가 되었다. 사람들은 정치적 의견 표명 활동에서 의미를 찾고 있다. 그들은 자신들이 주장하는 정치적 기준들을 갖고 스스로를 규정한다." 누난의 말이 맞다. 우리나라는 여하튼 무언가를 신뢰하는 믿음으로 가득 차 있다. 그런데 문제는 오늘날 엉뚱한 곳에서 신뢰의 대상을 찾고 있다는 데 있다. 너무 자주 미국인들의 믿음은 하나님이 아니라 정부를 향하고 있다. 그리고 우리의 좌절들 중 많은 것은 정부가 우리를 궁극적으로 구원할 수 없다는 것을 깨달을 때 경험된다. 정부는 결코 인간을 궁극적으로 구원하려고 의도된 것이 아니다. 누난은 다음과 같이 덧붙인다. "정치가 종교적 신뢰의 대상이 될 때, 간단한 의견불일치만 일어나도 우리는 배교, 이단이라고 규정해 버린다. 긴 교회사는 우리가 이단자들에 대하여 얼마나 잔혹하게 굴었는지를 보여 준다."[20]

우리 주변 사람들은 모두 다 정치가 우리의 세상을 바꾸고 변화시킬 수 있는 유일한 현실 영역이라는 신화를 믿고 있다. 법들이야말로 세상을 변화시키는 데 가장 중요한 촉매제라고 생각하는 경우에 모든 입법전쟁은 끝장을 볼 때까지 계속 싸워야 하는 과업이 되어 버린다. 그렇지 않다면 여러분은 자신이 주창하는 대의명분을 희생시키고 있는 것이다!

복음은 이 정치신성화 신화에 도전한다. 복음은 정치는 세상 변화를 일으킬 수 있는 하나의 영역에 불과하다고 말한다. 복음은 우리가 정치를 더 넓은 맥락에 배치하고, 그것이 모든 것 혹은 전부가 아님을 깨닫도록 도와준다. 모든 정치적 승리는 일시적이며 모든 정치적 실패도 잠정적일 뿐이다. 설령 우리가 정치적 대의명분 관철에서 패배한다고 하더라도 우리는 여전히 신실한 성도의 삶을 통해 세상에 변화를 가져올 수 있다. 우리는 항상 정치 게임에서 승리하라고 부름받은 것이 아니라 우리의 신실한 삶으로 세상에 복음을 증거하도록 부름받았다.

영국학자 올리버 오도노반(Oliver O'Donovan)은 말한다. "정치적 열광주의를 동반한 모든 각각의 쟁점이 교회의 주목을 끌 가치는 없다. 이 세상의 정사와 권세들이 인간에게 요구하는 경배는 일종의 열광적 흥분이다. 교회의 첫 과업은 정치를 신격화시키는 이 세상의 정사와 권세들에게 경배하기를 거부하는 것이다. …… 많은 경우에 상상할 수 있는 정치에 대한 가장 예리한 비판은, 정치가 아니라 아예 다른 어떤 주제로 화제를 돌리는 것이다."21

나는 초대교회에 보낸 베드로의 서신에서 이런 종류의 정치 비판, 즉 다른 주제로 화제를 돌리는 것을 본다. 여러분이 곤경에 처한 그리스도인들에게 격려와 권면을 담은 편지를 써 보내는 과업을 받았다고 상상해 보라. 여러분의 독자들은 사회의 주변부에 포진한 비주류이다. 그들은 비방을 받으며 죄도 없이 고소를 당하고 있다. 그들 중 어떤 이들은 투옥 위기에 직면해 있고, 일부 소수는 이미 순교했다. 정부는 종교적 신앙 표현을 억압하며 그리스도인들은 정부가 억압하는 중요 타깃이다. 이러는 동안에 시민 사회의 나머지 사람들은 종교를 억압하는 이 정부의 강압적 정책을 지지한다. 이런 문화전쟁에 내몰린 그리스도인들에게 여러분은 뭐라고 말해 주는가? 여러분은 어떻게 그 상황에 처한 신자들을 강한 신자로 변화시켜 줄 수 있을 것인가? 베드로는 말한다. "사랑하는 자들아 거류민과 나그네 같은 너희를 권하노니 영혼을 거슬러 싸우는 육체의 정욕을 제어하라."

동일한 긴장이 이 서신의 좀 더 앞부분에 나타난다. 베드로는 믿음으로 온갖 시련을 통과해 가는 그리스도인들에게 격려의 말을 들려준다. 그들에게 거룩한 삶을 살고 "나그네로 있을 때를 두려움으로 지내라"(벧전 1 : 17)고 말하기 바로 전에 "두려워하지 말고 기뻐하라."고 격려한다. 다른 말로 하면, "사람이 아니라 하나님을 두려워하라."이다. 사방으로 욱여쌈을 당한 채 포위당한 신자들이 이 편지를 처음 개봉하려는 순간, 사도로부터 온 영혼을 북돋우고 강건하게 할 권면을 받으려는 그 상황을 상상해 보라. 만일 그들이 정말 관심을 가졌어야 할 걱정거리가 있다면 그것은 그들을 대적하고 그들의 신앙을 훼방하는 영적 전쟁이었을 것이다. 그렇지 않은가?

자, 이제 이 최초의 베드로전서 독자들이, 베드로의 초점이 믿지 않는 당국자들이 자신들에게 가해 오는 공격에 있지 않다는 점을 발견하고 얼마나 놀랐을까를 상상해 보라. 베드로는 매일 신자들의 마음속에 일어나는 갈등을 언급하면서 편지를 시작한다. 베드로는 "주의하세요. 나쁜 놈들이 몰려와요. 이제 전쟁이 시작됐어요. 세상 공격으로부터 자신을 보호하세요."라고 말하지 않는다. 대신 그는 말한다. "너희를 권하노니 영혼을 거슬러 싸우는 육체의 정욕을 제어하라." 다른 말로 하면 베드로는 이렇게 말하는 셈이다. "나는 불신자들이 여러분의 몸에 무슨 해를 가하는지에 대해 관심을 갖기보다는 무슨 죄가 여러분의 영혼을 해칠지에 마음이 쓰입니다." 이것을 몹시 당혹스러워하는 21세기 그리스도인들을 위한 메시지로 수정해 보면, "나는 정부가 교회의 면세 지위를 어떻게 바꿀지에 대해 관심을 갖기보다는 타협과 자기만족적인 미지근한 신앙생활이 회중을 어떻게 해칠 것인가에 관심을 갖고 있습니다".

베드로의 초점은 우리의 기대를 뒤집는다. 우리는 어떤 다른 문화전쟁보다 그리스도인들의 내적 순전함을 지키려는 이 싸움에 의당 더 많은 관심을 가져야 한다. 우리를 압박하고 우리의 주목을 마땅히 끌어야 하는 쟁점들이 없다고 말하는 것이 아니다. 종교의 자유, 양심의 권리, 그리고 기독교의 독특한 성윤리에 대한 사회적 공간 보존 등을 둘러싼 정치적 논쟁이 중요하지 않다고 말하는 것도 아니다. 다만 문화전쟁에서 이기지만 자신의 영혼을 잃는 그리스도인이 우리에게 나타날 무서운 미래라는 점을 상기시키고자 할 뿐이다. 만일 우리가 정치적 입법 활동을 통해 세상의 도덕 개선에는 초점을 두면서 정작 우리가 마음속에서 성결을 추구하는 데 실패한다면 인간의 번영과 공동선에 대한 우리 그리스도인의 사회 참여는 별 가치가 없다. 우리가 만일 우리 마음속에서 의를 추구하기 위해 싸움을 하지 않으면서 정치 영역에서 우리의 권리를 수호하기 위해 싸움을 하는 것은 쓸데없는 짓이다. 우리의 영혼의 성결과 의를 추구하는 싸움이 가장 큰 싸움이며, 그래서 베드로는 우리의 죄를 근절하고 구주께 순복하라고 권면한다.

거룩한 삶은 영예로운 입과 긴밀하게 묶여 있다. 거듭 그의 서신에서 베드로는 성결과 영예를 한데 묶고 있다. 사도 베드로는 우리의 사회적 행동에 대한 깊은 관심을 갖고 있다. '행동하다'라는 단어는 성경에서 모두 열세 번 나타나는데, 그중 여덟 번이 베드로전·후서에 나타난다(벧전 1:15; 1:18; 2:12; 3:1; 3:2; 3:16; 벧후 2:7; 3:11).

우리는 세상에서 도피하여 물러나 앉아 있을 수 없다. 우리는 마치 성결이 결국 개인적이고 사적인 것이기라도 한 것처럼 예배당이나 개인기도 다락방으로 들어가기만을 바라고 세상 일들에 대해 무관심할 수는 없다. 아니 오히려 베드로는 이 세상에서 선교 사명을 감당하는 한 방법으로서 성결과 영예를 체현하도록 권고한다. 신학자 빈체 바코테(Vince Bacote)는 말한다. "성결은 경건한 마음의 방 안에 은닉되어 있기만 해서는 안 된다. 오히려 가정, 학

교, 문화, 그리고 정치라는 공적 영역들에서 드러나야 한다."²²

그러나 만일 우리의 사회적인 성결 추구가 방해를 받는다면 어떻게 될까? 사람들이 우리 그리스도인들에 대해 거짓말을 한다면? 그렇다면 우리는 좋은 교제권에 들어와 있는 것이다. 예수님은 세상 사람들이 자신의 제자들에 대해 거짓말을 할 것이라고 예견했다. "나로 말미암아 너희를 욕하고 박해하고 거짓으로 너희를 거슬러 모든 악한 말을 할 때에는 너희에게 복이 있나니"(마 5 : 11). 베드로는 여기서 세상 사람들이 이 나그네와 거류민 같은 신자들에 대하여 거짓말을 할 것이라고 전제하고 있다. 그러나 그는 우리에게 중상모략이 전혀 위력을 발휘할 수 없는 방식으로 살아가라고 도전한다. "너희가 이방인 중에서 행실을 선하게 가져 너희를 악행한다고 비방하는 자들로 하여금 너희 선한 일을 보고 오시는 날에 하나님께 영광을 돌리게 하려 함이라 …… 곧 선행으로 어리석은 사람들의 무식한 말을 막으시는 것이라"(벧전 2 : 12, 15). 다른 말로 하면 사람들이 우리에 대해 거짓된 말들을 퍼뜨릴 때 우리의 대담함과 은혜가 너무 생생하게 빛나 거짓은 떨어져 나간다는 것이다.

우리가 의견을 달리하는 사람들에게 존경을 보이는 것은 어렵다. 오늘날 우리가 보아 온 어떤 박해보다도 더 심한 박해를 받았던 베드로 시대의 신자들에게도 여전히 그것은 어려웠다. 그래도 우리는 모든 사람 각각을 존경해야 한다고 베드로는 말했다. "뭇 사람을 공경하며 형제를 사랑하며 하나님을 두려워하며 왕을 존대하라"(벧전 2 : 17). '심지어 네로 황제도 공경하라'라는 것이다. 맞다. 가이사의 보좌에 앉아 있는 피에 굶주린 그 색마도 자신의 압제 아래 고생하는 그리스도인들의 공경을 받아야 한다. 바울도 초대 기독교인들에게 앞다투어 서로 공경하라고 말하면서 베드로를 지지했다. "형제를 사랑하여 서로 우애하고 존경하기를 서로 먼저 하며"(롬 12 : 10).

안타깝게도 나는 그리스도인들이 항상 서로 앞다투며 '존중 잘하는 사람들'로 알려져 있는지는 확신할 수 없다. 그보다는 순결에 대한 지나친 열심이 있는 자들로 알려졌는지도 모른다. 아마도 우리의 개인용 컴퓨터에 유입되는 불건전 콘텐츠를 차단하기 위해 인터넷 여과기 프로그램을 설치하기 때문일 것이다. 아마도 우리는 우리의 소셜 미디어나 컴퓨터 장치들에서 나가는 것을 통제하는 데 도움이 될 '존중 여과기'를 부착해야 할 것이다. 우리의 페이스북이나 트위터 계정에서 이 '존중 여과기'에게 어떤 질문들을 하게 될지 생각해 보라.

"내 견해가 다른 견해를 가진 사람들을 존중하면서 제시되고 있는가?", "나는 나의 정치적 적수들 중에서 최선의 사람이 있을 수 있다고 전제하는가?", "내가 불의에 맞서 의분을 느끼는 것처럼 보이는가? 아니면 하나님의 형상으로 지어진 사람들에게 격분을 터뜨리는 것처럼 보이는가?", "내가 욕을 얻어먹거나 중상모략을 당할 때에도 다른 사람들에게 공경을 보이는가?"

이것은 논쟁에서 이기는 것이 아니라 사람들을 얻으려는 노력이다. 성결과 공경은 같이 간다. 우리가 우리 세대에 하나님의 신실한 백성으로 두드러지게 드러나는 방법들 중 하나는 우리가 우리의 이웃들을 온라인 공간에서 어떻게 만나고 어울리는가에 있다. 이 과정에서 우리가 감수하여야 할 도전들은 많다. 우리는 우리 사회가 정치 참여에 대해 말하는 신화들을 꿰뚫어 볼 수 있을 것인가? 미래 세대들이 우리가 신실한 성도들이었다고 말해 줄 것인가? 그들이 우리가 곤경에 빠진 세상에 기독교의 소금과 빛을 제공했다고 말해 줄 것인가?

나는 예수님이 죽으신 지 약 100년 후, 주후 130년경에 쓰여진 "디오그네투스에게 보내는 편지"에 영감을 받았다.[22] 나는 초대교회 그리스도인들에 대한 이 편지의 묘사를 읽을 때마다, 이 묘사가 우리 시대의 그리스도인들에게도 사실이기를, 그 편지에 쓰인 말들이 우리 시대의 그리스도인들의 신실함을 묘사하는 말이라면 얼마나 좋을까 하고 바랐다. 이 편지에 따르면 초대교회 그리스도인들은 자신들의 사회를 '집'이라고 느끼면서도 동시에 '집이 아닌 곳'이라고 느꼈다. 그들은 자신들의 조국에 살았지만 일시적 거류민으로 살았다. 시민으로 살면서 다른 사람들과 모든 것을 나누며 함께했지만 마치 외국인인 것처럼 모든 것들을 견디며 살았다. 어떤 외국도 그들에게는 조국이었고, 어떤 조국도 그들에게는 낯선 땅이었다.

다음으로 그 편지는 초대교회 그리스도인들의 성결, 생명옹호적 윤리, 그리고 결혼과 성에 대한 그들의 독특한 견해를 묘사한다.

그들도 다른 사람들처럼 결혼하며 자녀들을 낳는다. 그러나 그들은 그 후손들을 파멸시키지 않는다. 그들은 식탁은 공유하지만 침대는 공유하지 않는다. 그들은 육체 가운데 살지만 육체를 따라 살지 않는다.

이제 이 단락은 초대교회 그리스도인들이 그들의 공적 사회생활에서 얼마나 거룩하고 존경스러웠는지를 보여 준다. 그들은 지상에서 그들의 날들을 보내지만, 천국시민들이다. 그들은 규정된 실정법들에 복종하지만 그들의 삶으로 그 법들이 정한 기준을 초월하는 수준으로 의롭게 산다. 그들은 모든 사람들을 사랑하나 모든 사람들에게 박해를 받는다. 그들은 무명한 자요, 단죄당하는 자들이고, 죽음에 내던져진 자들이지만 생명으로 되살아나는 자들이다. 마지막으로 우리는 여기서 초대교회 그리스도인들의 강력한 복음 증거, 가난한 자들에 대한 그들의 관대한 경제적 지원, 세상의 조롱들과 모욕들을 참아 낸 그들의 인내를 본다. "그들은 가난하지만 많은 사람을 부요하게 한다. 그들은 모든 것이 부족했으나 모든 면에서 부요했다. 그들은 불명예를 당했으나 그 모든 불명예를 감내하는 동안 영화롭게 되었다. 그들은 악하다는 비방을 들었으나 의롭다 하심을 얻었다. 그들은 비방을 받았으나 비방하는 자들을 위해 복을 빌어 주었다. 그들은 모욕을 당했으나 모욕하는 자를 공경으로 대했다. 그들은 선을 행했으나 악행자라고 벌을 받았다. 징벌을 받을 때도 그들은 마치 생명을 얻은 자처럼 기뻐했다. 그들은 유대인들에게는 이방인이라고 공격을 받았고, 그리스인들에게는 박해를 받았다. 그러나 그들을 증오하는 사람들도 왜 그리스도인들을 증오하는지 이유를 댈 수 없었다."

오늘 우리 시대의 교회들이 이런 칭찬을 듣기를 바란다. 이런 이유 때문에 우리는 개교회에 속해 헌신하며, 어둠의 세상 한복판에 빛을 비추는 아름다운 신앙공동체를 건설하는 데 투신하는 그리스도인들을 간절히 기대한다. 교회는 오늘날 위세를 떨치는 제국들과 정당들이 사라지고 나서도 오랫동안 이 땅에 남아 있을 것이다. 만일 여러분이 어딘가에 뿌리를 내리기 원한다면 교회라는 토양에 뿌리를 내려라. 결국 지옥의 문들은 선거를 통해 뽑힌 정당들에 의해 채택된 정책이 아니라 부활하신 예수님으로 인해 흔들릴 것이다.

This is Our Time

6장
결혼은 중차대한 일이다

결혼이란 결국 우리의 소울메이트(영혼의 짝)를 찾는 일이다. 이것이 오늘날의 상식이다. 그렇지 않은가? 우리는 이런 결혼관에 익숙하다. 즉, 우리는 누가 장미꽃을 받을지 알아내려고 하는 미혼남이나 미혼녀와 비슷한 처지에 있다. 단지 우리는 전국적인 텔레비전에 출연하지 않았으며, 그 쇼에 나온 모든 사람들처럼 잘생기지도 않았고, 우리가 장미꽃을 건네는 사람이 누구든 그것을 원할 것이라는 보장을 갖고 있지 않다는 사실을 제외한다면 영혼의 짝을 만나려고 분투하는 텔레비전 쇼의 청춘남녀와 같은 처지이다. 우리의 소울메이트를 이렇게 요란을 떨며 공개적으로 찾는 일은 리얼 TV 시청률을 위해서는 중요하지만, 그렇다고 그것이 성경적인 것은 아니다. 그것은 우리 시대의 기이한 특징일 뿐이다.

세상의 다른 지역으로 가 보면, 결혼은 다른 의미를 갖는다. "공원에서 즐기는 레크리에이션"(Parks and Recreation)이라는 텔레비전 쇼에서 톰 해버포드(Tom Haverford) 역을 연기했던 아지즈 안사리(Aziz Ansari)라는 인도계 영화배우는, 오늘날 미국 사회에서 맺어지는 관계성들에 대하여 광범위하게 글을 써 왔다.[1] 아지즈는 기독교인이 아니며, 그가 내리는 결론들은 보통 결혼과 성에 대한 성경의 가르침과 일치하지 않는다. 그럼에도 동양과 서양 둘 다를 경험했던 아지즈는 우리가 깨닫지 못하는 서구의 신화들을 꿰뚫어 볼 수 있었다.

아지즈는 다음과 같이 말한다. "나의 부모님은 중매결혼을 했어요. 이것은 항상 내 마음을 매료시켰어요. 나는 가장 일상적인 일에 대해서조차 결정을 못 내리고 주저하죠. 그렇게 중대한 인생의 결정을 텔레비전 리얼리티 쇼에서처럼 그렇게 빨리 결정하는 것은 내게 상상할 수도 없었죠."

그의 부모의 결혼이 '중매된 결혼'이었다는 사실은, 그의 어머니가 그의 아버지를 위해 선택되었다는 뜻이 아니다. 아예 선택의 여지가 없는 결혼이 아니었다는 말이다. 실제로 그의 부모님의 중매결혼에도 배우자의 자유선택은 있었다. 아지즈의 설명을 들어보자. 아지즈의 아버지가 될 청년이 자신의 부모에게 "이제 나도 결혼할 때가 되었다."고 말했다. 그러자 부모는 아지즈의 아버지가 될 아들을 위해 혼기가 찬 딸을 둔 몇 가족들과의 자연스러운 만남을 주선했다. "그의 가족이 이웃의 세 가족들과의 모임을 주선했다.

첫 번째 처녀는 '키가 컸고', 두 번째 처녀는 '키가 작았다'." "그런 후에 아버지는 내 어머니가 될 처녀를 마지막으로 만났다. 내 아버지는 마지막으로 만난 그녀가 적당한 키(드디어! 마침내!)라는 결정을 재빨리 내렸다. 그리고 둘은 약 30분간 대화를 나누었다. 그들은 잘될 것 같다는 판단을 내렸다. 일주일 후 그들은 결혼을 하였다. 35년이 지난 지금도 그들은 여전히 결혼관계를 유지하고 있다. 매우 행복하게, 그리고 어쩌면 연애결혼을 한 내가 아는 대부분의 사람들보다 더 행복하게 살고 있다. 그것이 나의 아버지가 자신의 남은 인생을 함께 보낼 사람을 결정한 방식이다."

아지즈는 이런 문화적 관습에 매료된다. 그리고 그의 아버지가 그러한 중대한 결정을 키에 근거하여 내린 것(거의 골디락스가 딱 맞는 죽그릇을 발견하는 것처럼)[2]을 우습다고 생각함에도 불구하고, 그의 부모님들이 훌륭하고 지속되는 결혼생활을 해 왔다는 사실은 무시할 수 없다. 자신의 부모님들이 결혼했던 방식을 설명한 후 아지즈는 그의 아버지가 신부를 선택한 것과 '약간 덜 중요한 결정' — 시애틀 어디에서 저녁을 먹을까 — 을 내리는 자신의 방식을 비교한다. "처음에는 음식과 식당을 고르는 판단을 위해 여행과 외식을 좋아하여 많이 하고 신뢰할 만한 네 명의 친구들에게 문자를 보내어, '어디서 먹는 것이 좋을지' 조언을 구했다. 그다음 나는 식당 정보를 찾기 위해 시애틀에서 유명한 새롭고 맛있는 식당들에 대한 정보를 포함하고 있는 맛집 웹사이트 '식도락'(Eater)을 검색해 보았다. 그러고 나서 식당 검색 사이트 '옐프'(Yelp)를 확인해 보았다. 그리고 시애틀에 대한 GQ의 온라인 안내 사이트에 들어가 보았다. 마침내 나는 선택을 하였다. 일 코르보(Il Corvo)라는 근사하게 들리는 이태리 식당을 정했다. 그런데 불행하게도 그곳은 닫혀 있었다. 그곳은 오직 점심식사만 제공하는 곳이었기 때문이다. 그 시점에서 나는 출연해야 할 쇼가 있었기 때문에 더 이상 시간이 없었다. 그리하여 결국 버스에서 땅콩잼과 바나나 샌드위치를 만들어 먹는 것으로 끝났다. 충격적인 사실은, 나의 아버지가 아내를 찾는 것이 내가 어디에서 저녁을 먹을까를 결정하는 것보다 빨랐다는 사실이다."

너무나 많은 선택들이 우리를 마비시킨다. 배리 슈워츠(Barry Schwartz)는 「선택의 역설 : 왜 더 많은 것이 더 적은가?」(*The Paradox of Choice : Why More Is Less?*)라는 책에서 "선택지가 많다고 최선의 선택을 보장하는 것이 아니다."라는 주장을 편다.[3] 그는 선택할 경우의 수가 많은 것이 오히려 불안과 우울의 정도를 증가시키며, 시간 낭비로 이어진다고 주장했다. 우리는 레스토랑 사이에서 어떤 식당에 들어갈지, 그리고 텔레비전 쇼 중에서 무슨 쇼를 볼지, 무슨 경력을 쌓을지, 가게에서 어떤 상표의 통조림 수프를 살지를 숙고하는 데 너무 많은 에너지를 쓴다. 우리에게 너무 많은 기회들이 주어질 때, 우리는 잘못 선택한 것은 아닌지 의심하면서 이미 내린 결정을 후회한다. 혹은 우리는, 이제 더 이상 더 좋은 것을 찾을 수 없다는 것을 확실히 하고 싶어서, 가능한 한 마지막 순간까지 선택을 미룬다. 결국, 누가 더 적은 이득을 받아들이기를 원하겠는가?

슈워츠는 이어 말한다. "아무도 계획을 세우지 않는다. 더 좋은 것이 발견될지도 모르기 때문이다. 그리고 그 결과는 아무도 결코 어떤 일도 하지 않는다는 것이다."[4] 혹은 아지즈가 발견했듯이, 믿을 수 없을 정도의 멋진 식당을 알아내기 위해서 그렇게 오랫동안 기다렸을지라도 결국 땅콩잼 샌드위치로 저녁을 때우는 것으로 끝나게 된다. 혹은 지금 통계들이 보여 주듯이, 사람들은 결혼보다는 누군가 더 나은 사람이 나타날 것에 대비하여 파트너를 바꾸어 가는 동거관계들을 선호한다."[5]

선택 가능성들이 많다는 사실이 우리를 이상한 방식으로 변화시킨다. 아지즈는 맨해튼의 온라인 데이팅을 위한 포커스 그룹에 참여했던 한 친구에 대해 이야기한다. "데렉은 'OKCupid'라는 데이팅앱에 접속해서 우리로 하여금 그가 선택할 여성들을 훑어보는 것을 보게 했다. 여성들은 'OKCupid'가 데렉의 프로필과 그 사이트의 알고리즘에 근거하여 그에게 맞는 잠재적인 데이트 상대로 선택했던 여성들이었다. 그가 클릭했던 첫 번째 여성은, 아름다웠고, 그녀의 프로필 페이지는 재치가 있었으며, 좋은 직장을 갖고 있었다. 운동을 좋아하는 것을 포함하여 데렉과 그녀는 많은 공통 관심사를 갖고 있었다. 그 페이지를 1분가량 살펴본 후, 데렉은 말했다. "음, 그녀는 괜찮아 보여. 단지 조금만 더 찾아보려고." 내가 그녀에게 무슨 문제가 있냐고 물어보자, 그는 "그녀는 보스턴 레드삭스 야구팀을 좋아해."라고 대답했다.

아지즈는 다음과 같이 말한다. "나는 몹시 충격을 받았다. 그가 얼마나 빨리 이 여자에게서 다른 여자에게로 시선을 옮겼는지 믿을 수가 없었다. 이 아름답고 매력적인 여성이 진짜 가능한 데이트 상대임을 발견하는 20년 전의 데렉을 상상해 보라. 만일 그녀가 한 술집에서 그에게 미소를 짓는다면, 1993년의 데렉의 마음은 녹아내렸을 것이다. 그가 일어나 걸어가서 "오, 잠깐, 당신이 레드 삭스를 좋아한다고요! 미안하지만 안 되겠네요!"라고 말한 후 그의 손을 그녀의 얼굴에 대고는 돌아서 가 버리지는 않았을 것이다. 그러나 2013년의 데렉은 단순히 웹브라우저 탭 위에 X를 클릭해서 두 번도 생각하지 않고 그녀를 지워 버렸다.[6]

클릭, 터치, 삭제, 초대만이 있는 웹상에서는 참된 데이트 상대를 만날 수 없었다. 소울메이트 신화는 소셜 미디어와 죽이 잘 맞는다. 문제는 이것이다. 여러분은 여러분이 진정으로 원하는 것을 항상 잘 아는 것은 아니라는 사실이다. 우리가 5장에서 사람들이 사는 동안 무엇을 원하는지를 논의했을 때에도 같은 문제가 생긴다. 우리는 '우리 자신이 되기'를, '우리의 꿈을 따르기'를, '우리를 행복하게 만드는 것'이라면 무엇이든지 하기를 원한다고 말한다. 하지만 진실은, 무엇이 우리 자신을 행복하게 만들지 알지 못하며, 우리가 어떤 꿈을 좇아야 할지 확신하지 못하고, "우리가 되기를 원하는 참 '자아'를 정작 우리 자신이 생각하는 만큼 잘 알지 못할지도 모른다는 것이다. 소울메이트를 찾는 문제에 관해서도, 우리는 틀릴 수 있다. 우리는 자신이 무엇을 원하는지 안다고 생각할지 모르나, 틀렸을 수 있다.

팀과 캐시 켈러는 이상적인 소울메이트를 찾는 노력이 역효과를 낳는다고 믿는다. 그들은 다음과 같이 쓰고 있다. "우리는 우리를 있는 그대로 받아들여 주고 우리의 욕구를 충족시켜 주는 누군가를 찾는다. 그리고 이것은 실현 불가능한 기대들의 조합을 만들어 내며, 그것을 찾는 자와 그 대상 둘 다를 좌절시킨다."[7] 사람들이 이러한 기대들을 가지고 결혼언약관계 속으로 들어가면, 그들은 결혼이란 "흠 있는 두 사람이 합하여 안정과 사랑과 위로의 공간을 창조하는 일이라는 진실을 놓치게 된다". 오히려 그들은 그들을 있는 그대로 받아들여 주면서, 그들의 능력을 보완해 주고, 그들의 성적·정서적 욕구들을 채워 줄 누군가를 찾는다. "자기부인이 아니라 자아충족 기대에 기반한 결혼은, 여러분의 필요를 채워 주면서도 거의 어떠한 요구도 하지 않는, 손이 많이 가지 않는 — 혹은 전혀 가지 않는 — 상대방을 필요로 할 것이다. 간단히 말해서, 오늘날 사람들은 결혼 상대방에게 너무나 지나친 것을 요구하고 있는 것이다."[8]

사정이 이렇다 보니 결혼 비율이 하락해 온 것도 놀라운 일은 아니다. 오늘날, 사람들은 이전 시대 사람들보다 더 적은 수의 사람들이 더 늦은 나이에 결혼한다. 그리고 역사상 최초로 전형적인 미국인은 결혼해서 보내는 세월보다 독신으로 더 많은 세월을 보낼지도 모른다. 많은 주요 도시들의 가구 중 거의 절반 정도는 오직 한 명만 거주한다. 장기 동거 비율은 오르고 있고, 동거를 통해 사람들은 결혼과 비슷한, 그러나 진짜 결혼은 아닌 어떤 것을 시험하고 있다. 부서진 관계들과 편부모(single parent) 자녀 양육이 세대를 넘어 이어지며 결혼의 안정성으로부터 가장 많은 혜택을 누렸을 공동체 안에서 결혼을 해체해 가는 현실에서 사람들과 어울리기도 어렵고 혜택도 적은 지역들에 거주하는 사람들은 아예 결혼을 하지 않는다.[9]

'소울메이트'라는 개념은 신화이다. 그러나 그것이 유일한 신화는 아니다. 우리가 곧 보겠지만, 결혼 문제에 관한 신화들이 증가하고 있다.

인격적 위탁 표현으로서의 결혼

만일 여러분이 나와 비슷하다면, 중매결혼이라는 개념에 본능적인 반작용을 불러일으킬 것이다. 왜 그럴까? 아마도 순전히 계약적 의무에 기반한 결혼(사랑의 감정과 애정을 사랑의 필수요소라고 보지 않게 만드는)은 성경적 이상을 충족시키지 못한다고 생각되기 때문일 것이다. 우리는 아지즈 부모님의 헌신과 마침내 꽃핀 사랑의 감정들을 보고 그들을 존경할 수는 있지만, 중매결혼이 결혼의 영광을 드러내는 최선의 방법이라고는 믿지 않는다. 결혼을 일차적으로 계약이라고 보는 것은 잘못일 것이다.

문제는, 우리 사회가 그 반대의 극단으로 가고 있다는 것이다. 이 반대의 극단이 또 다른 신화로 인도한다. 우리는 결혼을 바로 격렬하게 낭만적인 사랑의 표현이라고 생각한다. '사랑의 표현으로서의 결혼'과 '중매결혼'을 대립시키는 모든 이야기들과 로맨틱 코미디들을 생각해 보라. 단일 여러분이 결혼의 본질을 오직 격렬하게 낭만적인 사랑에 대한 정부의 승인이라고만 생각한다면, 여러분은 동성 간 결혼을 옹호하는 사람들을 포함한 대부분의 사람들과 별반 다르지 않다. 세상의 다른 지역이나 이전 세대들에서는 터무니없게 보이는 동성결혼이 21세기 북미에서 어느 정도 통하는 이유는, 우리가 이미 결혼의 정의를 왜곡시켜 그것의 기반이 격렬하게 낭만적인 감정들이라고 생각하기 때문이다.

동성결혼의 대의명분을 주창함에 있어서 선두 발언자들 중의 한 사람인 앤드류 설리반(Andrew Sullivan)은, 결혼에 대한 사회통념이 최근 수십 년간 어떻게 변화했는지를 잘 설명한다. 첫 번째, 결혼을 일시적인 어떤 것으로 보려는 경향이다. "(결혼은) 일생 동안 지속되는 계약이기는커녕 많은 미국인들의 생애에서는 두 번 거행되는 결합으로 발전해 왔다."는 것이다.[10]

설리반은, 많은 사람들에게 결혼이 평생의 동반자 관계라기보다는 오히려 어떻게 연속적인 일부일처혼의 수단이 되었는지를 지적한다. 결혼에 대한 기대들과 책임들도 또한 변화했으며, 이것이 사람들이 '죽음이 우리를 갈라놓을 때까지'라는 서약에 과거와 같은 중요성과 의미를 부여하지 않는 이유라는 것이다. 사람들 역시 그들의 가족들과 친구들, 교회와 정부 기관들이 그들에게 그러한 서약을 지킬 책임을 지울 거라고 기대하지 않는다.

그래서 이혼이 더욱 흔해지고, 재산분할에 관한 혼전합의서가 사람들을 재정적 손실로부터 보호하며, '한시적 결혼계약'(wedleases)이 결혼이란 참여하거나 탈퇴하는 어떤 것 — 잠정적 합의 — 이라는 개념을 명문화하는 것도 놀랍지 않다. 나는 최근에, 자신의 결혼관계로부터 1년 동안 벗어나 다른 사람들과 동침했던 한 여인의 인터뷰를 보았다.[11] 그녀가 '결혼'이라는 말을 할 때마다 나의 머릿속에서는 "프린세스 브라이드"(The Princess Bride)[12]에 나오는 이니고 몬토야(Inigo Montoya)가 한 말이 계속해서 떠올랐다. "당신은 계속 그 말(결혼)을 사용하는군요. 나는 그것이 당신이 생각하는 그런 의미라고는 생각하지 않아요."

설리반은 결혼이 변화해 온 또 다른 방식을 지적한다. 결혼은 다른 무엇보다도 감정적 헌신이 되었다는 것이다. 이것이 바로 사랑의 표현으로서의 결혼이라는 신화다. 그는 다음과 같이 쓰고 있다. "결혼은, 자녀를 키워 내는 수단이었던 것으로부터, 이제 주로 '두 어른'이 서로에 대한 감정적 헌신을 확인하는 수단이 되었다."[13] 여기에서 설리반은 결혼에 대한 오늘날의 이해의 본질을 잘 표현하고 있다. 많은 기독교인들이 비록 '두 어른'을 '한 남자'와 '한 여자'로 대체해도, 아마도 의식하지 못한 채 이러한 이해가 옳다고 받아들일 것이다. 결혼의 본질이 우선적으로 혹은 오로지 감정적 헌신이라는 생각이 동성결혼 승인의 토대가 되는 것이다. 정부는 이제, 서로에 대해 애정과 낭만적 감정을 증명하면서 기꺼이 이러한 헌신관계 속으로 들어가려는 두 어른들이라면 누구에게나 가족이 되었다는 승인과 혜택을 준다.

설리반이 주목하는 결혼에 있어서의 세 번째 변화는, 이제는 결혼식과 결혼이 인격적 표현이 된다는 점이다. "이전 시대의 몇 가지 결속들 — 가족, 인종, 종교, 계급 — 을 강화시켜 주던 제도로서의 결혼 이해는 사라지고 있다. 결혼은 이제 많은 사람들에게 있어서 급진적 자율성을 행사하면서, 그러한 구속 모두를 초월하는 현대적 개인의 능력을 깊게 표현하는 것이 되었다.[14] 다른 말로 하자면, 결혼이란 남녀 한 쌍에 대한 것이지, 그 외의 사람들에 대한 것은 아니라는 것이다. 우리는 복음주의 교회들에서도 이러한 견해를 발견할 수 있다. 그곳에서 결혼식은 남녀 한 쌍의 서로에 대한 인격적 위탁 표현이지, 일생 동안 지속되는 서약의 증인이 되어 그 커플에게 서약 준수의 책임을 지우는 책무를 감당하는 공동체를 위한 순간이 아니다.

결혼이란 단지 로맨틱한 욕망의 개인적 표현이라는 이 신화에 무슨 문제가 있을까? 아지즈 안 사리는 그리스도인이 아님에도 그것의 몇 가지 문제점을 볼 수 있었다. 그는 자신의 부모님이 성공을 경험했던 것은, 결혼이 순전히 계약적 결합이라는 그 다른 극단에서 시작된 그들의 관계가 격정적인 욕망 — '여러분과 여러분의 연인이 미치도록 서로에 대한 사랑에 빠져 있는' 그 단계 — 이상의 것 위에 세워졌기 때문임을 깨닫는다. 만일 여러분의 사랑이 오로지 혹은 무엇보다도 우선적으로 사랑의 감정 위에 세워져 있다면, 그 '고조된' 낭만적 감정이 사라져 버릴 때는(반드시 사라질 것이다.) 언제나 결혼 후 맞이하는 다음 단계(동반자로서의 더 깊은

사랑)가 실망스럽게 느껴질 것이다.[15]

더 나아가, 만일 여러분의 결혼서약이 결혼할 당시 여러분이 어떻게 느꼈는지를 표현하는 것이라면, 여러분이 그 서약을 지키는 것은 거의 불가능하게 보인다. 왜냐하면 대부분, 어느 누구도 결혼관계 내내 항상 '사랑에 빠져' 있는 감정을 느끼지는 못하기 때문이다. 여러분은 여러분이 처음에 가졌던 감정, 여러분 자신의 인격적 위탁 서약을 쓰는 데까지 이끌었던 강렬한 감정이 희미해지거나, 변하거나, 다르게 느껴지기 시작할 때, 결혼에 실패하고 있는 것처럼 느낀다.

그것이 결혼서약들이 역사적으로 사랑의 감정에 그렇게 많은 초점을 두지 않고 헌신의 서약 — 무슨 일이 일어나든, 부유해지거나 가난해지거나, 아플 때나 건강할 때나 죽음이 우리를 갈라놓을 때까지 깨질 수 없는 신실함의 근원 — 을 강조했던 이유이다.

그 마지막 구절 '죽음이 우리를 갈라놓을 때까지'는 항상 내 마음에 남아 있다. 내 생각에는 많은 부부들이 그 마지막 구절의 무게를 느끼는 것 같지 않다. 그 구절이 말하고 있는 것은, "우리 중의 하나가 다른 한 사람의 무덤 곁에 서 있을 것이다."라는 뜻이다. 다른 말로 하자면, "나는 당신이 마지막 숨을 거둘 때까지 당신과 함께할 것이다." 혹은 "나의 마지막 순간까지 당신은 나와 함께할 것이다. 어떤 일이 먼저 일어나든지."라는 뜻이다. 그것은 로맨틱한 열정의 뜨거운 순간에 당신이 발설하는 그런 종류의 서원은 아니다. 그것은 로맨틱한 사랑을 지탱시켜 주는 종류의 서원이지만, 헌신이 그 토대이다.

이 모든 것이 축적되어 세 번째 신화가 생겨난다. "만일 당신이 맞는 사람과 결혼한다면, 당신의 결혼은 평탄할 것이다." 이 신화가 틀린 이유는 두 가지이다. 첫째, 당신이 결혼하는 그 '맞는' 사람은 시간이 지나면서 변하기 때문이고, 둘째, 좋은 결혼이 반드시 평탄한 결혼을 의미하는 것은 아니기 때문이다.

듀크 대학교의 윤리학 교수인 스탠리 하우어워스(Stanley Hauerwas)는 "우리는 결코 꼭 맞는 사람과 결혼하지 못한다."라고 말한다. "우리는 우리가 결혼한 사람이 누구인지를 결코 알지 못한다. 단지 우리가 안다고 생각할 뿐이다."라고 그는 쓰고 있다. "혹은 비록 우리가 처음에는 맞는 사람과 결혼한다 할지라도, 조금만 지나 보면 그나 그녀는 변할 것이다. 결혼에 있어서 끔찍한 사실은, '결혼하기 전의 사람이 결혼한 후에도 항상 동일하게 그 같은 사람됨을 유지하지 못한다.'는 것이다. 결혼생활의 가장 큰 도전은, '우리가 낯선 존재와 결혼했음을 깨닫고 그 낯선 자를 사랑하고 돌보는 법을 배워야 한다는 것이다.'"[16]

결혼한 부부들을 위해 목회상담을 하는 과정에서 팀 켈러는 다음과 같은 말을 자주 듣는다. "사랑이 이렇게 힘들어서는 안 되지요. 사랑은 자연스럽게 흘러나와야 하지요." 켈러는 다음과 같이 되묻는다. "왜 그렇게 믿으시죠? 프로 야구 경기를 하는 누군가가 '강속구를 때리는 것이 그렇게 어렵지는 않을 거예요.'라고 말할까요? 당대의 가장 위대한 미국 소설을 쓰기를 원하는 누군가가 '그럴듯한 인물들과 흥미진진한 이야기를 창조하는 것이 그렇게 어렵지는 않을 거예요.'라고 말할까요?"

결혼이 왜 어려울까?[17] 결혼관계로 들어가는 두 사람이 모두 죄 때문에 영적으로 부서진 사람들이기 때문이다. 죄로 부서졌다는 말은 무엇보다도 자기중심적이 되었다는 뜻이다. …… 어떤 사람이 천부적인 재능을 가졌다고 하더라도 훈련과 엄청난 노력을 거치지 않고는 프로 야구 선수가 되거나 위대한 문학 작품을 쓰는 작가가 될 수 없다. 우리의 인간 본성 안에 있는 심오한 죄성을 고려해 볼 때, 다른 사람과 사랑하며 잘사는 것이 왜 쉽겠는가?[18]

기독교 현대음악 그룹인 "캐스팅 크라운즈"(Casting Crowns)는 힘든 결혼생활에 대한 노래를 발표했는데, 내 생각에 그 제목은 잊혀지지 않을 만큼 아름답다. "Broken Together"(함께 부서졌네)이다. 첫 소절은 부부의 현재 상황과 그들의 동화 같은 결혼식을 대조시킨다. 그들은 이혼의 위기에 처했을 때 밝혀진 비밀들 때문에 상처를 입은 상태다. 그러나 그러고 나서 그들은, 결혼이란 두 사람이 서로를 완전하게 만드는 것이라기보다 오히려 부서진 채 함께하는 것은 아닐까 생각하게 된다.

캐스팅 크라운즈의 노래는 파탄에 처한 결혼에 관한 것이지만, 어떤 의미에서 그것은 모든 결혼을 정확하게 묘사한다. 결혼의 본질은 당신을 완성시켜 주는 '소울메이트'를 발견하는 것이 아니라는 것이다. 하나님만이 우리를 완전하게 채워 주신다. 결혼이란 기껏해야 깊은 결함을 가진 두 남녀가 하나님과 그분의 백성들 앞에 함께 나아가, 그들의 생애가 끝날 때까지 서로를 사랑하고 존경하고 아끼겠다고 동의하는 것이다. 모든 결혼은 부서져 있다. 그러나 결혼을 만드는 것은 그들이 '부서진 채 함께 있다'는 것이다.

결혼과 산

결혼은 로맨틱한 관계의 산꼭대기인가? 아니면 산의 토대, 그 뒤에 오는 모든 것들의 토대인가? 우리 시대에는 많은 사람들이 결혼을 사랑의 최고봉, 혹은 정상이라고 생각한다. 여러분은 비슷한 관심을 가진 누군가를 만날 때 산 아래에서 출발한다. 그런 후 여러분은 함께 산에 올라가기로 결정한다. 아마도 여러분은 여러분의 관계를 보다 진지하게 실험해 보기 위해서 잠시 그/그녀와 동거를 할지도 모른다. 마침내 운이 좋다면, 여러분과 여러분의 파트너는 정상에 도착한다. 곧 결혼식 날이다.

산꼭대기로서의 결혼. 그것이 거의 모든 로맨틱 코미디가 결혼 ─ 데이트와 연애 기간의 그 모든 시련들(당신이 두 시간 속에 집어넣을 수 있는!)을 견디어 내고 마침내 성공을 이루어 낸 관계에 대한 축하 ─ 으로 끝나는 이유다. 성경은 이 그림을 거꾸로 뒤집는다. 결혼은 산의 정상이 아니다. 그것은 산의 맨 아래 부분이다. 그것은 출발점이지 목표가 아니다. 우리가 올라가는 꼭대기는 결혼 축하연보다 훨씬 더 장엄하고 아름답다.

내가 루마니아에 살았을 때, 나는 헝가리 국경 근처 작은 마을 교회에서 사역하였다. 미하이는 그 교회 장로들 중의 한 분이었다.

그와 그의 아내는 70대였으며, 수십 년 동안 교회 건물 옆집에서 살아왔다. 그들은 교회에 매우 헌신적이어서, 교회가 그 마을의 다른 지역에 새 건물을 지었을 때는 그들도 교회 바로 옆의 새 집으로 이사를 했다. 그래서 그들은 계속해서 교회에 가장 먼저 오고 마지막으로 떠나는 사람들일 수 있었다. 그들에게는 네 자녀와 많은 손자, 손녀들이 있었다.

그들의 결혼 50주년 기념일에, 그들 둘(우리는 그들을 각각 '부누', '부니'라고 불렀다. 루마니아어로 '할아버지', '할머니'라는 뜻)은 거실에서 축하만찬을 열고 손님들을 초대했다. 그들은 손님들을 위해 거실 이쪽에서 저쪽까지 쭉 펼쳐진 긴 탁자와 수십 개의 의자들을 들여왔다. 그리고 나서 오랜 노동으로 손마디가 굵어진 거친 손을 가진 이 농부는 양복을 입고 넥타이를 맨 뒤 탁자 맨 위쪽, 즉 50년 동안 함께 산 아내의 옆에 앉았다. 거실 이쪽에서 저쪽까지 쭉, 탁자에 모두 다 들어가도록 배치된 의자에는 자녀들과 손자, 손녀들이 빽빽이 끼어 앉아 있었다. 나도 이 만찬에 포함되었는데, 마을에서 교회 일을 하는 몇몇의 좀 더 젊은 사람들도 초청받았다. 그중에는 후에 나의 아내가 될 소녀도 포함되어 있었다. 직계가족이 아닌 우리와 같은 사람들이 이 축하 자리에 포함되어 있는 것이 약간 이상하게 느껴졌지만, 좋은 결혼이란 항상 그 행복의 공간에 다른 사람들, 특히 독신이고 가족적 유대가 필요한 사람들까지 초대한다는 사실을 나는 이제 깨닫는다.

우리는 그들이 가장 좋아하는 찬송 몇 곡을 부름으로써 식사를 시작하였다. 그러고 나서 우리는 그 둘과 그들의 결혼에 대해 하나님께 감사하면서 기도의 시간을 가졌다. '부누'와 '부니'는 서로에 대해 그리고 가족에 대해 몇 가지를 이야기했고, 우리는 마음껏 먹었다.

나는 그날을 잘 기억하고 있다. 어떻게 웃음과 사랑이 넘치는 대화들이 그 방을 가득 채우고 벽 속까지 스며들어 갔는지를 잘 기억한다. 나는 한 평범한 남편과 아내가 누리는 축복에 참여하고 있었다. 주님에 대한 그리고 서로에 대한 그들의 신실함이 열매를 맺은 것이었다. 그 방을 채운 것은 그들의 연합에서 결실된 살아 숨쉬는, 인격의 열매였다. 그들 두 사람을 둘러싸고 그들의 사랑의 열매인 네 자녀와 손자, 손녀들이 앉아 있었다. 그들의 자녀들 중 몇몇은 자녀들을 둘 만큼 장성했다. 부누와 부니는 또한 교회에 대한 그들의 신실함의 열매인 영적인 자녀들과 영적인 손자, 손녀들 — 나와 같은 사람들 — 도 보았다. 50년의 신실함, 소중한 혈육의 가족들과 영적인 가족들, 강건한 교회의 기둥들! 나는 결혼식을 관계의 절정으로 간주하는 대신, 50주년 결혼기념식을 정상으로 보면 어떨까 생각해 본다. 미하이의 아이들은 그 행복한 부부의 결혼식 날에 찍은 낡고 색 바랜 흑백사진 두세 장을 돌려보았다. 그들이 서로 얼마나 잘 어울려 보였는지에 대해 모두들 의례적인 언급을 했다. 그러나 그날 그 방을 죽 둘러보면서, 나는 이 결혼 50주년 만찬이야말로 결혼의 더 좋은 사진이 아닐까 생각하였다. 결혼식 그 자체도 것지만 그렇게 긴 수십 년 동안 하나님의 계획에 대한 신실한 증거인 결혼기념일 축하와 풍성한 가정생활 속에 흘러넘치는 기쁨이 결혼이 무엇인가를 보여 주는 더 좋은 결혼식 사진이라는 것이다.

결혼에 대한 동양의 신화(결혼은 무엇보다 계약이다.)와 서양의 신화(결혼은 무엇보다 사랑의 표현이다.), 둘 다 결혼의 본질적 의미를 포착하지 못한다. 결혼은 단지 서약 때문에 이를 악물고 50년 동안 견디는 것이 아니다. 또한 그동안 내내 서로 사랑에 빠져 있다는 '느낌'만으로 견디는 것도 아니다. 그 이상의 무엇인가가 있어야만 한다. 그리고 우리 시대에 신실한 믿음은 가장 뛰어난 수준의 결혼에 담겨 있는 풍요로움을 보여 주어야 한다.

부부 사랑을 지탱시키는 결혼 서약

독일 신학자 디트리히 본회퍼는 1945년 2차 세계대전의 종전이 얼마 남지 않은 날, 아돌프 히틀러 암살 모의 가담 혐의로 38세에 처형당했다. 본회퍼는 자신의 약혼녀와 결혼할 기회를 얻기 전에 죽었지만, 죽기 전에 자신의 조카와 한 친구의 다가온 결혼을 축하하며 결혼에 대한 몇 가지 생각을 적어 놓았다. 자신의 생명이 단두대를 향해 조금씩 점점 가까이 나아가고 있던 한 남자에 의해 쓰인 이 편지는 결혼의 아름다움을 강력하게 표현한다. "결혼이란 서로에 대한 부부의 사랑 이상이다." 이 말은 결혼을 단지 사랑의 표현으로 보는 세상에서 놀라운 진술이다. "결혼은 하나님의 거룩한 규례이므로 보다 고귀한 가치와 능력을 가지고 있다. 결혼을 통해 그분은 인류를 끝날까지 존속시키기를 원하신다."[19] 이전의 모든 기독교인들처럼 본회퍼는, 결혼이란 단지 사적인 로맨스가 아니라, 지구가 그분의 형상을 지닌 사람들로 가득 차게 될 수단으로 하나님에 의해 제정된 공적인 제도라고 믿었다.

본회퍼는 계속해서 다음과 같이 쓰고 있다. "결혼 당사자들은 사랑 가운데 세상에서 오직 부부가 될 자신들 두 사람만을 본다. 그러나 결혼 속의 부부는 여러 세대들로 이어진 사슬에서 하나의 연결고리이다. 이것을 통해 하나님은 그의 영광을 위해 사람들을 태어나고 죽게 하시며, 그의 왕국으로 불러내신다."[20] 다른 말로 하면, 결혼하는 두 사람이 결혼 단상에서 혹은 신혼여행의 화려한 차림을 한 채 행복에 취해 다른 사람들을 의식하지 못해도 그들은 결코 단둘만을 쳐다보고 있는 것이 아니다. 그들은 사슬 속의 연결고리이다. 그들은 조용한 루마니아 마을에 사는 부쿠와 부니처럼, 그들의 앞서 살았던 부모님들과 그 뒤에 태어난 자녀들, 손자, 손녀들과 각각 연결되어 있다.

본회퍼는 또한 다음과 같이 이어 쓰고 있다. "당신의 사랑 속에서 당신은 오로지 당신 자신의 행복의 천국만 보지만, 결혼 속에서는 세계와 인류를 향한 책임의 위치에 놓이게 된다. 당신의 사랑은 당신 자신의 개인적 소유이지만, 결혼은 개인적인 어떤 것 이상이다. 그것은 지위이며 직구다."[21] 결혼은 관계일 뿐만 아니라 책임이기도 하다. 결혼은 당신의 사랑의 표현과 관계되지만 또한 세상에 대해 부부가 될 사람이 하게 될 공헌도 포함하고 있다. 세상을 향한 공헌이란 부부의 가족이 안정을 누리는 안식처, 부부 사이에 태어날 자녀들이 그들의 어머니와 아버지를 아는 곳, 신뢰가 주어지고 사랑이 표출되는 곳을 창조하는 일이다.

본회퍼의 편지는 결혼에 대해 퍼져 있는 오늘날의 신화의 본질을 포착하고 있다. 그는 사랑의 감정들과 결혼언약을 구분하였다. "왕을 만드는 것은 단순히 통치하려는 의지가 아니라 왕관인 것처럼, 하나님과 인간의 눈앞에서 결혼 당사자들을 결합시키는 것은 단순히 서로를 향한 부부의 사랑이 아니라 결혼 그 자체이다. …… 결혼하는 당사자들이 처음에는 서로에게 반지를 준 후에 결혼식에서 이제 목사의 손으로부터 그것을 두 번째로 받았던 것처럼, 사랑은 한편으로는 결혼하는 당사자들로부터 오지만 또 다른 한편 결혼은 위로부터, 하나님으로부터 온다. 하나님이 인간 위에 높이 계시듯이, 사랑의 결혼의 약속과 거룩함과 권리들도 하나님만큼 높은 곳에 속한다."[22]

그러고 나서 본회퍼는 가장 많이 인용되는 그의 구절들 중의 하나에서 다음과 같이 썼다. "결혼을 지탱시키는 것이 부부의 사랑이 아니라, 오히려 결혼 후부터는 부부의 사랑을 지탱시키는 것이 결혼이다."[23] 본회퍼는 감옥에서 자신의 처형을 기다리며, 사랑과 결혼에 대한 심오하게 대안적인 비전을 표현했다. "사랑이 결혼을 작동하게 만드는 것이 아니라 결혼이 사랑을 작동하게 만드는 것이다."

결혼은, 부부의 결합을 지속시키기 위해 단순한 로맨스, 혹은 성적인 욕구나 일시적인 감정들보다 더 깊은 어떤 것을 위한 공간을 제공한다. 결혼은, 더 깊고 더 풍부한 사랑이, 심지어 인생의 어려운 시기에도 번성할 수 있도록 만드는 언약이다. 젠 폴락 미셸(Jen Pollock Michel)은 "결혼의 신비는 우리의 개인적 행복을 확보하기 위한 무한한 능력에 있지 않다."라고 쓰고 있다. "결혼의 신비는, 당신의 신부를 향한 예수님의 영원하고 자기희생적인 사랑에 대한 증거이다. 예수님은 교회를 정결케 하여, 거룩하고 순결한, 점 없고 흠 없는 신부로 삼으려고 하신다."[24] 교회는 그 옛 비전을 되찾아 그것을 우리 사회에 선물로서 돌려줄 기회를 갖고 있다.

결혼의 복권(復權)

결혼은, 성(sexuality)과 마찬가지로 그 자체보다 더 큰 무엇을 가리키는 표지이다. 그것은 예수님과 그분의 교회, 예수님과 그분의 신부에 대한 그림이다.[25] 결혼에 대한 갈망 이면에는 하나님과의 연합, 하늘과 땅의 재결합에 대한 욕구가 자리 잡고 있다.[26] 그것은 평화와 영원에 대한 갈망, 변화하는 세상 속에서도 신실하게 유지될 언약적 관계에 대한 갈망이다. 기독교인으로서 우리는 결혼이 어떻게 그 자체 너머를 가리킬 수 있는지 보여 줄 기회를 갖고 있다. 그러나 그러기 위해서는 우리 그리스도인들이 세상의 다른 사람들과 구별될 정도로 거룩해져야 한다.

오늘날 인구의 반 이상이 결혼하기 전 동거를 선택한다. 많은 밀레니엄 세대들이 부서진 가정에서 성장했는데, 그들은 부모들의 실수(살아 보기도 전에 바로 결혼부터 하는 것)를 반복하기를 원치 않는다. 그들이 결혼하기 전에 성적으로 서로 궁합이 맞는지를 평가해 보는 것이 더 안전하다고 생각하는데, 이 점은 이해할 만하다. 그러나 통계는 다른 사실을 말해 준다. "동거는 미래에 이혼으로 이어질 가능성이 더 높다."[27] 왜 그럴까? 아마도 그것은 동거가 같이 사는 커플에게서 언약적 사랑의 안전성을 박탈하기 때문일 것이다. 혼전 섹스는 파트너에게 동거남/동거녀 자신의 존재의 한 측면(당신의 육체)을 제공하는 반면, 동거하는 커플은 동거하는 내내 다른 모든 측면들(사회적, 경제적, 법적)에서 독립을 고수한다. 그것은 그 순간에는 아무리 즐거운 것이라 할지라도 결혼한 부부간에 오고가는 사랑의 희미한 모방이다.

팀과 캐시 켈러는 다음과 같이 쓴다. "한 사람이 다른 사람(상대방)에게 '나는 너를 사랑해. 하지만 결혼함으로써 그것을 망치지 말자.'라고 말할 때, 매우 많은 경우 그 사람이 진짜 의미하는 바는 '나는 나의 모든 선택적 가능성들을 차단해 버릴 만큼 충분히 널 사랑하지는 않아. 나는 온전히 너에게 헌신할 만큼 충분히 널 사랑하지는 않아.'라는 것을 말하는 셈이다. '나는 널 사랑하기 위해 서류 한 장이 필요하지는 않아.'라고 말하는 것은 기본적으로 '너에 대한 내 사랑은 결혼할 수준에는 이르지 못했어.'라고 말하는 것이다."[28] 성경은 결혼 관계 안에서의 성교를 지지하는데, 그 이유는 성교란 남편과 아내의 언약적 연합의 표현이기 때문이다. 성교는, 언약적 약속을 떠나서는 그 의미가 축소되어 자기를 내어 주는 헌신이라기보다는 '연기적 행위'가 된다. 어떤 관계가 '시험운전'이나 '시험해 보기'가 될 때, 양측은 "나는 충분히 좋은가?" 혹은 "좀 더 나은 사람을 찾아야만 할 때인데 내가 안주하고 있는 걸까?"라고 자문하게 된다.

만일 교회가 결혼에 대한 고전적인 비전을 회복해야만 한다면, 우리는 우리의 회중 속에서 결혼의 아름다움을 구현해야만 한다. 우리는 이러한 과제를 몇 달 혹은 몇 년 이내에 성취할 수는 없을 것이다. 한 세대의 시간이 들릴 것이다. 그러나 그 미래를 향해 우리가 취할 수 있는 몇 가지 단계가 있다.

첫째, 우리는 결혼을 교회와의 연관성 속에서 보아야만 한다. 만일 우리가 결혼은 단지 개인적 일이고 연인들 사이의 사적인 결합이라는 신화를 믿는다면, 우리 회중 내에 결혼한 부부가 어려움에 맞닥뜨릴 때 '손을 떼어야만' 할 것이다. 우리는 결혼이 부부간의 일이지, 교회와 관계된 일은 아니기 때문에 개입할 수 없다고 느낄 것이기 때문이다.

그러나 교회가 사람들로 하여금 그들이 맹세한 서약을 지키게 하는 데 실패할 때, 무슨 일이 일어날까? 한 세기 전 길버트 케이스 체스터턴은, 이혼과 재혼에 대한 기독교인들의 기준이 느슨해지기를 원했던 사람들에 대항해 다음과 같이 썼다. "일부일처제 결혼서약을 못마땅하게 여기는 '마음 넓은 사람들'은, 한 사람과만 결속되기를 스스로 약속해 놓고도 여러 명의 아내를 가지기를 원하는 기독교인이 한 사람의 아내만 사랑하기로 한 제단에서의 서약을 깰 수 없는 상황 때문에 극도로 분개한다."[29] 그렇다. 우리는 그들이 직면한 형편이 어떠한 것이든, 이혼을 포함하여 고통스러운 상황에 처한 사람들과 함께 걸어가야 한다. 그러나 이혼의 후유증을 겪는 사람들을 더 잘 도우려는 우리의 고결한 시도에 있어서, 이혼이 애초에 상상할 수 없는 일이 되도록 우리 교회들의 조건을 개선해야 하는 것이 우리의 책임을 잊지 말자.

둘째, 우리는 결혼을 공적인 제도로 보아야만 한다. 만일 우리가 우리 시대에 신앙적으로 신실하려면, 우리는 우리가 잘못되었다고 믿는 결혼관들을 단순히 반대하는 것 이상의 일을 해야만 할 것이다. 우리는 일시적으로 결혼관계를 유지하는 임시적 합의결혼이나 남성과 여성의 상호보완성이 더 이상 결혼의 본질이 아니라고 보며, 더 나아가 자녀들은 더 이상 그들의 어머니와 아버지의 독특한 자질들을 이어받는다고 보지 않는 동성결혼은 잘못된 결혼관이라고 믿는다. 우리는 결혼이 공적인 관계 — 본회퍼의 묘사에서는 '기둥'(post)이라고 언급된다 — 라고 보는 결혼관을 강화해야만 할 것이다. 우리는 단지 우리의 가족뿐 아니라 나머지 인류 전체도 생각하고 있기 때문이다. 우리 모두는 결혼의 공적 성격에 관심을 갖고 있는데, 결혼은 세상을 위해 좋은 것이기 때문이다.

앤드류 워커(Andrew Walker)와 에릭 테첼(Eric Teetsel)은 '내향적' 결혼과 '외향적' 결혼을 구분한다. "'내향적' 결혼은 부부의 행복에 사적으로 관심을 기울인다. 반대로, 결혼의 '외향적' 관점은 결혼이 사회에 가져오는 가치를 외부의 시선으로 바라본다."30 우리 그리스도인들은 내향적인 것과 외향적인 것 중에서 선택하지 않는다. 우리는 내적인 결속과 외적인 공적 제도, 그 둘을 결합한다. 그러나 오늘날에는 외향적 관점이 더 강화할 필요가 있는 기둥이다.

셋째, 우리는 결혼, 성, 출산 사이의 연결들을 확인하고 강화해야만 한다. 우리는 사회의 영속을 위해서는 아이들이 그들의 생물학적 어머니와 아버지에 의해 양육되도록 보장하고자 하는 결혼의 공적인 특성을 되찾아야만 한다.

테첼과 워커는 좋은 결혼은 "결혼한 엄마, 아빠가 있는 안정된 환경, 그리고 각 아이가 엄마, 아빠가 그들의 자녀들에게 주는 차별화된 사랑을 경험하게 될 안정된 환경을 제공하려고 한다."라고 쓴다. 그들은 또한 다음과 같이 말한다. "사회과학 데이터를 통해 우리가 보아 왔듯이, 결혼은 가난과 다른 다수의 비극적인 사회적 결과들을 경험학에 있어서 가장 큰 예측 변수들 중의 하나이다. …… 결혼을 소중히 여긴다는 것은 좋았던 옛 시절로 돌아가는 것이 아니다. 결혼을 소중히 여긴다는 것은 새로운 도덕주의를 시행하는 것도 아니다. 사람들을 돌본다는 것은 단순히 결혼에 대한 '우리의' 생각에 신경을 쓰는 것이 아니다. 결혼을 소중히 여긴다는 것은 사람들을 돌보는 것이다. 모든 아이에게는 엄마, 아빠가 있다. 문제는 그들이 결혼하여 하나가 된 그 엄마, 아빠를 아느냐 하는 것이다."31

이 세 가지 제안(결혼은 '교회' 안에서 이루어진다. 결혼은 공적 제도이다. 결혼은 사회적 사명이다.)들이 처음에는 추상적으로 보일지도 모른다. 그러나 여러분은 여러분의 가정에서 출발할 수 있다. 만일 여러분이 결혼했다면, 결혼이 무엇인지, 결혼이 왜 중요한지에 대한 진리를 깊이 추구해 보라. 만일 여러분이 독신이라면 교회와 사회에서 왜 중요한지 알아보려는 마음으로 성경과 역사를 공부해 보라. 여러분에게 가장 가까운 관계들을 연구해 보라. 만일 당신이 결혼했다면, 그것은 여러분이 배우자와 자녀들에 대한 여러분의 언약적 헌신을 실천한다는 것을 의미한다. 만일 당신이 결혼하지 않았다면, 그것은 여러분이 여러분의 교회에서 결혼들을 지지하기 위해 노력하는 것을 의미한다. 가정에서부터 교회와 사회에 이르기까지 우리는 결혼에 관한 한 세상에 더 나은 길을 보여 줄 수 있다.

그러나 우리는 도전에 직면할 것이다. 결혼에 대한 거짓된 신화들이 우리 사회에서 지배적이며, 우리는 너무 자주 밑에 있는 근원적인 문제들보다는 오히려 결혼에 대한 가장 최근의 문제들에만 집중한다. 실제로는 우리 문화에 스며 있는 결혼관의 온갖 다른 잘못된 면들은 받아들이면서 동성결혼만을 반대하는 '입장을 고수하는' 것이 무슨 의미가 있는가? 동성결혼은 결혼을 모방하는 다른 모조품들 중에서 가장 잘 보이는 모조품일 뿐이다. 만일 우리가 결혼에 관한 현재의 법적 도전들에만 초점을 맞춘다면, 우리는 성과 결혼에 관련된 문제들에서 우리가 주변 문화에 의해 얼마나 깊이 영향을 받았는지를 간과하게 될 것이다. 우리는 우리 또한 우리의 관계들을 개인주의적이거나 치유적인 관점에서 본다는 사실을 놓치게 될 것이다. 현실에서는 주류 문화에 속한 세상 나머지 사람들과 마찬가지로 주류 문화와 타협적인 관계를 유지하면서도, 만일 동성결혼에 대한 '올바른 믿음'을 갖고 있다면 그것만으로 우리는 '안전하거나', '신실하다'고 생각할지도 모른다. 우리는 내부로부터 텅 비어 버린 요새 안에 있으면서 "요새를 지키고 있다."고 자랑하고 있는지도 모른다.

만일 사람들로 하여금 동성결혼에 반대하도록 만든 것 정도를 성공이라고 생각한다면, 우리는 우리가 얼마나 많은 문화적 함양을 해야만 하는지를 과소평가하는 것이다. 만일 우리가 가정에 대한 기독교의 비전을 이해하려면, 우리는 성경의 보다 넓은 서사와 결혼에 대한 보다 큰 그림을 필요로 한다. 우리가 결혼을 떠받치는 개념에 대해 주류 문화와 동일한 생각을 공유하고 있을 때, 동성결혼에 대한 기독교인의 반대는 결혼에 대해 다양한 방식으로 주류 문화에 대항하는 광대한 비전의 일부로 보이기보다는 오히려 자의적으로 보이거나 성소수자 이웃들에 대한 적대감에 의한 충동으로 보일 것이다.

우리는 단순히 "결혼에 대한 그릇된 견해들을 거절하라."고 부르심을 받은 것이 아니다. 우리는 보완성, 영원성, 남녀의 생명적 연합이라는 영광스러운 결혼 비전으로 사회 전체의 유익을 위해 권성하는 결혼 문화를 건설하도록 부르심을 받았다. 결혼 문화를 재건설하는 것은 매년 여러 컨퍼런스에서 세상의 현 상황을 통탄하는 것 이상이어야만 한다. 그것은 그리스도의 몸 안에서 우리의 모든 결혼들을 강화시키는 것을 포함해야만 한다. 트럭운전사에서부터 경찰관, 교사, 그리고 집에 있는 엄마에 이르는 모든 이들이 교회에서 이루어지는 결혼을 강화시키는 일에 부름받았다.

체스터턴은 결혼의 위력에 대해 다음과 같이 썼다. "가장 거대한 정치적 폭풍은 오직 인간성의 주변부만을 흔들 뿐이다. 그러나 한 평범한 남자와 한 평범한 여자와 그들의 평범한 자녀들은 문자적 의미에서 민족들의 운명을 바꾼다."[32]

그는 옳았다. 그리고 그것이 세상을 변화시키는 일이 가정에서 시작되는 이유이다.

This is Our Time

This is Our Time

7장
성(性) 혁명에 반기를 든 사람들

—
—

배우이자 방송진행자인 제이 토마스는, "나는 내 아들들이 팀 테보처럼 되는 것에는 관심이 없다."라고 말했다. 그는 크리스천 가수이자 여배우인 레베카 성(Saint) 제임스와의 대담에서 이 발언을 했다. 레베카 성 제임스는 결혼 전에는 어떤 성관계도 갖지 않겠다고 한 결심에 관해 책을 쓴 적이 있었던 배우였다. 전직 미식축구 쿼터백이었던 테보는 자신의 기독교 신앙과 혼전 순결을 지키기로 한 그의 단호한 결단을 공공연히 알린 사람이었다. 제이는 그런 생각이 웃음거리가 된다고 생각했다. 그는 "차 값을 지불하기 전에 새 차를 몰아보는 것과 결혼 전의 성행위는 중요하다. 20대 후반까지 동정을 지키거나 처녀로 남아 있는 것은 어리석다."라고 말했다. "내 아이들은 아마도 팀 테보처럼 살아가라고 하면 지루해 죽을 것이다."라고 말하며 빈정댔다.

성 제임스는 제이에게 이렇게 대답했다. "당신이 팀 테보를 비웃다니 슬프네요. 그는 가치와 도덕을 갖춘 탁월한 청년입니다. …… 내가 생각하기에 오늘날 이 방송을 시청한 대부분의 사람들은 팀 테보가 그들의 자녀들에게 좋은 본보기가 되기를 원할 겁니다."[1]

몇 달 후 한 여자 모델과 테보의 관계가 성에 대한 테보의 보수적 신념 때문에 끝났다는 소식이 떠돌기 시작했다. 이 이야기는 후에 논란거리가 되었고, 얼마 지나지 않아 이 퇴행적이고 고루한 성 관념을 가진 테보에게 더 많은 모욕적 조롱들이 퍼부어졌다. 매체의 해설가들은 '관계의 끝(성관계)까지 가 보지 못하는' 테보의 무능력이나 혹은 '테보의 동정을 정복하는 데 어려움'을 느낀 여자 친구에 대해 농담을 쏟아냈다.

코미디언 아르티 랑게는 롤링 스톤즈의 노래, "그녀는 무지개다" (She's a Rainbow)를 개작해 "그는 성(聖) 팀 테보다"로 바꿨다. 이 개작된 노래는 테보의 기독교 신앙과 그의 성 관념을 조롱했다. 일순간 스포츠 해설가가 어수룩한 학생을 괴롭히는 말 많고 겉멋 든 중학생들이 된 것처럼 보였다.

안타깝게도 테보만 이런 조롱을 당한 것이 아니었다. 슈퍼볼 챔피언 러셀 윌슨도 그가 성적 절제를 실행하고 있다는 소문이 퍼지자 비슷한 조롱을 당했다. 성관계는 결혼을 위해 아껴 두는 것이라는 생각은, 100년 전이라면 다른 반응을 불러일으켰을 것이다. 우리의 증조부모는 성적인 방종이 아니라 절제를 행할 능력의 유무에 따라 인간의 성숙도를 측정했다. 유치한 선택이란 혼인언약의 바깥에서의 성적 충동에 굴복하는 것이었다. 혼전 성관계는 잘못되었을 뿐만 아니라 당혹스러운 일이었다. 그것은 자신의 충동을 억제하지 못하는 무능력과 연약함의 표지였다. 성적 절제가 성숙도와 남자다움의 표지였다. 성적 욕구를 통제하는 것이 인간 사회를 동물 세계와 구별하는 기준이었다. 100년 전이었다면 팀 테보는 자신의 성적 절제심으로 인하여 참으로 남자다운 남자요, 덕스러운 사람으로 여겨졌을 것이다.

그러나 오늘날에는 성적 절제가 더 이상 찬양받지 않는다. 자, 이제 주요한 미국 남자 스포츠 선수 중 최초로 자신을 게이라고 밝힌 13년 차 베테랑 선수 제이슨 콜린스에게 선사된 찬양과 비교해 팀 테보에 대한 조롱을 생각해 보라.「스포츠 일러스트레이티드」(Sports Illustrated)에 기고한 에세이는 콜린스의 커밍아웃에 대해 '혁신적인', '사려 깊은', 그리고 '대단히 용기 있는' 행동이었다는 헤드라인 뉴스 보도를 촉발시켰다. 콜린스에 대한 반응은 압도적으로 긍정적이었다. 은퇴한 야구선수들과 현역 야구선수들은 그들의 트위터 계정에 '때는 왔다', '최대의 존경을 바칩니다', '남들이 무시한다고 해서 네 자신다움을 질식시키지 말라' 등의 단문(短文)들로 콜린스에 대한 지지를 표명했다. 콜린스는 심지어 대통령과 영부인으로부터 '건투를 빕니다'라는 격려도 받았다.

우리 사회가 테보를 대하는 태도와 콜린스를 대하는 태도 사이에 있는 불균형은 충격적이다. 유명인사들과 스포츠 해설가들이 테보를 조롱하고 경멸했듯이 콜린스를 조롱하고 경멸했을 상황을 상상해 볼 수 있겠는가? 두 사람의 상황이 똑같지 않은 것은 사실이지만, 두 운동선수는 모두 소위 말하자면, '소수파'에 속해 있다. 테보는 성관계는 결혼을 위해, 즉 부부 사이의 사랑을 위해서 아껴 두어야 한다는 비주류 신념 때문에, 콜린스는 스스로를 성적 소수자들의 연합체라고 생각하는 게이-레즈비언-바이섹슈얼(LGBT)에 속했기 때문에 둘 다 소수파의 일원인 셈이다. 그러나 콜린스의 성 관념이 오늘날에는 더욱더 일반적이 되었기 때문에, 테보를 비하하는 것은 그저 무해한 재미를 즐기는 행동이 되고, 콜린스를 조롱하면 증오심에 찬 고집불통으로 비판을 받을 것이다. 물론 예수님은 우리가 이 두 사람 중 누구도 조롱하게 내버려 두시지 않을 것이다.

왜 이런 불균형이 생기는가? 성 관념에 관한 한 두 사람 모두 특수한 행보를 걸어가고 있다. 그런데 왜 한 길은 칭찬을 받고 다른 한 길은 경멸을 받는가? 왜 두 사람 다 각각 '자신답게 살려고 노력하는' 그 방식을 봐서라도 존경받으면 안 되는가?

이유는 간단하다. 테보의 성 관념은 퇴보로 비쳐진다. 결혼 전까지 동정을 지키겠다는 그의 결단은 과거의 다른 기준으로 돌아가는 퇴행이며, 우리의 진보적인 성 관념들의 '진보'에 맞서려는 헛되고 어리석은 시도라는 것이다. 반면에 콜린스의 견해는 전향적 사고이며, 새로운 터를 닦는 획기적 차원을 가지고 있다. 이 이유 때문에 사회는 앞으로 치고 나가는 콜린스와 같은 사람에게 환호를 보내고, 우리를 뒤로 물러가게 만드는 테보 같은 사람은 조롱한다. 콜린스는 '용감하고' 테보는 '지루한' 사람이 되어 버린 것이다.

일단 여러분이 잠시 멈춰 서서 왜 우리 사회가 이 두 사람을 이렇게 다르게 대하는지를 생각해 보기만 하면, 여러분은 우리 사회가 성(性)에 대해 신봉하는 대단한 신화들 중 하나의 윤곽을 보기 시작할 것이다. 그 신화의 중심 요지는 '진보'란 개인적 자유와 쾌락에 대해 새롭게 발견된 이해를 지지하여, 그동안 우리 사회를 지탱해 온 전통적·도덕적 신념들을 이완시키거나 포기하는 것을 의미한다는 사상이다. 아울러 케케묵은 성 관념들을 퇴행적으로 고수하는 것은 우리 사회를 손상시키며, 각각의 개인에게는 위험하다는 생각이다.

점차로 성 해방적 사회로 변해 가는 사회에서 신실한 그리스도인으로서 존재하기 위해, 우리는 이 성 해방적 신화의 실체가 무엇인지 그리고 그것이 궁극적으로 왜 인간을 만족시키는 데 실패하는지를 이해할 필요가 있다.

섹스, 그것은 아무것도 아니다. 정말

오늘날 많은 사람들에게 성(性)은 상호 합의하에 성인들 사이에서 향유되는 쾌락추구적인 행동이다. 그것이 전부이다. 사람들은 자신의 성적 활동을 온갖 종류의 규칙이나 금지 사항으로 방해해서는 안 된다. 여러분이 의도하지 않은 결과들(임신, 성병 감염)을 피하는 한, 여러분은 무엇이든 원하는 성적 활동을 할 수 있을 만큼 자유로워야 한다는 것이다. 합의, 이것만이 유일한 규칙이다. 21세기에 성은 여러분이 무엇을 원하느냐에 따라 의미 깊은 것일 수도 있고, 의미가 없는 것일 수도 있다. 그것은 상호투신된 언약관계의 완성일 수도 있고, 그저 약간의 재미를 보고 성적 에너지를 방출하는 방법일 수도 있다. 결과적으로 '우발적 성관계'와 '즉석 교제 문화' 같은 어구들이 생겨났는데, 이것들은 언제나 성적 에너지를 방출할 준비가 된 채로 다음 차례의 성적 파트너를 찾는 사람들의 가연성(可燃性)을 묘사한다.

많은 사람들은 '남녀가 상호존중의 분위기에서 서로를 성적으로 향유하는 복된 자유연애 문화'를 창조할 목표를 위해 사회가 더욱 애써야 한다는 페미니스트 작가 낸시 조 세일즈의 견해에 동의한다.[2] 그러나 세일즈는 우리가 성적 유토피아로부터 많이 떨어져 있다는 것을 인정한 최초의 인물일 것이다. 그녀는 최근의 한 연구를 인용해 다음과 같이 말한다. "연구들에 따르면, 여자들뿐만 아니라 남자들도 가벼운 만남들에 대해서는 부정적인 감정들을 경험한다. 걱정에서 우울로, 우울은 후회로 이어지더라는 것이다. 특히 여성들은 아마도 자신의 취약성에 대해 더 많이 생각하는 것으로 나타났다."[3]

또 다른 작가인 다나 프레이타스(Donna Freitas)는 즉흥적이고 가벼운 성적 교제 문화의 문제점들을 자주 지적한다. 비록 사람들이 자신이 보다 보수적인 성 관념을 옹호한다고 생각하게 될 것을 걱정하면서도 프레이타스는 충동적인 성적 교제 문화를 비판한다.

그런데 실상은 그녀가 보수적인 성 관념을 가져서 이런 입장을 취하는 것이 아니다. 연구들이 제시하는 증거에 따를 때, 그녀는 젊은 사람들이 현재의 문화에 대해 행복해하지 않는다는 결론을 피할 수 없었던 것이다. 프레이타스는 다음과 같이 쓴다. "그들은 자신이 즐기고 있는 성에 대해 실로 양가적인 입장을 갖고 있다. 그들이 대중문화에서 보는 모든 것에 따르면 그들은 대단한 시간을 즐기고 있는 것이어야 한다. 그러나 즉흥적이고 가볍게 성관계를 갖는 것이 이제까지 나온 성문화 중 최선의 것이라고 말하는 젊은 이를 찾기가 매우 어렵다."[4]

그렇다면 젊은이들은 요즘의 섹스 습관들을 어떻게 묘사하고 있을까? 프레이타스의 연구는 황량한 그림을 보여 준다. 그녀는 말한다. "실제로 젊은이들의 영혼이 텅 빈 것처럼 보인다. 이 즉흥적인 교제 문화에서는 이런 종류의 영혼 없는 성적 접촉이 장려되고 있다. 거기에는 학습된 두감각이 있다. 섹스는 너무 신경 쓸 일이 아닌 어떤 것이다. 그것은 거의 해치워야 하는 그들의 일과 같은 것이다."

대학생들과 나눈 프레이타스의 대화들에서 가장 빈번히 등장하는 단어들 중 하나는 '효과적'이라는 말이다. 섹스는 몸이 필요로 하는 것이며, 즉흥적이고 가벼운 데이트 문화가 기대하는 것이라는 의미다. 그래서 만일 여러분이 건강하기를 원하고 사회적으로 소속감을 느끼기를 원한다면 반드시 친밀감을 나누는 파트너를 확보해 두는 것이 좋다는 것이다. 프레이타스는 계속해서 다음과 같이 쓰고 있다. "요즘 젊은이들은 너무 바쁘며 과도한 스케줄로 생활하기 때문에, 즉흥적이고 가벼운 만남은 섹스를 해치우는 데 효과적인 방법이다. 즉흥적이고 가벼운 성관계를 위한 만남이 선호되는 이유가 쾌락, 재미, 혹은 친밀감을 누리기 위한 것으로 보이지 않는다. 성행위 자체와 잡담, 그리고 소셜 미디어에서 일어나는 일들에 대한 최신 정보를 나누기 위해서이다."[5]

델라웨어 주 뉴왁에 사는 19세 소녀 이브는 문자 메시지와 소셜 미디어의 성적(性的) 분위기가 어떻게 자신이 연애를 시작하게 되는 데 영향을 끼쳤는지를 곰곰이 생각해 보았다. 그녀는 묻는다. "오늘날 우리는 어떻게 사랑에 빠지는지를 알까? 우리는 심지어 사랑에 빠지는 것이 무엇인지 혹은 사랑이 무엇이어야 하는지 혹은 어떻게 사랑에 도달해야 하는지에 대한 왜곡된 생각 때문에, 과연 한 번이라도 참된 사랑을 경험해 볼 수나 있을까?" 그녀는 잠시 멈춘 후 다음과 같이 덧붙인다. "사람은 저마다 사랑을 원한다. 그러나 누구도 그것을 인정하기를 원치 않는다."[6]

다나 프레이타스와 낸시 조 세일즈는 가볍고 즉흥적인 섹스란 하나의 신화에 불과하다는 진실을 우연히 깨닫게 되었다. 그것은 섹스에 대한 참된 이야기가 아니기 때문에 만족스럽지 못하다. 물론 우리는 주변의 모든 사람 개개인이 성적으로 행동하는 방식에 대해 깊이 괴로워하고 있다고 생각해서는 안 된다. 오히려 프레이타스가 묘사하는 무감각의 한 가지 결과는 사람들이 더 이상 어떤 잘못된 일 때문에 더 이상 고통을 느끼지 않는다는 것이다. 사람들은 더 이상 섹스가 사람들을 행복하게 혹은 불행하게 만들 수 있는 그 무엇이라고 생각하지 않을지도 모른다. 섹스는 그저 포르노그래피(春畫) 같은 어떤 것 혹은 우리의 감수성을 마비시키거나 우리 자신을 현실로부터 탈각시키는 어떤 것이 되어 버렸다.

역설적이게도 우리는, 성적 욕구는 격렬하지만 영속적인 기쁨을 가능케 하는 친교가 파괴된 세상에서 살게 될지도 모른다. 가볍고 즉흥적인 섹스에 대한 이 신화, 즉 섹스는 생리적 충동일 뿐 그 외에 아무것도 아니라는 생각이 우리 시대에 만연해 있다. 이상하게도 이 신화는 언뜻 보면 서로 충돌하는 것처럼 보이는 두 번째 신화로 바뀐다. 그것은 '섹스는 모든 것이다.'라는 생각이다. 섹스는 인간의 행복을 위해 필수적이라는 것이다.

한 세기 전만 해도 도덕과 절제의 본보기로 칭송되었을 법한 팀 테보와 러셀 윌슨이 어떻게 오늘날에는 기이하고 억압된 심리의 소유자로 비쳐지는지 이해하려고 한다면, 우리는 이 두 신화('섹스는 아무것도 아니다.' 대 '섹스는 모든 것이다.')를 동시에 살펴볼 필요가 있다. 어떻게 '성적 절제는 성숙의 표지이다.'라는 A 기준에서 '섹스를 하는 것이나 하지 않는 것이나 중립적이다. 각자가 무엇을 믿는가에 따라, 둘 중 선택할 수 있는 어떤 것도 고귀한 선택이다.'라는 B 기준으로 변화되었을까? 그리고 B 기준보다 더 나아가서 '성적 절제는 건강하지 못하며 오히려 일탈적이다.'라는 C 기준으로까지 변화되었을까? 우리는 빌헬름 라이히(Wilhelm Reich)라는 사람을 만나기 전까지는 이 변화 궤적을 이해할 수 없다.

섹스는 모든 것이다

빌헬름 라이히는 1897년, 당시 오스트리아-헝가리 제국의 일부였던 갈라시아 지방에서 태어났다. 그가 어린 시절에 겪은 충격적 사건은 그의 어머니가 가정교사 한 명과 불륜을 벌인다는 사실을 발견한 것이었다. 그의 사춘기는 두 부모의 자살에 의해 크게 손상당했다. 성인기로 접어들면서 빌헬름은 학문 연구에 몰두해 마침내 유명한 신경학자인 지그문트 프로이트(Sigmund Freud) 밑에서 수학했다.

빌헬름은 프로이트의 제자였으나, 섹스와 관련된 이론들에 관해서 곧 스승과 불화에 빠져 버린 독립적 사상가였다. 1919년 3월 1일에 쓴 그의 일기는 다음과 같이 말하고 있다. "아마도 나 자신의 도덕성은 성 중심적 심리학에 반대할 것이다. 하지만 나 자신의 경험이나 내 자신과 다른 사람들을 관찰해 본 결과, 나는 섹스가 각 개인의 내적 생활은 물론이거니와 전체 사회적 생활을 통할하는 중심이라는 사실을 확신하게 되었다."[7]

섹스가 삶의 중심이며 모든 것(everything)이라는 것이다.

프로이트는 자신의 성적 욕구들을 억제하는 것이 사회를 위해서 좋다고 가르쳤다. 빌헬름은 동의하지 않았다. 억압이야말로 사회의 여러 질병들의 원인이라고 보았기 때문이다. 그는 정신분석의 목표는 성적 건강을 성취하는 것이어야 한다고 생각했다. 만일 환자들이 어느 정도 치유를 맛보고 만족스러운 성생활을 성취할 수 있다면 그들이 가진 대부분의 다른 신경증 증상들이 사라질 것이

라고 본 것이다.[8]

라이히의 제자이자 후에 권위 있는 빌헬름 라이히 전기를 쓴 마이론 샤라프(Myron Sharaf)는 두 사람이 처음 만났던 1944년의 그 순간을 회상했다. 다이론은 당시에 18세였다. 빌헬름은 물었다. "너는 건강하니?" 마이론은 후에 고백했다. "나는 그 질문을 받고 놀랐습니다. 비록 그가 '안녕하세요?'라고 의례적으로 안부를 묻는 식으로 물었을지라도, 그 질문에는 대답에 대한 진정한 관심이 들어 있다고 느꼈습니다. 나는 그의 저작들을 이미 충분히 알고 있었기 때문에 그가 나의 일상적인 건강 안부를 물은 것이 아니라, 나의 성적 건강을 물은 것임을 알았습니다. …… 나는 당황한 나머지 내가 건강한지 건강하지 않은지 모른다고 대답했습니다. 그러자 그는 교묘하게 그 주제를 포기했어요."[9]

나는 박사과정 논문을 쓰려고 1936년에 나온 그의 책, 「성 혁명」(The Sexual Revolution)을 통해 처음으로 빌헬름 라이히를 알게 되었다.[10] 그 책은 노랗게 색이 바랬으며 책 모서리들이 닳아 있었다. 도서자료들이 가득 찬 도서관에서 그 책은 우리가 기대하는 오래된 책 냄새를 풍기고 있었다. 책 제일 뒤쪽 대출카드가 꽂힌 부분을 보니 한참 동안 아무도 그 책을 읽지 않았음을 알 수 있었다. 그러나 나는 학자들이 라이히의 견해들을 참조했던 책들을 이미 충분히 많이 읽었던 터라 원자료로 돌아가 그 「성 혁명」의 저자가 무엇을 믿었는지 알아볼 필요가 있었다.

그 책들의 페이지를 넘기며 읽어 가는 동안, 나는 그 해진 책이 신기할 정도로 적실성이 많다고 느꼈다. 라이히가 제안했던 것이 1936년에는 혁명적이었는데, 그중 많은 것이 지금 우리 시대에 와서 성취되었다. 나는 이미 죽은 한 그루 나무의 씨앗들을 손에 들고 있는 기분이었다. 마치 나는 성 혁명의 결과 남겨진 대학살의 원자료들 중 하나를 발견한 것처럼 느꼈다.

나는 빌헬름 라이히의 저작의 핵심에 깔려 있는 사실을 발견했는데, 그것은 이 세상에 일어나야 할 가장 위대한 혁명은 "궁극적으로 인간들로 하여금 자신들의 충만한 잠재력을 실현하고 인생에서 만족을 누리는 것을 가능케 할 성 혁명"이라는 주장이었다.[11] 다른 말로 하면, "만일 인간이 자신의 잠재력을 극대화하고 성취하려면 반드시 건강한 성생활을 해야 하며 방해가 되는 것은 무엇이든지 제쳐두어야 한다."는 것이었다. 라이히에게 오르가즘은 '인간이 맛볼 수 있는 유일한 구원'이 되었다.[12]

자, 이제 이 사상이 성경의 이야기 노선을 얼마나 부정적으로 뒤집고 있는가를 잘 생각해 보라. 성서에 따르면, 하나님의 율법을 어기는 행위인 죄는 인간이 구원받아야 할 문제이다. 반면에 빌헬름 라이히에게 인간의 큰 문제는 하나님의 율법을 위반하는 것이 아니라, 하나님의 계명들에 의해 금지된 본능을 배척하는 것이다. 고독과 소외감은 하나님과 우리 인간을, 우리와 우리 이웃을 서로 갈라놓는 죄의 결과로 나타나는 것이 아니라, 도덕과 본능이 충돌할 때 우리 자신을 억제하고 억압하기 때문에 나타난다는 것이다. 빌헬름은 성 혁명의 발전을 위해서는 성도덕에 관한 케케묵은 율법들을 폐기해야 한다고 가르쳤다. 그리고 성과 결혼에 대한 성경적 견해를 갖고 신자들의 생활을 교도하던 교회들은 이전 입장을 완화하거나 주변화되어야 한다는 것이다. 라이히가 보기에 종교적 확신들은 사람들에게 성과 관련된 죄책감과 수치심을 짊어지우고 성적 행복을 누리지 못하도록 막았다.

이런 상황에서 '성적 만족 향유'라는 목표는 2천 년 동안이나 실현되지 못했다. 빌헬름은 다음과 같이 말했다. "성적 만족 추구는 종교의 이름으로 부정되었다." 구원을 가져오고 이 억압을 끝내기 위해 종교의 권력은 부서져야 했고, 그것의 '치명적 영향력'은 중단되었다.[13] 공산주의자들이 교회를 정부의 권위와 동등한 권위를 요구하는 경쟁자로 보았던 것처럼, 빌헬름 같은 성 혁명주의자들은 교회가 성적인 만족과 승인을 얻는 데 장애물이라고 보았다.

빌헬름은 또한 가족도 공격대상으로 삼았다. 아버지, 엄마, 자녀로 구성된 가정이 사회의 토대가 된다는 생각을 공격했다. 「성 혁명」 중 한 장(章)의 제목은 "결혼의 문제"인데, 여기에서 빌헬름은 한번 부부로 맺어진 남녀의 배타적 관계에 기초한 전통적 결혼은 일련의 연속적인 상호투신적 관계들로 대체되어야 한다고 주장했다. 이런 경우 사랑은 "얼마나 오랫동안 지속되느냐가 아니라 관계의 질에 의해서" 판단되어야 한다고 말했다.[14] 보통 결혼식 서약 때 하는 맹세인, "죽음이 우리를 갈라놓을 때까지"는 "우리의 사랑이 지속되는 한"으로 바뀌어야 한다는 것이다. 라이히는 부모들이 성과 관련해서는 '무자격 교육자들'이기 때문에 가족제도의 폐지

를 요구했다. 대신 아이들은 '특별히 훈련된 사람들의 손에 맡겨져' 양육되어야 한다는 것이다.[15]

세월이 흘러가면서 라이히의 사상들 중 어떤 것들은 잊혔고, 어떤 사상들은 아직도 영향을 미치며 다른 형식으로 변화된 채 다양한 학자들에 의해 전파되고 있다. 오늘날 많은 사람들은 섹스를 '참된 자아'에서 샘솟는 욕구들의 분출이라고 본다. 그리고 한 세대 전체가 인생의 목적이 '우리 자신의 참된 자아가 무엇인가를 발견하고, 그것을 세상에 표현하는 것'(우리가 앞선 장들에서 본 것처럼)이라고 믿는다면, 갑자기 성(性)은 인생의 퍼즐을 완성하는 데 중요한 퍼즐조각이 된다. 여러분이 참된 자아를 발견하고, 그것을 세상에 알리고 표현하는 통로는 성적 활동이다. 합의에 의한 섹스는 좋은 삶을 위한 열쇠이다. 건강한 성적 충동(불법적인 성 충동, 예를 들면 아동에 대한 성적 탐심, 혹은 해로운 성적 충동과는 반대되는 성적 충동)을 억압하는 것은 우리 자신을 해치는 것이며, 자신이 누구인지를 표현하려는 욕구를 방해하는 행동이 된다는 것이다. 라이히에 따르면 다른 사람들의 성적 행위를 문제시하는 것은 그들을 억압하는 것이다. 사회의 케케묵은 성 관련 기준들로부터 자유케 된 빌헬름 라이히의 개인적 해방감이 그의 인간다운 삶을 풍요롭게 했을까? 그렇지 않았다. 그의 전기작가인 샤라프 마일론은 아내를 포함해 다수의 여성들과 분방하게 성관계를 맺었던 빌헬름의 행각에 대해 솔직하게 기록했다. 마일론은 다음과 같이 썼다. "라이히는 늘 논란이 되는 이런 복잡한 여성편력으로 생긴 불행에 대한 자신의 책임을 과소평가하는 경향을 보였다. 빌헬름 라이히와 그의 아내에게 버림받은 두 자녀가 바로 그의 자유분방한 성관계로 인해 생긴 불행의 희생자 중 일부였다."[16] 어느 때엔가 빌헬름은 자신과 동거하던 여인에게 낙태를 강요했다. 아이를 낳게 해 달라고 눈물로 애원하던 여인의 호소를 거절했다. "라이히는 자녀들을 사랑했지만 우발적 성행위로 아이가 태어나는 것이나 자신의 동거녀의 소원들이 자신의 운명을 관장하는 것을 허용할 사람이 아니었다."[17] 어떤 것도 자신의 '성적 건강'을 방해하도록 내버려 둘 수 없었다. 아이들이 희생당하곤 했다. 한 아이는 엄마의 자궁 속에서, 다른 아이들은 그의 부서진 관계들로 인해 버림당함으로써 희생당했다.

그의 생애의 마지막 10년 동안 빌헬름 라이히는 법적 소송에 휘말려들었다. 그는 성적 에너지를 결집시키는 기계, 즉 오르곤 에너지 집적기를 발명했는데(사람들이 때때로 농담 삼아 '섹스 자극 박스'라고 부르는 장치), 허위 연구 및 실험혐의를 받아 미국 사법당국의 수사를 받게 되었다. 1957년에 그는 2년의 징역형을 선고받았다. 샤라프는 이 상황에 대해 다음과 같이 기록하고 있다. "생애의 마지막 몇 달 동안에도 그가 수년간 말했던 주장을 되풀이했는데, 그것은 '하나님'이라고 불리는 존재와 자신이 '오르곤 정력'(성 에너지)이라고 명명했던 것이 결국 동일한 실재라고 주장한 것이다. 우리는 '하나님' 혹은 '오르곤 정력'을 경외해야 하며, 우리의 삶이 오르곤 정력법칙에 따라 영위되도록 허용해야 한다고 주장했다.[18] 1957년

11월 3일 빌헬름은 자신의 감방에서 심장마비로 죽은 채 발견되었다.

하나의 초월적 연합을 가리키는 표지로서의 성(性)

이제껏 우리는 성과 관련된 두 가지 신화를 살펴보았다. '성은 아무것도 아니다.', '성은 모든 것이다.' 성서는 이 두 가지 신화에 대항한다. 성서는 성을 전혀 다른 이야기 맥락 안에 자리매김해 준다. 성은 더 궁극적인 실재를 가리키는 표지라는 것이다. 성은 그 자체보다 더 위대한 무엇인가를 가리키고 있다는 것이다. 성을 아무것도 아닌 것처럼 취급하면 그것은 성이 의미하는 바를 축소시키는 것이 되며, 성이 마치 모든 것인 것처럼 취급하면 성과 그것이 가리키는 초월적 실재를 혼동하는 셈이 될 것이다.

성서에서 성은 하나님이 인간에게 주신 좋은 선물들 중 하나이며, 그것은 오로지 한 남자와 한 여자의 언약적 연합체인 가정에서만 꽃을 피우도록 설계되었다고 가르친다. 아담과 하와의 영광스러운 결혼이 성경이 그리는 인간 역사의 첫 장을 장식하며 하늘과 땅의 결혼, 즉 예수 그리스도와 그의 신부된 교회의 결혼이 이 역사시대를 종결짓고 무궁한 하나님 나라의 다음 시대를 출범시킨다. 성은 이런 궁극적으로 이루어질 초월적 연합을 가리키는 표지이며, 그것이 언약으로 결속된 가정으로부터 탈취당하는 때는 언제든지 오작동을 일으키는 위치 추적 장치(GPS)처럼 더 이상 올바른 방향을 가리키지 못하고 변질된다.

만일 성이 성 그 자체보다 더 위대한 무엇인가를 가리키는 표지라면 친밀감을 갈망하는 많은 사람들이 그것을 느껴 보려고 성에 호소하는 것은 조금도 이상할 것이 없다. 친밀감을 갈망하는 것은 좋은 일이다. 하나님은 우리 인간을 당신과 그리고 그가 당신의 형상으로 만드신 다른 인간들과 친밀한 관계를 누리도록 창조하셨다.

우리는 사랑 노래들이 우리의 음악감상 목록들과 라디오 방송 전파를 가득 채운다는 사실을 보고 놀라서는 안 된다. 첫 인간 아담이 최초로 터뜨린 말들은 사랑노랫말이다. 하나님께서 아담이 홀로 독처하는 것이 좋지 않음을 보신 후(창 2 : 18) 하와를 그의 돕는 배필과 반려자로 만들어 주셨다. 아담이 처음으로 그의 짝을 보고 노래를 터뜨렸다. "아담이 이르되 이는 내 뼈 중의 뼈요 살 중의 살이라 이것을 남자에게서 취하였은즉 여자라 부르리라 하니라"(창 2 : 23). 아담은 하나님이 만들어 주신 하와를 보고 기뻤다. 우리는 이 장면에서 다시 하늘 공중파를 가득 채우는 에타 제임스의 목소리를 듣는 느낌을 가질 수 있으리라. "마침내, 내 사랑이 찾아왔어요."

창세기 2 : 23은 이 세상에 나타난 모든 사랑노래들의 원조를 보여 준다. 우리는 사랑노래의 유형을 익숙하게 안다. 결코 공급이 중단되는 일이 없는 사랑노래들은 한결같이 사랑하는 연인이 노래하는 그 사람에게 얼마나 꼭 맞는 짝인지에 초점을 맞춘다. 주엘은 이렇게 노래했다. "당신은 나를 위해 창조된 짝이며 나는 당신을 위해 빚어진 짝입니다." 모든 사랑노래들의 토대에 이 기본적인 진리가 기초석처럼 깔려 있다. 우리는 '홀로' 행복해지는 존재로 만들어지지 않았다.

사랑과 친밀감에 대한 이런 갈망은 하나님으로부터 온 것이다. 아마도 이것은 우리가 성적 친밀감을 추구하는 쪽으로 마음이 쏠리고, 행복을 위해서 이 성적 친밀감을 누리는 데 희망을 고정시키는 이유들 중 하나일 것이다. 우리는 우리의 많은 경험들이 과학적인 용어들로 설명될 수 있는 시대에 살고 있다. 우리가 왜 이렇게 저렇게 말하고, 이렇게 저렇게 행동하는지를 이해하도록 도와주는 과학적 용어들은, 생물학적 충동들로부터 내일 일기예보, 그리고 뇌의 유형들을 표현하는 데까지 동원될 수 있다. 모든 현상이 과학적인 세부개념이나 용어로 축소되어 설명되는 이런 형이하학적 세상에서 사람들이 언어와 이성적 설명으로 해명되지 않는 어떤 신비한 세계를 경험해 보고 싶은 갈망을 품는 것이 이상한 일일까? 그 초월적인 신비를 발견하고자 섹스에 심취하는 것이 이상한 일이라고 할 수 있을까?

성 혁명 안에 있는 하나님을 향한 갈망을 놓치지 말라. 사람들은 하나님에 대해 굶주리고 있으면서 섹스에서 해결책을 찾으려고 몰려든다. 심지어 하나님에 대한 이 갈망을 의식하지 못한다 해도 사람들은 "나는 단지 즐기고 싶을 뿐입니다."라고 말하면서 초월감을 발견하기 위해서 다른 무엇보다 섹스에 호소한다. 섹스에는 생물학적 혹은 물리적 작용보다 더 깊은 무엇인가가 있다는 것을, 그들의 마음 깊은 곳에서 알고 있기 때문이다. 우리 사회에 섹스가 그렇게 범람하는 이유 중 하나는 우리가 초월에 그만큼 굶주려 있기 때문이다. 하늘에 닿을 수는 없기 때문에 우리는 침대 시트 아래로 기어든다. 그리고 섹스에는 우발적인 만남들 그 이상의 무언가가 있음이 틀림없다고 느끼기 때문에 사람들은 새로운 방법들을 동원하고 새로운 파트너들을 만나, 혹은 새로운 약물을 복용함으로써, 혹은 새로운 정체성을 표현하는 놀이를 통해 섹스 경험을 최고조의 초월 경험으로 만들어 보려고 노력한다. 섹스가 만족을 주기만 한다면 무슨 일이든지 해 보려고 한다.

성경은 친밀감에 대한 이 인간의 갈망을 긍정하지만 우리 사회에 만연해 있는 거짓, 즉 섹스가 친밀감이 발견될 수 있는 으뜸 혹은 유일한 경험이라는 거짓말에 단호히 반대한다. 한 영국 목사인 에드 쇼(Ed Shaw)는 "우리는 참된 친밀감을 누리는 유일한 통로가 섹스인 세상에 살고 있다."라고 말한다. 만일 사정이 이렇다면 현재 결혼 상태에 있지 않은 어떤 그리스도인이든 — 아직 미혼이든, 과부가 되었든, 이혼했든 혹은 에드 쇼의 경우처럼 동성애 성향과 전쟁을 벌이는 그리스도인이든 — 친밀감을 누리지 못하는 삶을 살도록 저주받은 셈이다. 왜냐하면 그리스도인들은 섹스는 결혼한 사람들을 위해 고안된 선물이라고 믿기 때문이다. 에드 쇼는 다음과 같이 쓰고 있다. "나와 같은 사람들에게 섹스가 친밀감을 누리는 유일한 통로라는 견해는 꽤나 비극적인 결과를 초래할 것처럼 들린다. 왜냐하면 나는 결혼 밖의 섹스에 대해서는 단호하게 반대하기에 어떤 친밀한 관계도 누릴 수 없는 존재가 되기 때문이다."[19]

만일 우리가 성 혁명주의자들의 거짓말, 즉 행복은 친밀한 성관계 외에는 달리 누릴 수 없다는 거짓말을 믿는다면 에드 쇼는 비극적인 상황에 빠져 있는 셈이다. 그러나 쇼는 우리로 하여금 이 신화를 꿰뚫어보고 친밀감의 향유가 반드시 섹스를 통해서만 실현될 필요가 없다는 사실을 깨달아야 함을 촉구한다. 게다가 섹스는 우리가 섹스를 통해 도달하기를 원하는 그런 초월감을 선사할 수 없다. 그 초월감은 결혼언약을 실행하는 가운데서 맛볼 수 있다. 하지만 심지어 결혼관계에서조차 우리를 향한 하나님의 사랑의 아름다움은 온전히 포착할 수도, 전달할 수도 없다. 심지어 결혼관계 속의 부부간 성관계조차 우리의 모든 문제들의 만병통치약이 아니며 풍성한 삶을 보장해 주는 확실한 길이 아니다. 즉, 우리는 섹스 안에서 구원을 가리키는 표지만을 발견할 뿐이지, 구원 자체를 발견하지는 못한다는 사실을 기억하라.

우리는 섹스에서 항구적 만족을 발견하지는 못한다. 섹스에서 부서진 우리 인생을 치유할 치유책도 발견하지 못한다. 최근 온라인상의 한 이야기는 남편의 불륜이 그녀와 그녀의 자녀들에게 얼마나 혹독한 희생을 강요했는지를 말하며 슬퍼하는 한 여성을 소개한다. 이 여인의 슬픔에 대한 사람들의 반응은 참으로 악했다. 그녀의 남편이 아니라 남편의 불륜 사연을 온라인상에서 공유한 그 여자가 비난의 대상이 되었다. 왜? 그녀의 남편이 다른 남자와의 동성애를 위해 그녀를 버렸기 때문이다. 그녀의 남편을 지지하는 많은 온라인상의 논평가들은 다른 어떤 것보다 성적인 자기표현을 높이 사고 있었다. 성적 자기표현은 아내와 자녀들을 포함해 다른 모든 것이 그것을 위해 희생되어도 될 만큼 지고의 가치라는 것이다. 한 가정의 안정이 성적 성취감보다 더 우선시되어야 한다는 그 여자의 발상 자체가 이해가 안 된다는 식의 반응들이었다. "행복할 수 있다면 무엇이든지 해라!"라는 식이었다. "당신의 행복을 방해하는 어떤 것도 허용하지 말라. 심지어 혼인서약까지도 당신의 행복을 방해하게 하지 말라!"는 식이었다. 보고되지 않았던 사실은 이런 사고방식이 초래한 결과들이다. 즉, 섹스를 함으로써 고통을 치료하려는 사람들은 보통 다른 사람들이 후에 처리해야 할 더 큰 고통을 남긴다는 사실이다. 이것은 빌헬름 라이히의 개인사가 잘 예증한 사실이기도 하다.

그렇다면 우리는 어떻게 살아야 할까? 우리는 섹스 집착에서 갈망도 보고 거짓말도 본다. 지금 우리의 상황은 어떤가? 만일 성 혁명이 우리 사회의 그렇게 많은 사람들의 상상을 사로잡는 이 시대에 우리가 신실한 성도로 살아가려면, 우리는 섹스 신화보다 더 나은 이야기를 말해 주어야 할 것이다.

불행히도 교회는 더 나은 길을 제시하는 데 항상 성공적이지는 않았다. 성적인 정력으로 충전된 로마제국 시대에 많은 2, 3세대 그리스도인들은 자신들의 독특함을 입증하기를 너무 강력하게 원해서, 그들은 성을 그 자체로 나쁜 것 혹은 더러운 어떤 것으로 생각하게 되었다. 그들은 독신생활에 투신한 사람(심지어 결혼했으면서도 성관계를 갖지 않는 사람)을 찬양했다. 그들은 자신들의 시대에 성에 관한 신화들을 인지했지만, 때로 '육체는 영에 비해 열등한 것'이라고 주장했던 비성경적인 철학들로부터 온 다른 신화들을 가지고 성 신화에 맞섰다.

심지어 오늘날에도 이 성 혁명 신화들 중 하나에 대해서 전혀 다른 이야기를 들려주는 대신에 다른 신화를 제시함으로써 답변하기가 쉽다. 예를 들면 우리는 어떤 성적 행동들을 금지하는 성경의 입장에는 동의할지 모른다. 하지만 우리의 가슴과 지성은 여전히 우리 사회가 신봉하는 몇몇 다른 신화들에서 빠져나오지 못할 수 있다. 즉, "섹스는 친밀감을 누리는 유일한 통로다."라는 생각, 혹은 '사람들은 저마다 그냥 발견되기를 기다리는 자신의 영혼의 짝(소울 메이트)을 갖고 있다.'라는 생각, 혹은 '결혼을 위해서만 섹스를 아껴 두어야 하는 이유는, 그 섹스가 더 좋고 더 의미 깊기 때문이다.'라는 생각들 중 하나에 빠져 있다. 이 세 가지 경우들에서 우리는 성에 관한 성경의 시각을 부분적으로 구성해 주는 규제 사항들을 견지하고 있다. 그러나 우리는 섹스의 유일한 목표가 함께 있는 친밀감 향유라는 생각, 혹은 섹스는 언약적 신실성을 표현하는 대신에 쾌락으로 영혼을 만족시키는 행위라는 세상의 생각을 수용했다.

마찬가지로 만일 우리가 마치 결혼은 신실한 그리스도인들을 위해 남겨진 유일한 정상적 선택인 것처럼 보이게 함으로써 결혼의 의미를 무가치하게 여기는 사회에 답변하려고 한다면, 우리는 여러 가지 형식으로의 성적 절제를 고양시키거나 미덕이라고 기리는 데 실패할 것이며, 혼전이나 이혼 후 오랫동안 결혼하지 않고 홀로 긴 시간을 보낸 경험을 가진 그리스도인들이나, 동성 연인들에게 느끼는 집요하고 그리고 누그러뜨려지지 않는 감정들과 싸워 오는 형제자매들에게는 별다른 희망을 주지 못할 것이다.

우리가 만일 더 좋은 이야기를 해 주려면 "섹스를 원래 있어야 할 자리에 두어야만 하며", '섹스는 아무것도 아니다.'라는 신화와 '섹스가 전부다.'라는 신화 둘 다에 대해 답변해야 할 것이다. 첫 번째 경우부터 생각해 보자. 우리는 포르노그래피가 만연하며, 젊은 이들이 서로의 누드 사진을 화폐처럼 교환하고, 모든 종교의 성적 관행들과 섹스 파트너들과 우발적이고 즉흥적인 만남들이 자연스럽고 유익하다고 여겨지는 사회에 살고 있다. 우리 이웃 중 많은 사람들은 왜 누군가가 합의에 의한 성행위에 대해 판단하려고 하는지에 대해 의아해한다. '옳다' 혹은 '그르다'의 범주들이 사람들에게 해가 되는 도덕적 기준을 강요한다고 보는 것이다.

섹스의 심각성을 이렇게 급진적으로 과소평가하는 입장에 대한 응답으로 교회는 나아가 다음과 같이 말해야 한다. "성은 우리가 생각하는 것보다 훨씬 더 진지하고 신비한 것이다." 우리는 혼인 언약 안에서 이루어지는 한 남자와 한 여자의 연합이 어떻게 그리스도와 교회의 종말론적 연합을 가리키는 표지가 되는지를 설명할 때 성의 심각성을 가르친다. 결혼에는 둘이 한 몸을 이루는 영광스러운 신비가 작용하고 있다. 이 둘이 한 몸을 이루는 연합은 하나님의 형상 담지자들을 더 많이 만들어 내는 새 생명의 창조와 새 가족의 창조를 지향한다.

우리는 성이란 심각한 것이라고 말해야 할 뿐만 아니라 이것이 사실임을 보여 줘야 한다. '성을 원래의 자리에 두는 것'은, 그리스도인들은 성적인 죄를 우리의 주류 문화보다 더 심각하게 생각할 필요가 있다는 것을 의미한다. 어떤 이유로 많은 사람들이 성경에 대해서 생각할 때, 구약성경은 많은 금지들과 쓸데없는 율법들로 가득 차 있으며 신약성경은 우리에게 죄에 대해 너그럽고 모든 것을 다 받아들여 주시는 예수님을 보여 주고 있다고 결론을 내린다. 나는 그들에게 복음서들을 반드시 읽어 보라고 권고한다. 예수님은 결혼과 성 문제에 관해서 급진적으로 엄격하시다.

순결에 대한 예수님의 엄격성은 그가 우리를 미워하거나 우리에게 '재미있는 일'이라면 뭐든지 억누르기를 원하시기 때문에 비롯된 것이 아니다. 순결에 대한 그의 엄격함은 그가 급진적으로 우리를 위하시고 도우시려고 하는 데서 비롯된다. 그는 우리가 무엇을 위해 지어진 존재인가를 아신다. 바로 그 이유 때문에 결혼의 신성성을 언급하실 때 이혼에 대한 모세의 율법에 있는 타협적 요소를 제쳐두고 이스라엘 남자들의 완악한 마음을 책망하신다. 그리고 결혼의 참 의미를 가르치기 위해 곧장 창세기 1~2장에 호소하신다. 예수님은 에덴동산에서 서로를 즐거워하는 인류 최초의 부부 아담과 하와의 이미지를 마음에 담고 계신다. 그리고 성적 친밀감은 하나님이 원래 의도하신 그 방법으로만 추구되어야 한다는 점을 가르치신다(마 19:1-12 ; 막 10:1-12 ; 눅 16:18).
예수님은 성을 원래의 자리에 두신다. 그는 우리가 일편단심의 헌신과 순결의 삶을 추구할 때 급진적인 기준을 적용할 것을 요구하신다. "만일 오른쪽 눈이 너로 하여금 범죄케 하거든 그것을 뽑아내어 버리라. 두 손과 두 발을 갖고 지옥에 던져지는 것보다 신체 일부를 손상당하거나 다리를 절며 영생에 들어가는 것이 더 낫다."라고 말씀하신다(마 5:29 ; 18:8 ; 또한 막 9:43-49). 두 손과 발이 성한 채로 지옥에 던져지는 것을 택할지 한 손과 한 발만 가지고 영생에 들어가는 것이 나을지 선택하는 것은 심각한 내기이다. 성적인 범죄는 가볍게 여겨져서는 안 된다.
자 이제 준비하라. 우리의 행동들은 세상에 충격을 줄 것이다. 특히 세상 사람들이 그들의 기준에서는 포르노그래피 같은 '정상적'인 어떤 것을 두고 서로 갑론을박을 벌이는 우리를 쳐다볼 때, 회개하지 않는 간음자를 사랑의 이름으로 교회에서 출교시키는 것을 볼 때(고후 5장), 다양한 종류의 정욕들과 싸우는 방법들을 찾아내는 우리를 볼 때 충격을 받을 것이다. 우리는 이런 문제에 침묵을 지킬 수 없다. 만일 우리가 교회들에서 행해지는 성범죄를 묵과하면, 섹스는 가벼운 것이며 어떤 결과에 대해서도 자유롭다고 믿는 신화를 한층 강화시키는 셈이 될 것이다. 그리고 만일 교회가 구성원들 사이에 일어나는 성범죄를 심각하게 받아들이지 않는다면, 어떻게 우리가 성에 대한 하나님의 선한 목적에 관하여 세상을 향해 예언자적으로 말할 수 있겠는가?

반대로, 우리 사회가 "섹스는 모든 것이다. 섹스를 통해 나는 참된 나 자신이 되고 나의 자아가 실현되고 생명을 누린다."고 말할 때, 우리는 "성은 당신이 생각하는 것보다 덜 심각한 문제입니다. 당신은 섹스에 너무 많은 희망을 두고 계시군요."라고 대답한다.

성 혁명 때문에 많은 사람들은 인간의 삶의 목적과 인간의 삶이 얼마나 풍성한가를 측정하는 기준이 자신을 자유롭게 표현하는 자유, 즉 '자신에게 충실함으로써' 자신의 고유한 내적 본질을 세상에 알릴 자유 속에 있다고 믿는다. 이런 관점에서 보면, 어떤 사람의 성적 성향들이나 성적 습관들의 타당성 여부를 문제시하는 것은 그들의 인간됨 자체에 시비를 거는 것이며, 그들의 정체성에 손상을 가하는 것이고, 그들의 욕망들을 철저히 조사함으로써 그들을 비인간화시키는 행위가 된다.

이런 사상에 대응하여 교회는 "인간의 존엄성은 인간이 자신의 성적 매력에 의해 정의되지 않는다는 것을 의미한다."라고 말해야 한다. 자신의 정체성을 성적 성향의 자유로운 선택에서 확보하거나 자신의 모든 희망을 성적 행복 향유에 고정시키는 것은 하나님의 형상으로 지음받은 인간이 추구하기에는 너무 낮은 목표이다. 신학자 리차드 헤이즈(Richard Hays)는 다음과 같이 말한다. "성서는 교회사에 나타나는 여러 세대의 신실한 그리스도인들과 더불어 자유, 희락, 그리고 섬김의 삶이 성적 관계의 향유 여부에 관계없이 가능하다는 사실을 증언한다. 성경적 관점에서는 성이 결코

한 인간의 정체성 형성이나 인생의 의미와 행복 추구의 토대가 되지 않는다.[20]

우리 인간은 충만하고 번성하는 사람이 되기 위해 성관계를 필요로 하는 것이 아니다. 그냥 예수님을 한 번 보라. 혹은 결코 결혼하지 않았으나 교회사 전체에 걸쳐 지도력을 끼친 수십 명의 지도자들을 보라. 지난 세기의 위대한 복음전도자 존 스토트나 나치의 손에 순교당한 독일 목사 디트리히 본회퍼 같은 사람들을 보라. 이런 경우 우리는 "섹스는 그렇게 대단한 게 아닙니다."라고 말하기보다는 "당신은 당신의 성보다 훨씬 더 고귀한 존재입니다."라고 말함으로써 성을 본래의 제자리에 둔다. 우리는 우리의 인간적 자기이해나 자기표현을 성적 욕구로 축소시켜서는 안 된다. 교회는 세상이 성의 의미를 축소시킬 때는 성의 의미를 고양시켜야 하고, 세상이 성을 지나치게 대단하게 여길 때에는 그 주장의 토대를 무너뜨려야 한다.

우리 시대의 성문화를 보이콧하는 비주류적 반역자들로서의 그리스도인들

우리 시대의 지배적 성문화에 반기를 들 준비를 하라. 1969~1970년대의 성문화 반역자들은 '자유연애'를 선호하며 도덕적 규제들을 떨쳐버리기 원했던 히피들이었다. 21세기의 성 반역자들은 아마도 이 성 혁명 도그마에 이의를 제기하는 그리스도인들일 것이다.

우리 중 더러는 세상에 대응사격을 하고 세상을 정죄하고 성경의 명령과 금지 계명들로 세상을 질책하고 싶은 유혹을 느낄 것이다. 그러나 사람들을 기독교 신앙으로 회심시키기 위해 미전도 부족들이나 나라들에 파송된 선교사들은 이런 접근법을 따르려고 하지 않는다. 그렇다면 왜 우리는 이렇게 다른 접근법을 따라야 하는가? 우리는 세상을 정죄하는 대신, 왜 하나님의 성에 대한 원래 의도가 최선인지를 설명해야 하며, 또한 그것이 얼마나 아름다운지를 보여 주어야 한다. 이 일은 우리 혼자 할 수 없다. 당연히 나도 개인의 힘으로 할 수 없다. 성 문제는 교회공동체가 나서서 다루어야 할 문제이다. 결혼은 결혼 당사자들만의 사사로운 일이 아니라 교회공동체의 공통과업이다. 성적 순결과 절제는 공동체적인 헌신이다.

오늘날의 문제는 교회가 너무 자주 성에 대한 주류사회의 신화들에 굴복해 왔다는 점이다. 나는 지금 성에 대한 성경말씀을 수정하려고 하는 사람들, 그렇게 함으로써 전 세계에 퍼져 있는 공교회의 가르침과 우리 이전 시대를 살았던 모든 그리스도인들과 절연하려고 하는 사람들만을 염두에 두고 이 말을 하는 것이 아니다. 나는 성경을 하나님의 불변하는 말씀이라고 믿고 가르치는 교회들에 대해 말하고 있다. 진실은 우리가 심지어 깨닫지도 못하는 사이에 성에 관한 주류사회의 생각들 중 많은 부분을 상속했다는 것이다.

앞에서 말했던 목사 에드 쇼는 우리가 '실현가능성 문제'에 빠져 있다고 말한다. 그가 의미하는 '실현가능성 문제'란, 성과 결혼에 관한 기독교의 가르침을 현실에서 믿고 추구하거나 그것에 따라 사는 것은 현실성이 없어 보인다는 것이다. 그는 이 문제를 직접 경험해 봐서 안다. 쇼는 말한다. "사춘기가 시작된 이래 나의 성적 욕망은 동성친구들 몇 명에게 쏠렸다. 나는 그때 십대에 경험하는 성적 감수성의 단계이겠거니 생각했는데, 이 문제는 결코 없어지지 않았다. 나는 이 동성애적 경향을 바꾸어 보려고 온갖 노력을 다하고 숱한 기도를 드려 보았지만 삼십대 중후반기를 지나는 지금도 나는 오로지 동성에게만 성적으로 끌린다."[21]

몇몇 핵심성경 구절들에 대한 수정주의적 해석을 통해 이 딜레마를 해결하려고 애쓰는 어떤 그리스도인들과는 달리, 쇼는 성경의 장엄한 구속사 이야기가 성적 친밀감을 어디에서 찾아야 하는가에 관한 질문에 대해서 의심의 여지가 없이 올바르게 가르치고 있다는 점을 인정한다. "내가 전체 성경에서 펼쳐지는 이야기를 깊이 연구하면 할수록, 그리고 교회사의 전 시기를 탐구해 보면 볼수록, '성은 어른이 된 한 남자와 한 여자의 결혼을 위해 의도된 선물'이라는 나의 확신은 더 강해졌다."[22]

왜 모든 혼외 혹은 혼전 성관계를 금하는 기독교의 가르침이 오늘날 비현실적으로 보일까? 너무 많은 사람들이 인생의 목적은 참된 자기를 발견하고 그 참된 자기에게 충실하게 사는 것이라고 믿기 때문일 것이다. 이것을 성과 관련시켜 보면, '우리 각자는 우리의 참된 정체성을 지켜야 하고, 그 가운데 자연스럽게 일어나는 욕구를 충족시켜야 한다.'는 것이다.

쇼는 이 신화가 무엇을 겨냥하는지를 본다. 그는 다음과 같이 말한다. "무엇이 올바르고 무엇이 틀린가를 아는 우리의 지식은 자연스럽게 일어나는 현상으로부터는 도출될 수 없다. 이 세상에 무언가 문제를 일으키는 모든 것은 각각 우리로부터 자연스럽게 비롯되었기 때문이다. 즉, 우리 자체가 오류의 원천이기 때문이다. 도덕은 우리의 밖에 계신 어떤 분에 의해 규정되어야 한다. 즉, 우리를 창조하신 하나님만이 도덕을 정하실 수 있다."[23]

우리 모두는 죄 가운데 태어나서, 우리의 성적 성향이 얼마나 특별하든, 우리의 성적 정체성 혼란 때문에 생긴 갈등이 어떻든지에 상관없이 성적인 죄인들이다. 쇼는 다음과 같이 말한다. "우리는 특별한 방식으로 죄짓기 쉬운 내적 경향을 갖고 태어났다. 그것은 전적으로 본능적인 것으로 느껴진다. 그럼에도 우리는 이 내적 성향에 따라 행동하는 것에 책임을 져야 할 것이다. 그래서 우리는 우리 자신을 이해하고 죄와 싸우는 우리의 싸움을 이해하기 위해서 이 사실을 알아 둘 필요가 있다."[24] 쇼의 말이 옳다. 간음을 범하고 포르노 웹사이트를 찾아 즐기며 혹은 동성애 파트너와 동침하는 것이, 무슨 경우든 상관없이 자연스럽게 느껴지는지 아닌지는 옳고 그름을 나누는 기준이 될 수 없다. 자연스럽게 느껴지는 것이 우리 옳고 그름을 판단하는 방식이나 기준이 아니다. 하나님의 말씀이 중요하며, 그분의 율법이 우리 모두를 판단하는 준거이다. 그러므로 우리가 다른 죄인에 대하여 무슨 이유로든지 우월감을 품을 수 있는 어떤 여지도 없다. 만일 여러분이 아직도 동정이며 처녀라고, 혹은 당신은 동성애자가 아니라 이성애자라고, 혹은 당신은 결코 이혼한 적이 없다고 자랑할 이유가 있다고 느낀다면, 하나님의 은혜의 묘약을 새롭게 처방받을 필요가 있다. 여러분이 구원을 바라고 하나님을 앙망하는 한 여러분은 다른 어떤 누구도 멸시할 수 없다. 하나님의 은혜가 임하면 어떤 우월감이라도 산산이 부서진다.

그러나 그 은혜는 또한 우리를 성령의 권능으로 성결을 추구하는 성자로 변화시킨다. '우리 자신에게 충실한 것'은 우리 안에 계신 그리스도, 그 영광의 소망에 충실한 것을 의미한다(골 1 : 27). 쇼는 연이어 말한다. "만일 우리의 모든 교회들이 우리의 모든 교회구성원들에게 장려하는 으뜸 정체성이 그리스도 안에서 공유된 거듭난 자아라면, 이 사실은 거의 다른 어떤 것보다도 우리가 직면하는 '실현가능성 문제'를 능히 분쇄하고도 남을 것이다."[25] 동의한다. 우리가 성에 관한 기독교 가르침의 아름다움을 보여 주는 으뜸되는 방식은 교회를 변호시켜 우리 그리스도인 모두가 함께 성결을 추구하는 선한 싸움에 동참하게 만드는 것이다. 우리가 느끼는 그 방식이 '우리의 정체성'이 되게 해서는 안 된다. 예수님이 '되라고 선포하신 바로 그 새로운 존재'가 우리의 정체성이다.

이제 우리 앞에는 큰 과제가 놓여 있다. 그러나 이 얼마나 놀라운 모험인가! 만일 우리가 신앙 때문에 세상에 버려진 자들이 되고 비주류가 된다면, 성 혁명 신화 안에 담긴 거짓말을 단지 폭로하는 수준의 반역자들이 되는 말자. 성과 결혼에 대한 전혀 다른 관점을 제공함으로써 세상의 갈망들에 응답해 주자. 성과 결혼에 두신 하나님의 목적이 무엇인가를 선포하자. 어떤 종류의 성적 행위들에 대한 하나님의 분명한 금지는 정당한 성의 사용에 대한 하나님의 긍정과 함께하며, 또한 신앙공동체 안에서 이루어지는 다양한 종류의 비성적(非性的)이면서도 동시에 아주 중요한 우애와 친교에 복을 주신다.

뉴질랜드의 목사인 조나단 그랜트(Jonathan Grant)는 우리의 접근은 '양날의 검'이어야 한다고 말한다. 우리는 "우리 문화 속에 만연한 성적 욕망 경배와 극단적·개인적 만족 추구 경향에 도전해야 하지만, 아울러 인간의 풍요로운 삶이 무엇인가에 관한 전혀 다른 비전을 제시해야 한다. 기독교 영성과 기독교적 품성은 주류 문화에 대한 저항도 하지만, 주류 문화의 오도된 방향을 올바르게 지도하기도 한다. 그런데 문화적 우상숭배에 대한 저항을 가능케 하는 것이 바로 우리 욕망들의 방향 재조정이다."[26] 다른 말로 하면, 우리 사회의 성 관련 신화들에 저항하는 최선의 길은 우리의 모든 정력들을 왜 우리 그리스도인들이 특정한 성적 행위들에는 참여하지 않는가를 설명하는 데 쏟는 것이 아니라, 왜 우리가 예수님의 도덕적 단호함을 받아들이는지 그리고 그것이 얼마나 아름다운지를 세상에 보여 주는 공동체를 건설하는 것이다. 성적 절제는 어떤 규칙을 따르는 것이 아니라 거룩한 연인이신 하나님을 사모하며 따르는 것이다.

성 혁명이 조만간에 사그라질 기미는 조금도 없다. 그러나 아마 우리는 다나 프레이타스의 연구가 보여 주었듯이 사람들이 이 성 혁명에 약간의 피로감을 느끼는 현상을 목격할지도 모른다. 우리 사회가 성에 대해 들려준 신화들에 환멸을 느끼는 사람들이 떼지어 나타나는 일을 목격하는 날이 올 수도 있지 않을까? 만일 그렇다면 지금은 우리의 대항문화적인 성 관점들을 과소평가할 시간이 아니다. 그것들을 다시 높이고 더 좋은 이야기를 들려주며, 복음의 은혜와 긍휼을 전파하며, 우리의 팔을 벌려 성적 왜곡들로 황폐케 된 우리 사회로부터 도망쳐 나오는 사람들을 환영해 줄 시간이다.

최근에 나는 십대가 아직 안 된 딸을 둔 한 비신자와 대화를 나눈 적이 있다. 그는 이런 세상에서 자신의 딸을 키워야 하는 상황에 대한 우려를 나에게 털어놓았다. 그는 자신의 딸이 성적 절제, 그리고 도덕적 경계들에 대해 배우기를 원하지만, 우리 주변 문화에서의 도덕적 쇠퇴와 미래를 보며 걱정하고 있었다. 이 남성은 성을 결혼을 위해서만 아껴 두어야 한다고 가르치는 기독교적 도덕관을 갖고 있는 것이 아니다. 그러나 그는 21세기의 도덕적 궁지 상황을 헤쳐 나가려고 할 때 방향감각을 상실한 것처럼 느낀다. 그는 결코 기독교 가르침의 근거가 박약하다고 보지 않는다. 이 남성은 기독교의 도덕적 트대를 기독교 신앙에서 가장 매력적인 특질 중 하나로 보려는 듯하다.[27]

성 혁명이 우리 주변 사람들의 삶에 엄청난 해악을 끼칠 때, 우리는 성경의 도덕적 지향이 기독교 신앙에 이르는 길을 막는 장애가 아니라 도덕적 혼돈에 빠진 세상을 비추는 빛의 표지라고 선언할 기회를 가지게 된다. 우리 시대에 신실하게 살아가려면, 교회는 성적 혼란의 한복판에서 희망의 항구, 피난처가 되어야 한다.

그래서 이 새로운 성도덕을 보고 애통해하기보다는 기독교의 독특한 성 관련 인식이 이전보다 더 밝게 빛나도록 할 기회를 포착하자. 초대교회 그리스도인들은 지금 우리 시대보다 훨씬 더 뒤틀린 로마 제국 세계에서 이 과업을 수행했다. 심지어 우리는 빌헬름 라이히가 아니라 그들이야말로 원조 성 혁명주의자들이라고 말할 수도 있으리라.

This is Our Time

This is Our Time

8장

동요하는 세상

전(前) 인디애나 주지사 미치 다니엘스(Mitch Daniels)는 앞쪽 연단에 앉아 버지니아 주 알링턴에 모여든 군중을 내려다보았다. 사람들은 식탁 주변에 둘러앉아 있고 그들이 먹다 남긴 저녁식사의 요리들이 접시에 흩어져 있었다. 다니엘스는 연설을 시작했다. "여러분 식사 잘 하셨지요. 아주 좋은 만찬이었습니다. 그러나 여러분은 그것이 얼마나 놀랄 만한 사건인지 잠시 멈춰 생각해 보았습니까? 이 방에 있는 가장 어린 사람을 제외하고 여러분은 모두 20~30년 전에 우리는 지금쯤 굶어죽을 것이며 세계는 식량이 바닥날 것이라고 들었음을 기억할 것입니다. 이런 식량 부족 사태에 대해서는 누구도 해결책을 내놓을 수 없었습니다."[1]

다니엘스는 전례 없이 빠른 속도로 인구가 폭발하는 상황을 목격했던 1970년대 학자들의 음울한 예언들을 염두에 두고 말하고 있었다. 그 시대에 널리 읽힌 책「인구폭탄」(The Population Bomb)은 무서운 황폐화와 대규모 기근을 예언했다. 학자들은 지구 자원이 감소하고 식량이 바닥나면 인류문명 사회의 토대가 무너질 것이라고 예언했다.

다니엘스는 연이어 말했다. "이 방에 계신 모든 분들은 한 사람도 빠짐없이 그들의 예언과 달리 지난 수십 년 동안 지구 행성의 역사상 가장 엄청난 인류의 복지 증진이 일어난 것을 보았습니다. 중요한 나라들에서 이루어진 더 큰 자유와 기술의 결합은 영양실조에 걸린 사람들 — 영양실조에 걸린 우리의 형제자매들 — 을 수백만 명씩이나 감소시켰습니다. 동시에 인구는 십억 단위로 증가했습니다."[2]

오늘날 인류는 계속 늘어 가고 있다. 30년 안에 이 지구에는 90억 명의 인류가 한데 모여 살 것이다. 다시 한 번 하나님이 창조하신 이 세상에 어떻게 살아남아 번성할 수 있을 것인가를 고민해 볼 필요가 있다. 그런데 이번에는 상황이 역전되었다. 1970년대에 널리 퍼진 '음울하고 어두운 인류 아사(餓死) 시나리오'를 기꺼이 받아들이려는 사람의 숫자도 점점 더 줄어들고 있다. 우리는 인간의 창의성이 인도주의적 재난(humanitarian disaster, 인구 폭발과 그로 인한 기아)을 촉발시키는 대신에 인간문명의 번영에 기여할 수 있을 것임을 안다. 미치 다니엘스의 연설은 한물간 '인류문명 쇠퇴 담론'과 실제로 일어난 일을 대조했다. 왜? 그는 청중에게 세계가 어디로 가는지에 대해 절대적으로 확신하는 사람들에게 좋은 의미에서 의심해 보도록 격려하기를 원했기 때문이다.

인류문명 쇠퇴 담론은 내가 '거대 담론 신화'(mega-myth)라고 부르는 어떤 것이다. 이것을 거대 담론 신화라고 부르는 이유는 그것이 이제까지 이 책에서 살펴본 다른 신화들을 조금씩은 다 두루뭉술하게 포함하고 있기 때문이다. 인류 쇠퇴 담론을 반대로 뒤집으면 '인류문명 진보 담론'이 된다. 이것은 인류문명은 불가역적으로 나빠지는 것이 아니라 반드시 좋아진다고 말한다.

이 두 담론 모두 황당무계한 신화들이다. 그러나 이것들이 황당무계하다고 해서 사람들에게 끼치는 영향력과 침투력을 우리가 쉽게 막을 수 있다는 뜻은 아니다. 심지어 그리스도인들까지도, 굳이 말하자면 누구도 이런 신화들에 빠지는 것을 막지 못하고 이 거대 담론 중 하나에 혹할 수 있다. 만일 우리가 정신 차리지 않으면, 우리는 하나님이 누구신지, 예수님이 무엇을 행하셨는지 그리고 어떻게 우리가 영생을 경험하는지에 대한 확신을 견지하면서도, 이 세상이 어디로 가는지에 대한 우리 사회의 지배 담론 신화에 굴복하게 된다.

이 말이 안 믿어지면 바로 지금 24시간 뉴스만 틀어 주는 케이블 방송을 시청해 보라. 지금 어서 가서 틀어 보라. 여러분이 방송을 듣고 돌아올 때까지 토론할 마음으로 기다리고 있겠다. 여러분은 무엇을 보았는가? 이 세계가 고칠 수 없을 만한 수준으로 부서졌음을 가리키는 범세계적 이목을 끄는 사건을 보도 중이거나, 아니면 우리가 기다려 온 희망을 보여 주는 방송일 것이다. 이것이 우리 인간들이 자신들의 상황을 이야기하는 방식이다.

이런 시대에 신실한 성도로 살아가려면, 우리는 인류 쇠퇴 신화와 진보 신화의 정체를 언제든지 보는 즉시 알아차려서, 참된 것이기 때문에 더 좋고 더 만족스러운 성경의 스토리 라인(창조-타락-구속)으로 그것들을 반박해야 한다.

고국으로 되돌아와 다시 선교사가 되다

레슬리 뉴비긴(Lesslie Newbigin)은 인도에서 40년을 사역한 20세기 영국 선교사였다. 뉴비긴은 성경의 가르침에 충실했고, 기꺼이 자신의 선교지 원주민들처럼 옷을 입고 살았기 때문에 효과적 사역을 펼칠 수 있었다. 그가 선교사로서 배운 것은 두 가지였다. 첫째, 그는 인도 사람들이 신봉하던 세계관을 담고 있는 이야기를 이해할 필요가 있었다. 둘째, 인도 사람들이 신봉하던 세계관을 담고 있는 이야기 속의 갈망들은 긍정하되, 그 안에 들어 있는 거짓말에 도전하고 사람과 세상을 변화시키는 복음의 아름다움을 과시하는 방식으로 복음을 제시할 필요가 있었다. 그는 가능한 때면 언제든지 토착문화와 복음 사이에 공통성이라는 다리를 놓았으며, 필요한 때는 언제든지 복음으로 토착문화 이야기에 숨어 있는 거짓에 도전했다.

그러나 뉴비긴은 고국으로 돌아왔을 때 인도에서 경험했던 어떤 충격보다 더 큰 충격을 겪었다. 조국 영국의 교회들, 그를 처음으로 인도라는 선교지로 파송했던 교회들이 세계에 대한 거짓된 신화에 굴복하고 있었다. 그런데 그 누구도 이것을 눈치채지 못한 것처럼 보였다! 뉴비긴은 국외자의 안목으로 고국 교회의 현실을 바라보며 고국의 교회들이 '진보의 신화'에 사로잡혀 있음을 알아차렸다. 영국 교회는 이 세계가 지식과 도덕적 행위 둘 다에서 좀 더 위대한 수준으로 진화하고 있다는 생각에 사로잡혀 있었다. 세상 사람들은 그리스도인들도 이제는 그들의 어리석은 미신(기적에 대한 신봉)과 한물간 원칙들(전통적인 도덕률에 대한 집착)로부터 벗어나 성숙해지기를 기대했다. 뉴비긴은 어떻게 이 세속적인 심리가 영국의 동료 그리스도인들의 사상과 생활에 침투(浸透)했는지를 보았다.

영국의 그리스도인들 중 많은 사람들은 기독교는 개인적이고 사적인 기호일 뿐이며 온 세상에 의미가 있거나 영향을 미칠 메시지가 아니라고 보는 믿지 않는 이웃들의 생각에 동의하고 있었다. 뉴비긴은 이 진보의 신화가 교회의 복음 증거에 가한 손상을 보았다. 결국 복음의 핵심은 "어떤 일이 일어났다.", 즉 "십자가에 달린 메시야 예수 그리스도가 죽음에서 부활하셨다!"라는 주장이다. 부활의 빛 아래서 보면 사람들이 물어야 할 질문은 "무엇이 나의 진리인가?", "무엇이 너의 진리인가?"가 될 수 없으며, "무엇이 이 세상 모두에게 의미 있는 참된 진리인가?"이다.[3]

뉴비긴은 고국에 돌아와 남은 생애를 저술가와 사상가로 살면서 이 진보의 신화에 도전했다.[4] 지속적으로 그는 인간의 삶과 운명에 대해 근본적으로 다른 관점을 주창했다. 그는 동료 목회자들에게, 부활의 의미를 부인하게 만들거나 기독교의 의미를 사사화(私事化)하거나 혹은 빈 무덤의 공적인 함의들을 축소시키고 기독교를 이 세상에 거의 영향을 미치지 않는 개인적인 경건 실천 행위로 축소시키도록 이끄는 이 진보 신화의 정체를 간파하라고 호소했다. 레슬리 뉴비긴은 인도에서 복음을 선포할 때도 용기가 필요했고, 고국 영국으로 되돌아와 복음을 선포하는 데도 용기가 필요했다. 그는 영국에 만연한 진보의 신화를 발견하고 복음으로 도전했다. 그러나 우리는 이 진보의 신화를 논박하는 데 전력을 쏟다가 인류 쇠퇴 신화에 빠지지는 말자. 이 쇠퇴 신화는 이 세상은 점점 더 나빠지는데, 특히 영성과 도덕 면에서 점점 더 나빠진다는 사상이다. 우리 사회의 쇠퇴가 반환점을 넘어 다시 회복될 수 없을 임계점에 도달했다고 말하는 이 '쇠퇴 담론'도 진보 담론만큼이나 위험하다. 다만 다른 위험일 뿐이다.

최초의 미국 그리스도인들이 자신들의 사명을 어떻게 상상했는지를 기억해 보라. 그들은 하나님이 창조하실 새로운 세상의 향도(嚮導)요 하나님 나라를 온 세계 방방곡곡에 확산시키고 예수 그리스도의 재림을 준비하는 데 책임을 진 선민들이라고 자임했다. 그들은 이런 사명에 걸맞은 새로운 삶의 방식을 세우는 데 사명을 느꼈다. 반면에 오늘날의 많은 그리스도인들은 종말의 때에 대해 훨씬 더 비관적 전망을 품고 있다. 그들은 주 예수가 재림해 그분의 백성을 구출할(최악의 사태가 터지기 전 공중으로 낚아채 구출하는 휴거 방식이거나 엄청난 세계 전쟁을 통해 세상을 바로잡는 방식을 통해서든지) 때까지 어둠이 육박하는 이 세상에서 격화되는 도덕적 쇠퇴를 견뎌야 한다고 믿는다.

나는 세상 끝날에 대한 세부적인 논쟁에 끼어들 의도가 없다. 그러나 한 가지는 강조하고 싶다. 즉, 만일 우리가 미래는 가능한 한 가장 최악의 방향으로 돌이킬 수 없게 흘러간다고 믿는다면, 단지 방어적인 입장을 취하면서 수수방관해서는 안 된다는 사실이다. 비관주의는 세상에 대해 '신실한 성도들과 함께 웅크리는 수세적 입장'을 취하도록 이끌 수 있다. 이 입장은 하나님에 대한 신뢰가 아니라 주로 미래 재난에 대한 두려움에 의해 추동된다. 사실 "모든 현재 세대는 저마다 자신의 세대가 과거 세대와 비교해 볼 때 나빠지고 있다고 느낀다."는 것이다. 각 세대는 어떤 수준에서는 변형된 인류 쇠퇴 신화나 진보 신화를 수용한다. 특히 모든 세대의 그리스도인들은 각각 자신이 세계종말의 날들을 맞고 있다고 믿는다. 그런데 이 모든 세대는 각각 틀렸다. 적어도 지금까지는 그들의 예측이 빗나갔다.

이와 관련해 소거할 흥미로운 사고실험이 있다. 첫 천년기가 막 시작되었던 시대(999-1000년)에 자신들이 지구 최후의 날들을 맞으며 살고 있다고 믿었던 사람들을 한 번 생각해 보라. 그들은 예수의 재림을 예언했고, 재림 예수를 맞이하려고 준비 조치를 다 했다. 그들은 천 년 후의 시점인 2017년에 대해 이러쿵저러쿵 말하는 사람에게 어떻게 응답할까? 만일 그들이 그리스도의 재림

직전기의 종말을 살고 있다고 확실히 믿고 있었는데도 후세 사람들이 그들의 시대를 '중세기'라고 명명하는 말을 들으면 무슨 생각을 하게 될까?

이 상황을 바로 우리에게 적용해 보자. 만일 서기 4203년인데도 그리스도가 아직 재림하지 않았다면 어떻게 될까? 만일 미래의 교회역사가들이 1000~3000년대를 교회사의 '중세기'라고 서술하면 어떻게 될까? 좀 더 상상력을 확장해 본다면, 9017년의 교회사가들이 우리 시대를 '초대교회'에 포함시켜 지칭하면 어떻게 될까? 우리는 그리스도가 우리 시대에 재림하실지 하지 않으실지 모른다. 다만 우리는 눈 깜짝할 사이에 일어날 그의 재림에 대비해 신실하고 준비된 삶을 살도록 부름받았으며, 우리의 시선을 꾸준히 미래에 고정시키며 신실하게 살아가도록 부름받았다.

진보의 신화와 쇠퇴의 신화, 왜 이 담론이 존재감을 드러낼까? 왜 어떤 사람들은 과거를 우리가 진화해서 벗어나고 탈출해야 할 어떤 것으로 바라볼까? 왜 어떤 다른 사람들은 과거를 우리가 다시 되돌아가야 할 황금시대로 바라볼까? 우리는 어디로부터 추락했단 말인가? 시간에 대한 복음의 시좌(視座)가 진보와 쇠퇴에 대한 우리의 관점을 어떻게 변화시키는가?

진보의 신화

진보의 신화는 파급력이 크다. 누군들 퇴보 대신 전진을 원하지 않겠는가? 누가 이길 것 같은 팀을 응원하는 것을 원하지 않겠는가? 누가 사회의 혁신을 주도하는 앞줄에 서는 것을 원하지 않겠는가? 이처럼 여러 가지 면에서 진보는 매력적이다. 바로 이런 이유 때문에 그토록 많은 정치가들과 지도자들이 자신들의 어젠다(agenda)를 널리 알리기 위해 진보의 명분에 의존한다.

우리가 앞에서 보았듯이, 공산주의자들이 1940년대에 루마니아를 장악한 직후의 루마니아 새 지도자들은 공립학교에서 쓸 역사 교과서를 뜯어고쳤다. 그들은 루마니아의 역사를 공산주의 이데올로기에 비추어 다시 썼다. 유토피아적 공산주의 미래 사회로의 '진보'라는 역사관에 따라 루마니아의 역사가 '진보했는지 퇴보했는지' 결정되었다. 1970~1980년대 루마니아의 독재자 차우셰스쿠(N. Ceausescu)는 연설할 때마다 '미래'는 공산주의자들의 세상이 될 것이라며 호언장담하곤 했다. 쉽게 말하면, "미래로 가는 공산주의 배에 올라타든지 아니면 도태되라!"는 위협이었다.

1956년 소련 공산당 서기장 니키타 흐루쇼프(Nikita Khrushchev)는 모스코바 주재 폴란드 대사관에서 열린 한 리셉션에서 서방 대사들에게 연설한 적이 있다. 뒤에는 크렘린 공산당 간부들을 계급별로 세우고, 앞에는 서방 외교관들을 세운 채 흐루쇼프는 위협적인 목소리로 다음과 같이 선언했다. "우리는 레닌 강령을 굳건히 지킬 것이오. 만일 여러분이 틀렸다는 것을 보게 되면 완고하게 굴지 마시오. 그러나 여러분이 옳다면 포기하지 마시오." 서방 외교관들 중 한 사람이 도중에 끼어들면서 질문했다. "당신은 언제쯤 옳게 될 것 같습니까?" 청중이 작은 소리로 웃었다. 한바탕 웃음으로 연설이 중단되자 흐루쇼프는 더욱 격앙되어 방에 있던 서방 외교관들 쪽으로 몸을 돌려 말했다. "자본주의 국가들 말이오, 사실 우리 소련이 존재하느냐 마느냐 하는 것은 당신들 자본주의 국가들에 달려 있는 게 아니오. 당신들이 우리가 싫다면 우리의 초대를 받아들이지 마시오. 그리고 당신들을 만나라고 우리를 초대하는 일도 하지 마시오." 그리고 그는 온 세상에 널리 메아리치게 된 한마디 말을 덧붙였다. "당신들이 좋아하든 좋아하지 않든 역사는 우리 공산주의 편이오. 우리는 당신들을 매장시키고야 말겠소!(WE WILL BURY YOU!)"[5]

이 마지막 네 단어들(WE WILL BURY YOU!)은 너무나 유명해져서 사람들은 아직도 흐루쇼프의 개인통역비서가 제대로 번역했는지에 대해 토론을 벌일 정도이다. 어떤 사람들은 아마도 "우리는 당신들을 수세에 몰아넣을 것이오."라고 번역되었어야 할 것이라고 생각하고, 또 다른 사람들은 핵 위협을 가리키는 비유법이거나 마르크스와 엥겔스가 기초한 「공산당 선언」(Communist Manifesto)의 첫 서두 부분을 지칭한 것이 아닐까 생각한다. 「공산당 선언」 첫 부분에는 노동계급이 지배계급을 묻어 버리기 위해 무덤을 파는 사람들로 묘사되어 있기 때문이다. 또 다른 사람들은 그 네 단어 문장은 "우리는 당신의 장례식을 지켜볼 것이오." 혹은 "우리 공산주의는 당신들 자본주의 국가들보다 오래 존속할 것이오."로 번역되었어야 했다고 생각한다.

어떻게 번역되든지 상관없이 호언장담을 일삼던 소련의 정치가로부터 발설된 이 유명한 문장은 세계 신문들의 헤드라인을 장식했다. 그것이 공산주의 관점에서 나온 진보의 신화를 압축적으로 표현했기 때문이었다. "우리는 역사의 정의 편에 서 있소! 우리에게 동참하시오. 아니면 도태되고 말 것이오." 이것이 흐루쇼프의 화법이었다. 그것은 세력 과시 전술이었다. 왜 자신의 관점이 옳은지 증명할 필요가 없다는 방식이었다. 단지 한 주간의 요일 순서나 일 년의 월별 순서에 호소해서 진보를 주장하는 방식이었다. 예를 들어 "오늘은 목요일인데 당신은 아직도 수요일에 갇혀 있다. 나는 목요일을 벌써 맞고 있기에 나는 진보의 편이다."라고 말하는 것과 같았다.

진보의 신화가 사람들에게 영향을 미치는 이유는, 그것이 사람들로 하여금 역사를 무언가 모종의 목적지를 향해 전진하고 있는 이야기의 일부인 것처럼 느끼고 싶어 하는 갈망을 충족시켜 주기 때문이다. 이 갈망은 옳은 것이며 하나님으로부터 비롯된 갈망이다. 우리는 전진하는 이야기에 속하기를 원한다. 우리는 장애물도 만나지만 앞으로 도약하기도 하면서 어딘가를 향해 전진하기를 원한다. 그래서 우리는 자연스럽게 우리에게 무언가 전진감을 주는 이야기들에 끌리게 된다.

그러나 그 갈망은 아주 재빨리 세계와 미래에 대한 거짓말에 속아 넘어가 버린다. 옛 소련에서뿐만 아니라 서방 사회들에서도 사람들에게 공명을 불러일으키는 것은 진보의 신화에 담겨 있는 거짓말이다.

니콜라스 톰 라이트(N. T. Wright)는 진보의 신화에 대한 자신들의 전적 신봉을 나타내기 위해 사람들이 사용하는 흔한 구문들을 지적하고 있다. "지금 우리는 '현대'에 살고 있어. 미신과 무지를 뒤로 던져 버린 '현대'라는 것을 모르겠어? 당신은 '현대'에 적응할 수 없어?"[6] 이 진보의 신화는 세계 역사에 대한 모든 다른 시좌들을 깔아뭉개 버린다. 라이트는 진보의 신화가 "역사는 그 자체의 힘으로 모종의 목적지로 전진하고 있는데, 그 목적지는 정치적으로 좀 더 자유롭고 개방적이며 도덕적으로 좀 더 자유분방하며 관용적인 사회다."라는 신념에 뿌리를 내리고 있다고 말한다. 그는 다음과 같이 덧붙인다. "사람들은 진보가 필연적이며 그래서 진보를 방해할 수 없고 방해하려고 해서도 안 된다고 믿는다. …… 세계는 마땅히 가야 할 필요가 있는 곳으로 가고 있다는 것이다. 우리에게 남아 있는 일은 이 진보의 배에 올라타 그 목적지에 도착하는 것뿐이라는 것이다."[7]

미국에서 '진보의 신화'는 다음과 같은 의미로 통한다. "인간은 좀 더 정의롭고 자애로운 사람들로 진화하고 있다. 짐승 같은 행동들은 우리의 가장 저열하고 원시적 본능으로 퇴행하는 것일 뿐이다. 그 행동들은 미래를 위해 건축되는 세상에서는 모두를 위한 평화, 번영, 그리고 정의를 향한 여정을 계속하는 오늘날과 같은 세상에서는 더 이상 용납될 수 없다."

그래서 놀랍지도 않지만, 우리가 이슬람 급진파들의 테러와 야만적 전술에 공격당할 때마다 미국의 지도자들 — 우파든 좌파든 상관없이 — 은 통상 다음과 같이 말한다. "우리는 테러로는 아무것도 이룰 수 없는 21세기에 살고 있습니다. 테러리스트들은 반드시 실패하고 맙니다. 왜냐하면 미래는 파괴하는 자들이 아니라 건설하는 자들의 편이기 때문입니다." 이 수사적 문장은 단지 희망적이고 용감한 말로 들릴지 모른다. 그러나 역사를 잘 살펴보면 역사는 꼭 이런 식으로 흘러가지 않음을 알 수 있다. '미래'는 종종 자신들의 전혀 다른 세상을 건설하기 위해 방해가 되는 것은 무엇이든지 파괴해 버릴 정도로 자신의 대의명분에 충분히 열정적으로 투신된 사람들의 것이었음이 드러난다. 결국 모든 것은 진보에 대한 우리의 시각이 무엇인가에 달려 있다. 그렇지 않은가? 아돌프 히틀러로 하여금 유대인들, 집시, 그리고 동성애자들 같은 소위 '열등한 종족들'을 멸절시키도록 추동한 것은 인간다운 사회를 '건설하고', '인류의 발전을 증진시키려는' 열심이었다. 미국에서 아프리카계 미국인들과 주변화된 소수자 출신 여성들에게 불임시술을 시행해, 최초의 출생 통제를 강행하게 한 목적은 인간 사회를 '순결하게 하고자 하는' 열심이었다. 오늘날 이슬람 테러리스트들은 자신들이 파괴자가 아니라 이슬람 신정독재국가의 건설자라고 주장한다. 이상에서 언급된 모든 자들은 한결같이 진보를 성취하려고 한다. 다만 진보가 무엇인가에 대한 그들의 정의가 오늘날 우리 그리스도인이 생각하는 진보와 근본적으로 다를 뿐이다.

영국의 저술가이자 언론인이었던 길버트 케이스 체스터턴은 한 세기 전에 이미 진보의 신화를 꿰뚫어 보았다. 그는 다음과 같이 썼다. "내 생애 첫 40년 동안 사실상 세상에서 누구도, 확실히 이 세상의 그 누구도 세상이 어디로 가는지에 대해서는 의심을 가지지 않았다."8 그 당시 모든 사람들은 세상은 민주주의, 인권, 그리고 보다 더 큰 자유를 누리는 단계로 전진하고 있다고 전제했다. 가문끼리 다투고 민족끼리 약탈하는 날들은 이제 과거사가 되었다고 믿었다. 기술과 과학이 그들을 새로운 세계로 이끌어 가고 과거의 유혈전쟁들은 아득한 과거의 기억으로만 존재할 것이라고 가정했다. 그러나 이런 기대와는 달리 파시즘, 나치즘, 그리고 공산주의가 등장했다.

체스터턴은 말했다. "이제 인간이 알고 있는 것은, 진보의 미래를 향해 행진하던 인류의 행진대열이 방향을 돌려 역방향으로 걷고 있다는 사실이다. 인간은 진보는 진보이되 정확하게 역방향의 진보를 하고 있다. 수세기 동안 진보라고 불렸던 것과는 정반대로 후진하는 진보가 일어난 것이다."

체스터턴은 자신의 인생 황혼기인 1930년대 유럽에서 일어난 사건들을 관찰하면서 진보의 신화는 틀렸을 뿐만 아니라 위험하다고 보았다. 그는 "우리는 이 세상이 끝나지 않을 상승적 진보의 방향으로 전진하고 있다고 생각해서는 안 된다."고 주장했다. 그는 또한 다음과 같이 주장했다. "성자들과 예언자들은 이 세상의 정체를 제대로 파악했다. 세상은 단지 더 좋아지거나 더 나빠지고 있지 않다. 세상이 하고 있는 것은 단 하나다. 세상은 동요하고 있다."

체스터턴의 말이 옳았다. 만일 우리가 우리 시대에 신실한 성도로 살아가려면 우리는 이 세상이 요동칠 때 어떻게 나사를 꼭 조일 것인가를 생각해 내어야 한다.

최선의 시대, 최악의 시대

찰스 디킨스(Charles Dickens)의 「두 도시 이야기」(A Tale of Two Cities)는 1775년과 프랑스 대혁명의 시대를 묘사하면서 다음과 같은 유명한 문장으로 시작한다. "그해는 최선이었고 최악이었으며 지혜의 시대였고 또 어리석음의 시대였다. 그해는 신앙의 신기원을 이루는 해였으며 믿을 수 없는 불신의 시대였다. 그해는 빛의 계절이었고 어둠의 계절이었다. 그해는 희망의 봄이었고 절망의 겨울이었다. 우리 앞에는 모든 것이 있고 우리 앞에는 아무것도 없었다. 우리는 모두 곧장 천국으로 직행하고 있었으며 우리는 모두 다른 길로 직행하고 있었다."9

존 파이퍼(John Piper)는 첫 문장, "그해는 최선이었고 최악이었다."에 대해 다음과 같이 논평한다. "아마도 이 묘사는 하나님이 다스리시지만 죄가 만연한 세계 역사의 모든 각각의 시대에 대한 묘사라고 해도 사실일 것이다."10 그리고 자신의 주장을 증명하기 위해 그는 1859년, 즉 찰스 디킨스가 처음 그 문장을 썼던 연도로 돌아간다.

하나님은 1859년에도 강력한 구원을 역사 속에 펼치고 계셨다. 예를 들어 중국의 1859년을 보자. 중국에는 하나님의 살아 계심을 깨닫는 종교적 각성이 일어나고 있었다. 혹은 그해 북아일랜드에는 부흥이 일어났다. 그해에 활동했던 찰스 스펄전 같은 설교가들의 사역과 조지 뮬러의 고아원 사역들을 생각해 보라. 파이퍼는 "그해야말로 최선의 시대였다."라고 쓰고 있다.

그러나 1859년은 찰스 다윈(C. R. Darwin)이 「종의 기원」(On the Origin of Species)을 출간했다. 그 책은 하나님의 형상으로 창조된 인간의 독특한 지위를 손상시켰다. 또 그해에는 존 스튜어트 밀(J. S. Mill)이 도덕적 결정에 중대한 영향을 미치고 사람들이 사회에 얼마나 쓰임직한지를 기준으로 사람들의 가치를 계측하는 공리주의를 설파하는 유명한 글을 발표했다. 세계의 한 모퉁이에서는 부흥이 일어나고, 또 다른 모퉁이에서는 세속주의와 자기 신뢰가 뿌리를 내리고 있었다.

존 파이퍼는 이어서 말한다. "사정은 오늘날도 마찬가지이다. 우리 시대도 최선의 시대임과 동시에 최악이다. 예를 들면, 역사가 마크 놀(Mark Noll)이 지적하듯이, 기독교회는 지난 50년 동안 교회 역사상 비교가능한 어느 시대보다 ─ 오직 기독교가 시작된 가장 이른 시기의 예외는 제외하고 ─ 더 큰 규모의 지리적 재분포를 겪었다. 기독교인이 증가된 지역과 감소된 지역이 동시에 발생했다."[11] 동시에 우리는 지구 곳곳에서 일어나는 테러와 교회 안에서 자행되는 위선, 식민지를 압제하는 제국주의, 인종차별주의, 물질만능주의, 그리고 도덕적 쇠퇴의 시대를 살고 있다.

그렇다면 우리는 우리의 시대에 대해 뭐라고 말하는가? 우리는 진보처럼 보이는 일들과 쇠퇴처럼 보이는 일들을 동시에 고려하면서 우리 시대를 묘사하는 말을 생각해 낼 수 있는가? 파이퍼는 다음과 같이 경고한다. "어떤 시대의 역사적 궤적이 선하다거나 악하다고 말하지도 말고 그 궤적이 고정불변할 것이라고도 단정하지 말라. 하나님께서는 확실히 어렵고 구원을 이루시기 힘든 시대에도 당신의 놀라운 일을 행하기를 기뻐하시기 때문이다."[12] 파이퍼의 경고는 우리 기독교 신앙의 본질을 고려한 적합한 권면이다. 복음은 가장 불리하고 가망성이 없는 때도 가장 엄청난 일들을 행하시는 하나님을 보여 준다. 우리는 구약성경 전체를 관통하는 주제가 바로 이 역설적 진리임을 안다. 그러나 신약성경에서 특별히 이 역설적인 진리가 두드러진다. 하나님은 베들레헴 말구유의 한 아기의 울음소리를 통해 당신의 구원 계획의 중심 이야기를 출범시키신다.

우리는 진보의 신화와 쇠퇴의 신화 둘 다에 유의해야 한다. 진보 담론의 핵심어는 미래이며 쇠퇴 담론의 핵심어는 과거 복귀이다. 진보 담론의 초점은 우리가 미래를 향해 정진하면서 과거의 쓰레기들은 투척하고 가자는 것이며, 쇠퇴 담론의 초점은 우리가 떨어져 나온 바로 그 과거의 황금기로 되돌아가자는 것이다.

이제 우리는 복음이 이 두 가지 모두를 어떻게 논박하는지를 살펴볼 때이다. 첫째, 복음은 진보신화를 반박한다. 나는 사람들이 미래에 대해 말하기를 좋아하는 이유들 중 하나가 그들이 과거를 두려워하기 때문이라고 확신한다. 미래는 아직 흐릿하고 틀이 정해져 있지 않으며, 우리의 현재 관점에서 보면 아직 존재하지 않는 세계이기 때문에 과거회귀적인 관점을 갖기보다는 미래지향적인 관점을 갖기가 더 쉽다. 또 다른 한편, 과거는 실제로 일어난 사건들의 세계이며 고체처럼 만질 수 있는 세계이다. 과거를 통해 우리는 우리가 상속한 오늘날의 세상을 건설했던 조상들을 만난다. 좋아하든 사랑하든 상관없이 과거는 실재한다. 그런데 자신들을 '진보적'이라고 규정하는 너무 많은 사람들은 아예 과거를 다루려고 하지 않는다.

진보의 신화는 확실히 과거의 가치를 깎아내리도록 만든다. 왜 그렇지 않겠는가? 일단 여러분이 인간 역사상 가장 특권이 많고 진보적이며 향상된 시대의 일부라고 믿는다면, 과거로 되돌아가 오늘 우리 사회를 발전시키는 데 도움이 될지 모르는 통찰들을 복구할 필요를 느끼지 못할 것이다. 과거는 사람들이 다시 되돌아가야 할 곳이 아니라 피해 나온 어떤 것이다. 과거의 것이 어떤 것이든 현대적 사고방식에 맞지 않는다면 그것은 추호의 망설임도 없이 폐기될 수 있는 것이다.

진보의 어두운 면

그러나 이 진보의 사상에도 어두운 면이 있다. 사람들이 자신들은 역사의 정의 편에 섰다거나 후퇴가 아니라 전진하고 있다고 말할 때 그들은 종종 진보가 무조건 선한 것처럼 혹은 진보가 바람직한 것처럼 말한다. 그러나 모든 발전이 다 건전한 발전인 것은 아니다. 100년 전에 '진보'를 향도하던 사람들은 진보를 방해하는 사람들이나 민족들이 더 많아지지 않도록 도태시키는 방법을 확립할 것을 제안했다. 그러는 사이 한때는 의료와 건강 면에서 인간을 도왔던 과거 세기의 기술적 진보들이 또한 다른 나라와 민족에게 폭탄을 던져 그들에 대한 기억을 도말시키는 능력도 제공했다. 이제까지 역사상 벌어진 다른 모든 전쟁들에서 희생당한 사람들보다 더 많은 생명들이 지난 세기의 전쟁 동안 죽임을 당했다.

더 나아가 만일 여러분이 스스로 역사의 정의의 편에 서 있으며 미래는 여러분과 여러분에게 동의하는 사람들의 차지가 된다고 생각하면, 여러분은 자신의 신념을 다른 사람들에게 강요할 위험성이 그만큼 더 커진다. 바로 이런 명분으로 공산주의자들은 자신의 동포들에게 강압적인 사상 주입을 자행했다. 그들은 공산주의에 반대하는 모든 반동분자들이 진정되거나 살해당해 제거될 때까지만 경찰국가가 잠정적으로는 존재해야 한다고 생각했다. 그 후에는 세상의 나머지 사람들이 공산주의 혁명 계획에 따라 잘 살아갈 수 있을 것이라고 생각했다. 진보의 신화는 착취와 압제를 초래하는, 타자에 대한 우월감을 생성시킨다.

그렇다면 쇠퇴의 신화는 어떨까? 이 진보의 신화를 간신히 피했는데, 결국 그것의 쌍둥이 격인 쇠퇴의 신화를 받아들였다면 여러분이 이 사실을 어떻게 알 수 있겠는가? 간단하다. 만일 여러분이 과거로 '되돌아가는 것'이나 좋았던 옛날로 '복귀하는 것'을 좋게 생각하는 사상에 의해 생기를 띠게 된다면 아마도 여러분은 지나간 한 시대를 마음에 품고 그것을 이상화하고 있는 중일 것이다. 여러분은 그 좋았던 옛날을 기준으로 삼아 현재를 판단하고 있다.

좋았던 옛날로 되돌아가는 것을 예찬하는 쇠퇴의 신화

어떤 사람들은 초대교회의 순수 시대를 예찬하며 그 시대의 단순성으로 되돌아가기를 원한다. 그러나 신약성경을 대강 훑어봐도 초대교회 시절이 무흠하지 않았다는 것을 금세 알 수 있다. 교리적 위기들, 도덕적 난맥상들, 징계 문제들, 그리고 분파적 파당 문제가 자주 그 시대를 뒤흔들었다. 초대교회로부터 복구할 수 있는 좋은 것들이 많지만 그렇다고 우리는 그 시대로 돌아갈 수 없고 돌아가서도 안 된다.

최근에는 초대교회 교부들에 대한 관심이 점증하고 있다. 나도 크리소스톰, 아우구스티누스, 힐러리, 그리고 바실의 저작들로부터 많은 통찰들을 얻었다. 초대 교부들이 남긴 오래된 저작들에 대한 보다 더 최근의 번역들과 해설들은 우리들에게 영적 자양분을 제공해 준다. 그럼에도 불구하고 수세기 동안 교부들과 그들의 후세대들이 주도한 교회일치적 공의회 시대들을 '황금시대'라고 생각하는 것은 실수다. 이 시기는 또한 그리스도의 몸된 교회에 대한 부정적인 생각을 심어 준 시기였으며, 일상적인 그리스도인의 삶을 멸시하고 수도원적 극단주의 영성을 추켜세웠고, 교회와 국가를 너무나 가깝게 유착시켜 평화의 왕 이름으로 십자군들이 세속적인 목적으로 전쟁에 동원되도록 만든 시기였다.

복음을 회복하고 주창한 복음주의 운동은 종교개혁과 그 후의 여러 세기들을 이상적인 시대라고 회고한다. 우리도 이신칭의 교리를 회복하고 교리적 정확성을 성취한 16세기 종교개혁 시대, 개인 경건을 강조한 청교도 시대, 초기 미국의 정신적인 지형을 뒤흔들었던 부흥운동을 감사한 마음으로 되돌아본다. 그러나 여기에서마저 우리가 '황금시대'를 찾은 것처럼 말하면 그것은 틀린 것이다. 종교개혁을 주도한 모든 개혁적 영웅들도 이 모양 저 모양으로 흠집이 난 사람들이다. 루터의 반유대인주의 입장, 교리적 반대자들을 가혹하게 다룬 칼빈의 냉혹함, 조나단 에드워즈의 노예제 용납 등 종교개혁자들과 그들의 후세대 개신교 지도자들은 흠결이 있다. 칼빈의 종교개혁 본거지였던 스위스 제네바는 발굴할 수 있는 매장된 보물을 가진 유령도시이지만, 우리가 다시 거주할 수 있는 보금자리는 아니다.

간단히 말해, 어떤 기독교의 황금시대도 존재하지 않는다. 그리고 나는 1950년대 혹은 1960년대의 '더 좋았던' 미국 사회에 대해 향수를 느끼는 것처럼 보이는 미국 사람들을 만날 때마다 묻지 않았을 수 없다. "도대체 누구의 기준으로 '더 좋았던 때'를 말합니까?" 아프리카 노예 출신의 후손인 미국 형제자매들은 그 시대를 '좋았던 옛 시절'로 감미롭게 회고하지 않을 것이다. 만일 더 오래된 시절에 대한 향수를 가지고 있다면 우리가 보통 그 시절을 실제보다 덜 죄악된 시대라고 상상하고 있기 때문일 것이다.

우리는 마치 우리가 발견하고 그것을 기준으로 우리의 신실한 삶을 영위해야 할 황금시대가 있었던 것처럼 쇠퇴의 신화에 잠식당할 수 없다. 교회사는 지도가 아니라 보물상자일 뿐이다. 그리스도인들로서 우리가 조상들의 때로 되돌아가려고 하는 것만이 믿음의 조상들을 공경하는 것이 아니다. 오히려 우리는 그들의 성공과 실패로부터 지혜와 배움을 얻음으로써 조상들을 공경할 수 있다. 우리는 과거로부터 오늘날 우리가 신실한 성도로 살아갈 때 필요한 통찰들과 도구들을 복구한다. 지난 과거의 어떤 순간에도 기독교의 황금시대는 존재하지 않았다. 오직 하나님의 은혜로 구원받고 하나님의 권능을 덧입어 다음 세대에게 복음을 전한 부서진 죄인들의 끊어지지 않은 세대별 계승만 있을 뿐이다.

세계는 전진과 후퇴를 반복하며 요동치고 있다. 이 진리는 진보의 신화와 쇠퇴의 신화, 둘 다를 반박한다. 이 요동치는 세상을 진정시키고 다스리시는 분이 만왕의 왕이신 그리스도 예수님이다. 바로 이런 이유 때문에 우리는, 우리 사회가 오늘날 자신에 대해 품고 있는 진보나 쇠퇴의 이야기에 집착하지 말고, 복음에서 설명되고 교회에서 현실로 구현되고 있는 하나님의 세상 구원 이야기를 파악해야 한다.

빈 무덤을 남기고 부활하신 그분이 전한 복음

세계사의 절정은 언제였는가? 언제 '빛'이 우리 현대사회에 비치었는가? 이성이 깨어나는 여명기인 1700년대인가? 우리 사회가 도덕적 통제력을 느슨하게 만들었던 1960년대였는가? 우리가 사는 이 세상은 언제 가장 중대한 전환점을 목격했는가? 기독교는 그 빛은 빈 무덤에서 시작되었다고 주장한다. 모든 인간 문명 역사를 통틀어 가장 획기적인 전환점은 16세기의 이성의 새벽이 아니라 1세기에 일어난 새 창조의 새벽이었다. 그 전환점은 과학의 발견이 아니라 빈 무덤의 발견이었다. 그 전환점은 1960년대에 유행했던 자기만족의 '자유분방한 사랑'이 아니라, 하나님 독생자의 자발적 희생을 통해 제공된 하나님의 사랑이었다.

우리는 진보의 신화나 쇠퇴의 신화를 신봉하는 사람들과는 다르게 세상을 바라본다. 우리는 이 세상이 세속적인 유토피아를 향해 진보하고 있다고 믿지 않는다. 그러나 우리는 모든 무릎이 왕이신 예수님께 꿇어 경배하는(빌 2:5-11) 회복된 우주를 향해 나아가고 있다고 믿는다.

진보의 신화는 그리스도의 구원 이야기가 갖고 있는 감동적인 힘도 없고 공감의 울림도 없기 때문에 우리를 아래로 끌어내린다. 복음은 우리에게 하나님이 세상을 새롭게 하실 과업을 스스로 떠맡으셨다고 말한다. 이 선한 창조를 위한 하나님의 목적과 계획은 새로운 시대를 향한 점진적 변화에 의해서가 아니라, 예수 그리스도의 십자가를 통해 실현된다.

예수님이 십자가에서 돌아가셨을 때 하나님은 악에 대해 승리하셨고, 인간의 죄 문제를 해결하셨다. 구원은 하늘로 상승해 하늘에 닿으려던 바벨탑 축조 세대의 인간들을 통해서 오지 않는다. 구원은 인간의 죄악과 배반이라는 심연의 가장 밑바닥으로 내려오셔서 모든 죄와 배반을 스스로에게 전가시키고, 죄와 악의 수렁에서 우리를 건져 올리기 위해 다시 사신 하나님을 통해서 온다. 복음에 따르면 세상의 역사는 꾸준한 '진보' — 우리가 '진보'라는 단어를 어떻게 정의하든 상관없이 — 의 노선을 따라 흘러가는 것이 아니라 예수 그리스도의 십자가와 부활을 통해 열린 충격적인 구원의 순간에 따라 진행된다. 이것은 그리스도가 살아 있는 자와 죽은 자를 심판하기 위해 다시 오실 세상 끝날까지 밖으로 연장되고 확장된다.

복음은 또한 쇠퇴의 신화도 반박한다. 때때로 우리는, 군중들이 우리가 알기로는 그들의 유토피아적인 희망들과 꿈들을 결코 성취시켜 주지 못할 미래를 향해 거칠게 돌진할 때, 손을 내뻗어 "잠깐 멈추고 생각해 보라."고 말하면서 도로 한복판에 서 있는 것처럼 느낄지도 모른다. 그러나 우리는 이 느낌이 과거는 현재보다 반드시 '더 나았다'거나 '더 나빴다'는 생각으로 굳어지도록 내버려 둘 수 없다. 복음은 우리가 '역사의 정의 편'이라는 진보의 신화에 푹 빠지는 것도 막아 주고, "모든 것은 점점 더 나빠지고 있다."라는 쇠퇴의 신화에 푹 빠지는 것도 막아 주는 알람 장치를 가진 내부 시계가 되어야 한다.

교회의 메시지는 진보의 메시지가 아니라 희망의 메시지이다. 우리 그리스도인들은 우리의 독특한 역사관을 밝히 보여 주어야 한다. 진보의 신화나 쇠퇴의 신화에 빠져 있는 세상에 희망을 전하는 교회는 참으로 중요하다. 교회는 전혀 다른 시간표, 즉 진보의 신화나 쇠퇴의 신화가 둘 다 거짓됨을 보여 주는 역법에 따라 산다. 그러나 더욱 주목해야 할 것은, 그러한 희망이 무엇인지를 가장 충만하게 온몸으로 보여 주는 것이 바로 교회라는 것이다.

진보의 신화가 사람들에게 호소력이 큰 한 가지 이유는, 그토록 많은 기관들과 문화적인 세력들이 진보의 신화를 그럴듯하게 보이게 만들기 때문이다. 대학교 같은 고등교육 기관의 대다수가 진보의 신화를 신봉하고 있다는 점을 생각해 보라. 한 대학생이 어떤 교육기관에 입학해 과거와 미래에 대한 이런 진보 담론의 시좌를 흡수하게 되면, 이 진보의 신화는 전례없이 더 그럴듯하게 보이게 된다. 과거와 현재, 그리고 미래에 대한 이 진보의 관점은 당연한 것으로 전제되고, 진보의 관점은 세상에 매우 큰 영향력을 미치게 된다.

우리를 둘러싼 사회적 환경은 무엇이 그럴듯한가에 대한 우리의 관점에 영향을 미친다. 그러므로 그리스도인들은 복음주의 교회에서 자란 자녀들이 이런 종류의 사상과 접촉할 때 그들의 신앙이 도전받는 상황을 보고 놀라서는 안 된다. 그들의 기독교 신앙은 기독교와 경쟁하는 철학들에 의해 종종 직접적으로 공격받지는 않겠지만, 진보의 신화와 연결된 '전향적 사고'로 불리는 사상에 의해 보다 미묘하게 공격을 받을 것이다. 젊은 그리스도인 대학생을 진보의 사상으로 설득할 가능성이 가장 큰 사람은 "하나님은 죽지 않았다"(God's Not Dead)와 같은 영화들에서 인기 있는 인물로 그려지는 무신론적인 교수가 아니라, 오히려 이 진보적인 세계관을 갖고 의심 없이 잘 살아가는 사람들의 미묘하지만 강력한 공동체일 것이다. 어떤 아이들이 그들의 기독교 신앙을 버리는 이유는 그들이 대학에 들어갔기 때문이 아니라 더 이상 교회에 다니지 않기 때문이다. 그들은 교회와는 전혀 다른 전제들과 의식들과 신념들을 가진 다른 세계에 푹 빠져 산다. 교회는 휴일에나 가는 어떤 곳이 된다.

교회의 힘을 과소평가하지 말라. 우리의 아이들을 지키고 불신자들을 신앙에 끌어들이는 가장 좋은 방법들 중 하나는, 단순히 그들을 교회에 초청해 예배와 실제 삶 속에 약동하는 신앙공동체를 목격하게 하는 것이다. 교회가 하나님에 대한 신앙을 옹호하기 위한 다른 합리적인 전략과 논증들을 대신한다는 말이 아니라, 신앙을 가질 수 있는 분위기를 조성하고 세상이 주는 진보 담론보다 더 나은 이야기를 들려주는 곳이 된다는 것이다. 교회는 더 나은 이야기를 듣는 사람들에게 그것의 진리 됨을 경험할 수 있도록 분위기를 조성해 준다.

브라이언 왈쉬(Brian Walsh)와 실비아 키스마트(Sylvia Keesmaat)는 기독교 공동체를 회심을 일으키는 데 필수적인 요소라고 본다. "사람들이 자신들이 알고 있는 것과 다른 세계관에 끌릴 때 그것은 대개 그 다른 세계관을 갖고 살아가는 공동체의 삶 때문이다. 그 세계관의 참됨이 인정받으려면 반드시 삶으로 체현되어야 한다."[13] 오늘날 그리스도인들이 사람들로 하여금 예수님을 따르도록 설득하려면 가용한 다양한 도구들을 활용하여야 한다. 그러나 우리는 하나님의 복음이 살아 숨쉬는 세계, 즉 끝나지 않는 하나님 나라를 증언하는 하나님의 백성 공동체를 빼놓아서는 안 된다. 오늘날 기독교가 참된 진리임을 증명하는 가장 좋은 증거는 이 세상 안에 있으나 이 세상에 속하지 않는 사람들의 공동체이다. 그들은 예루살렘 밖 빈 무덤에서 안식일 후 첫날 주일 아침에 시작된 새로운 세계에 대한 참된 이야기로 진보의 신화를 반박한다.

또 다른 한편 쇠퇴의 신화로 기울어진 사람들을 위해서, 우리는 두려움과 향수가 우리로 하여금 이 시대에 신실한 성도도 살아갈 영감을 고취해 주는 것이 아님을 기억해야 한다. 우리가 항상 하나님 나라가 아닌 다른 어떤 것을 갈망하고 있다면 우리 시대에 신실한 성도로 살아갈 수 없다! 그리스도인이 품은 희망은 독특한 꼴을 갖고 있다. 그리스도인들은 하나님과 그분의 약속에 뿌리를 내린 희망들을 본다. 그러므로 그리스도인들은 결코 잘난 체하지는 않으나 신뢰에 차 있다. 우리는 특별한 미래 비전을 성취하려는 우리 자신의 노력들을 신뢰하지 않고 당신의 창조를 회복하고 만물을 새롭게 하실 하나님을 믿는다.

사회적 변동들이 우리를 놀라게 할 때 우리는 희망 대신에 두려움이나 혹은 과거에 대한 향수에 빠지는 유혹을 받을지 모른다. 그러나 우리는 그런 유혹에 빠지는 대신에 성서의 이야기가 우리의 앞길을 인도하게 해야 한다.

레슬리 뉴비긴은 사람들로 하여금 그들이 살고 있는 시대를 분별하되 미래를 두려워하지 말고 과거에 대한 향수에 빠지지도 말도록 도전했다. 그는 다음과 같이 썼다. "현실적인 질문은, 오늘날 벌어지는 엄청난 사건들 속에서 하나님은 무엇을 하고 계시는가? 우리가 어떻게 그것들을 이해하고 다른 사람들에게 해석해 줌으로써 우리와 그들이 이 사건들 속에서 하나님의 동역자로서의 역할을 수행할 수 있을까?"라는 것이다.[14] 과거에 대한 향수와 미래에 대한 두려움, 둘 다 그리스도인들에게는 필요 없다. 그리스도인은 하나님께서 인도해 주신 이 상황에서 하나님의 현재적이고 미래적인 나라의 실재라는 빛 아래서 시대의 징조들을 분별하고 모든 인간을 향한 하나님의 목적에 대해 신실하게 증언하도록 요청받고 있다. 뉴비긴은 이 하나님 나라의 실재에 따라 살았다. 그의 모범을 따라 우리는, 부활절 아침의 빛 아래서 우리 시대를 분별하여야 한다. 쇠퇴의 어둠이나 교육과 계몽의 빛 아래서 우리 시대를 분별해서는 안 된다. 우리는 부활절의 사람들이다.

부활절이 위력을 발휘하는 곳

"이곳이 부활절이 사는 곳인가요?" 이 질문은 종려주일에 교회 예배당 바로 바깥의 문간에 서 있는 한 유치부 아이가 던진 질문이었다. 유치부 교사는 유치부 아이들에게 예수님의 예루살렘 입성과 그가 어떻게 우리의 죄를 위해 십자가에서 달려 죽었는가를 말해 주었던 터였다. 그러나 그녀는 아이들에게 십자가에서 이야기가 끝난 것이 아니라 다음 주일에 예수님이 죽은 자 가운데서 부활하신 부활절을 경축할 것이라고 말해 주었다. 그 유치부 소녀는 왕이신 예수를 연합해 찬양하는 사람들의 목소리가 예배당에서 들려오자 경건한 두려움에 사로잡혔다. 그녀가 "부활절이 살아 있나? 부활절이 어디에 있나?"라고 질문하며 곰곰이 생각에 잠긴 것은 지극히 당연한 일이었다. 부활절은 공유된 휴일이기 때문이다. 부활절은 예수님의 부활도 경축하고 우리 자신의 부활도 기다리는 절기이다. 이것이 바로 부활절이 의미하는 바다. 크리스마스 때 우리는 예수님의 초림을 경축하고 그의 재림을 대망한다. 부활절에 우리는 예수님의 부활을 경축하고 우리 자신의 부활을 대망한다. 바로 이 점이 부활절을 공유된 휴일로 만든다.

예수님의 부활은 과거에 일어난 어떤 사건이지만 동시에 그에게 속한 모든 사람들의 미래, 모든 사람의 부활을 예고하는 미래적 사건이기도 하다. 예수님에게 속한 모든 자들은 장차 부활할 뿐만 아니라 심지어 지금 이 순간에도 부활의 권능을 미리 맛본다. 우리는 영적으로 죽은 자들로부터 부활하신 그리스도와 함께 "살리심을 받았다". 비록 우리의 겉사람 육체는 낡고 마멸되어 갈지라도 우리는 영적인 의미에서 산 자가 되었다(엡 2:5; 고후 4:16; 고전 15장). 그래서 부활절은 죽은 자 가운데서 부활하신 예수님의 영광을 기리는 축성일이며, 이 사건의 위력은 방사능 파선을 모든 피조물에 보내는 핵폭탄처럼 충격적 파동 안으로 우리를 사로잡아 죄와 죽음으로부터 우리를 구출해 준다. 그리고 그리스도가 장차 재림하실 때 일어날 우리의 육체적 부활까지 약속한다.

그 주일학교 유치부 교사는 나에게 물었다. "내가 그 유치부 어린 소녀에게 뭐라고 말했어야 할까요? 나는 무슨 말을 해 줘야 할지 몰랐어요." 나는 그녀에게 다음과 같이 대답했다. "네. 다음에는 이렇게 말해 주세요. '바로 여기 교회가 부활절이 사는 곳이야!'" 교회는 그리스도의 몸이다. 교회도 죽은 자 가운데 부활했고, 그와 함께 살리심을 받았다. 우리는 그리스도의 몸이며, 그와 함께 죽은 자 가운데서 다시 살아났다. 우리의 예배와 경탄으로부터 흘러나오는 생명이 바로 부활의 생명이다. 다른 종류의 생명이 있을 수 없다. 부활절은 살아 있다. 예루살렘에는 빈 무덤만 남아 있고, 부활한 마음들은 온 세계에 퍼져 살고 있다.

그렇다면 우리는 쇠퇴하는 것일까? 진보하는 것일까? 우리 그리스도인은 낙관주의자인가? 비관주의자인가? 레슬리 뉴비긴이 그 질문을 받았을 때, 얼굴 주름이 깊게 패인 그 노(老)선교사는 웃으며 대답했다. "나는 둘 중 어느 것도 아닙니다. 예수 그리스도가 죽은 자 가운데서 부활하셨습니다."

This is Our Time

후기

침례를 받은 지 거의 40년 후에 나의 장인 플로린은 죽음에서 옮겨 생명으로 들어가셨다. 그는 2010년에 후두암 선고를 받았다. 그는 항암 치료와 방사선 치료를 받아 가면서까지 암과 싸웠으며, 잠깐 동안은 좋아지기도 했다. 그러나 2012년 후반에 암은 다시 찾아왔고, 남아 있는 그의 생명력을 무자비하게 소진시켰다.

2013년 초, 아내와 나는 호스피스 케어를 받으며 집에서 마지막 날들을 보내고 있던 플로린에게 작별인사를 하기 위해 아내의 가족들과 함께 모였다. 그 사이에 체중이 너무 빠져 이전의 건장하던 그의 모습은 거의 사라지고 없었다. 죽기 전날 밤에 나는 침대에 조용히 누워 있는 그의 곁에 앉아 그가 특별히 좋아하던 성경 구절들을 읽어 주었다. 로마서 8장부터 읽기 시작했다. 비록 너무 쇠약해져 대화를 이어 갈 힘이 없었지만, 그는 그 구절들을 선명하게 기억하고 있었으며, 내가 읽어 가는 동안 그의 입술도 따라 움직이는 것을 볼 수 있었다. 그는 로마서 8장을 암송하고 있었다. 그가 딱 한 번 말을 한 것은 15절을 읽을 때였다. "너희는 다시 무서워하는 종의 영을 받지 아니하고 양자의 영을 받았으므로 우리가 아빠 아버지라고 부르짖느니라" 내가 다음 구절을 읽으려고 하기 전, 그는 큰 소리로 "아빠, 아버지!"라고 외쳤다.

성경을 다 읽어 준 후에 장인은 기도하기를 원했다. 그는 가족 모두를 자기 방으로 불렀다. 그의 두 아들이 부축해 주자 침상에 일어나 앉았다. 우리는 다 같이 기도하는 시간을 가졌고, 그는 나와 아내 코리나와 우리 가족을 위해 복을 빌어 주었다.

다음 날 아침 플로린은 거의 준혼수상태에 빠졌다.

그를 홀로 방에 남겨두고 떠나는 것이 싫어 나는 그의 곁에 앉아 다시 여러 군데의 성경구절을 큰 소리로 읽어 주었다. 몇 편의 시편들과 요한계시록 21장, 디모데후서 4장, 요한복음 14장, 그리고 고린도전서 15장을 읽어 주었다. 처음 읽어 주었을 때 그는 "아멘."이라고 말했고, 두 번째 읽어 주었을 때는 더 이상 반응하지 않았다. 그가 여전히 의식이 있고 말만 할 수 없다는 것을 느낀 나는 계속 읽어 주었다.

플로린이 죽기 몇 시간 전에 우리는 그의 때가 얼마 안 남았다는 것을 알았다. 우리는 임박한 죽음의 징조들을 볼 수 있었다. 다리가 경직되고 손이 차가워졌다. 그리고 숨이 가빠지고 있었다. 죽음은 추한 것이다. 특별히 암 같은 질병이 몸을 너덜너덜하게 망가뜨린 후에 맞이하는 죽음은 더더욱 그렇다.

그날 저녁 5시 30분 무렵, 우리 가족의 가까운 친구 목사님이 심방을 왔는데, 그는 장인의 상태가 악화되는 것을 보고 다 같이 그의 방으로 가 그를 둘러싸자고 권했다. 우리는 옛날 찬송가 몇 곡을 같이 불러 주었다(장인이 애창하던 곡 중 하나인 "Suna Harfa Laudei Mele"도 불렀다). 그리고 우리는 같이 기도했다. 6시가 되기 직전, 태양이 지는 바로 그 순간에 우리는 천국을 동경하는 또 다른 찬송을 불렀다. 마지막 소절의 가사는 죽은 성도들을 당신 곁으로 오라고 초대하는 그리스도에 관한 가사였다.

마지막 소절을 끝냈을 즈음 우리는 장인의 무거운 숨소리가 잦아든 것을 알아차렸다. 그의 호흡기관이 아래위로 한두 번 움직였다. 아주 가느다란 호흡을 하고 있다는 증거였다. 심방한 목사님이 장인 쪽으로 몸을 기울이며 그의 손을 잡고, "플로린 선생님, 제 말 들리세요? 들리면 내 손을 힘을 줘서 잡아 보세요."라고 말했다. 그러자 장인은 손을 힘주어 잡는 대신에 눈을 크게 떴다. 그러자 목사님은 "우리 모두 여기 모여 있어요."라고 대답하며 그의 침상 주변에 모여 있는 모든 사람의 이름을 각각 불러 주었다. 그러자 장인은 소리도 없이 발버둥치지도 않고 눈을 감고 호흡을 멈췄다. 꺼져 가는 촛불처럼 그는 갔다.

그날 저녁 장인이 돌아가신 그 방에는 많은 눈물이 쏟아졌다. 우리는 목사님과 또 한 번 감사 기도하는 시간을 가졌고, 검시관이 오고 장의사가 와서 고인의 유품을 챙겨 가도록 기다리는 동안 장인의 시신을 단장했다.

그러나 우리는 슬픔 중에서도 전체 분위기를 따뜻하게 만드는 감미롭고 매우 소중한 순간도 맛보았다. 어떤 사람의 육신이 죽어 주님과 함께 있게 되는 초월의 순간은 결코 잊지 못할 시간이었다. 아내 코리나의 아버지는 그 살아오신 방식대로 돌아가셨다. 언제나처럼 그의 죽는 순간에도 기도와 찬송이 그의 입술에 맴돌았다.

그 주간 주말에 나는 그가 했던 설교들의 요약문으로 가득 찬 플로린의 노트를 발견했다. 첫 줄에 베드로전서 2:4~12을 적어 둔 한 페이지가 펼쳐져 있었다. 그 설교의 제목은 "신실함의 영예"였다. 그 페이지는 비어 있었다. 그것이 플로린의 마지막 설교 주제였으며, 그는 그 본문으로 설교하지 못했다. 그의 설교 노트들과 공책을 모으면서 나는 그 설교 개요를 처워 넣고, 그 주간의 주일예배 때 그가 오래전에 침례받았던 바로 그 교회에서 설교했다.

내가 플로린의 마지막 설교를 완성했을 때, 나는 그 설교 제목의 아름다움에 대해 생각해 보지 않을 수 없었다. 하나님께서는 우리로 하여금 우리 시대에 신실한 삶을 살도록 부르시는데, 그것은 실로 우리에게 영예가 된다. 우리는 하나님께서 우리에게 주신 이 짧은 지상 생애 동안에 왕이신 예수 그리스도를 대표한다.

성경의 가장 오래된 시편 중 하나인 모세의 기도인 90편은 "주여 주는 대대에 우리의 거처가 되셨나이다"로 시작한다. 그리고 이 시편은 우리의 남은 날수를 헤아리는 지혜를 강조한다. "우리에게 우리 날 계수함을 가르치사 지혜로운 마음을 얻게 하소서"(12절). 우리의 손이 행한 수고와 주님의 은총을 둘 다 강조하는 시인은 우리의 남은 날을 계수하는 것과 지혜의 마음을 얻는 것 사이에 있는 연관성에 주목하도록 한다.

전통적으로 우리는, 지혜란 하나님이 이 세상을 창조하신 그 방식에 우리의 삶을 일치시키는 것이라고 생각한다. 그러나 이 시편이 말하는 지혜는 이 세상이 어떤가를 성찰하는 것뿐 아니라 하나님의 백성으로 우리가 이 세상에 언제까지 거주할 것인지에 대해서도 생각하게 만드는 단초를 제공한다.

남은 날수를 계수하는 것은 이 생애의 끝의 관점에서 살도록 도와주며, 특별한 시간과 장소에서 우리의 믿음을 실천하도록 도와준다. 우리의 남은 날수를 계수하는 것은 우리의 출생 시 받은 하나님의 섭리를 받아들인다는 것을 의미하며, 죽을 때까지 우리에게 주어진 이 시대에 이 성경적 지혜를 함양하고 적용해야 함을 인정하는 것이다. 지혜는 과거의 유산들을 성찰하면서 얻어지며, 미래의 약속을 내다보고, 오늘 현재의 순간에 역사하시는 성령의 인도를 의지한다.

우리는 예수의 죽음과 부활의 빛 아래서 산다. 우리는 그와 함께 죽었고 다시 살아났다. 지금 우리는 우리 시대에 신실한 성도의 삶을 추구하면서 하나님의 약속을 믿고 그의 은총에 잠기며 시편 90편 기자와 함께 소리 내어 기도한다. "우리의 손이 행한 일을 우리에게 견고하게 하소서"(17절).

때로 신실한 성도로 살아가라는 부르심이 짐처럼 보일지도 모른다. 그러나 이 부르심이야말로 또한 우리에게 주신 가장 큰 특권임을 잊지 말기를! 우리는 이 세대에서 다음 세대로 이동하는 신실함의 불꽃이 결코 꺼지지 않을 것을 믿으며 진리의 빛 아래서 살아간다.

_ 해설과 추천의 글

김회권

이 책의 구성과 중심주장

이 책은 아직 30대 중반인 루마니아 이민자 출신 문화변증신학자 트레빈 왁스의 최신 기독교변증서로, 현대의 여러 우상들에게 마음을 빼앗긴 북미의 현대인들에게 기독교 복음의 정당성과 적실성을 옹호한다. 저자 트레빈 왁스는 "생명의 길 크리스천 자료들"(LifeWay Christian Resources)에 나오는 "복음 프로젝트"(The Gospel Project)의 편집인이며 목사이자 「크리스채너티 투데이」(Christianity Today)에 기고하는 객원편집인이다. 본서에서 저자는 미국 그리스도인들이 자신들이 살고 있는 시대를 제대로 이해하는 것을 도와주기 위해 21세기 미국인의 표준적인 삶을 생동감 넘치게 묘사한다. 미국인들이 품고 있는 공통 신념들과 탐닉하는 습관적 행동들(스마트폰 탐닉, 엔터테인먼트, 쇼핑과 소비주의, 결혼파괴적 성 탐닉, 정치를 통해 구원을 이루려는 정치 우선주의, 역사 진보 담론과 역사 쇠퇴 담론)을 분석함으로써 저자는 우리로 하여금 세속사회가 신봉하는 신화들을 꿰뚫고 복음의 희망에까지 주목하도록 도와준다.

그리스도의 신실한 증인들로서 우리는 세속사회가 가장 소중하게 품고 있는 신념들 안에 있는 갈망을 분별해야 하고 (그 갈망 자체는 좋고 진실되며 아름답기까지 하다.), 이 신화들의 핵심에 있는 거짓말을 폭로하여야 하며(거짓되고 해를 끼친다.), 기독교 복음이 어떻게 이런 신화들보다 더 나은 이야기를 말하고 있는지를 보여 줘야 한다. 세속사회가 품고 탐닉하는 신화들 안에 있는 거짓은 드러내지만 더 깊은 갈망은 만족시킨다는 점에서 복음은 더 좋은 이야기를 말한다.

이 책의 중심내용은 이런 방식으로 일련의 일상생활 신화들을 소개하는 것이다. 저자는 1~4장에서 각각 우리의 일상생활에서 영향을 미치는 습관들을 주목한다. 1장은 우리가 사용하는 스마트폰과 우리가 즐기는 이야기들에 의해 우리에게 들려진 신화들을 다룬다. 스마트폰과 소셜 미디어에 대한 탐닉과 강박적 집착증의 본질을 다룬다. 저자는 여기서 우리가 이 세상에 존재하는 목적 그리고 우리가 어떻게 인성 여정을 구상하는지에 관한 한 언표되지 않은 전제들을 다룬다. 그는 스마트폰들은 고립된 개인에게 자신이 우주의 중심이라고 착각하게 만드는 신화창조적인 장치라고 말한다. 2장은 엔터테인먼트에 대한 탐닉과 집착의 본질을 다룬다. 영화산업의 메카 할리우드는 우리의 마음을 사로잡는 데 치명적 위력을 발휘하며 마음속 깊은 공허를 채우는 데 천재적임을 강조한다. 할리우드의 영화 이야기들이나 대중예술의 스토리에 쉽게 빠지는 이유도 분석한다. 3장은 행복의 극점을 향해 원정을 떠나지만 끝내 파선하고 마는 현대인들의 고단한 삶을 동정적으로 묘사한다. 저자는 우리의 행복 추구는 좋은 일이지만, 그릇된 방향으로 행복을 추구하는 인간의 곤고한 상황을 주목한다. 4장은 행복을 누리기 위해 소비에 탐닉한 소비주의 신화를 분석한다. 그는 우리의 부단한 소비주의를 우리가 실제로 행복을 구매할 수 있다고 믿는 갈망에 비추어 해석한다.

책의 후반부 5~8장은 미국 사회를 생기 차게 돌아가게 만드는 더 큰 신화들을 다룬다. 5장은 정치를 통해 구원을 이루려고 하는 미국 보수 우파의 과도한 정치 탐닉을 비판적으로 바라본다. 저자는 우리의 정치적 참여의 적정 시점과 불참여의 계기들을 사려 깊게 논한다. 6장은 미국 사회의 성적 탐닉과 쾌락주의를 분석한다. 7장은 프로이트와 그의 제자 빌헬름 라이히의 성 혁명 신화와 그것의 미국적 여파를 다루며, 이 연애지상주의자들을 향해 반기를 드는 영웅적 그리스도인들의 대항문화적 행위들을 조명한다. 8장은 인류사회가 점점 진보하고 있다고 믿는 통속적 진보신화와 그것의 극단 반대인 쇠퇴 담론을 다루되, 진보 담론에 대한 더 비판적인 분석을 가하고 있다. 저자는 인류사회는 진보도 아니고 쇠퇴도 아닌, 길을 잃고 방황하고 표류하며 요동치는 중이라고 설파한다.

이 네 장에서 저자는 자신의 논지를 뒷받침하고 예증하기 위해 많은 현대 신학자들과 고대 신학자들의 통찰을 동원한다. 어떻게 그리스도인들이 정치에 참여해야 하는지, 참여해야 하지 않는지를 보여 주기 위해 우리가 얼마나 결혼과 성에 대하여 빈약한 이해를 갖기 쉬운지, 마지막으로 우리가 세상 자체에 대해 어떻게 생각하여야 하는지 그리고 사회가 진보하는지, 쇠퇴하는지를 보여 주기 위해서 우리 과거와 현대의 신학자들을 인용하거나 인증한다. 각각의 경우 세속신화가 제기하는 정당한 갈망은 주목하나 그것이 감추고 있는 거짓은 들추어낸다. 마지막으로 그는 복음이 빛나도록 허용하며 보다 더 좋고 보다 더 만족스러운 무언가를 제의하도록 허용한다. 갈망은 긍정하고 거짓말은 폭로하고 복음의 빛을 비춘다.

요약하자면, 이 책을 관통하는 중심주제는 현대인들이 집착하고 탐닉하는 소셜 미디어 활동, 영화와 음악 엔터테인먼트, 소비를 통한 행복 추구, 성적 에너지 분출로 인한 초월적 황홀 추구 등에는 하나님에게서 연원된 갈망과 그 갈망을 오도하는 거짓말들이 함께 뒤섞여 있다는 것이다. 이 책에서 이 각각의 우상숭배적 탐닉 대상들은 저마다 기승전결의 구조를 가진 스토리텔링적 요소들을 갖고 있기 때문에 그것들은 신화(神話)로 불린다. 신화는 사람들을 신고 초월의 세계와 접촉시켜 주는 이야기들이다. 저자는 북미 사람들이 일상적으로 탐닉하는 이 신화들 안의 갈망은 긍정하되 거짓말은 배척함으로써 이 우상숭배적 스토리텔링보다 훨씬 더 적실성이 있으며 설득력이 있는 성경의 신화, 하나님의 복음을 제시하려고 한다. 이런 점에서 이 책의 변증논리는 길버트 케이스 체스터턴, 클라이브 S. 루이스, 그리고 존 스토트 등 영국의 복음주의 변증가들의 노선을 충실하게 따른다.

트레빈 왁스의 기독교 복음 옹호 방식

모든 장들은 갈망 식별, 거짓 폭로, 그리고 복음 제시 순서를 따른다. 저자는 먼저 각 신화가 충족시키려는 인간의 깊은 갈망을 식별한다. "우리는 사회가 말하는 이야기 안에는 보통 좋고 올바른 요소도 있다는 사실을 인정할 필요가 있다. 어떤 사람이 세계에 대한 특정 신화를 믿을 때 그들의 마음속 깊은 곳에는 그 이야기 중 어떤 것은 참된 실재이길 바라는 마음이 있기 때문이다"(30). 왜? 사람들은 이런 이야기가 참된 이야기이기를 바랄까? 하나님이 심어 주신 깊은 갈망을 충족시켜 줄 것이라고 믿기 때문이다.

다음으로, 각각의 신화가 내세우는 거짓 약속들 혹은 거짓말을 찾아낸다. 왁스는 갈망을 분별한 후에 그 신화가 말하는 거짓에 도전해야 한다고 말하며, 어떻게 그것이 합당한 갈망에 대해 거짓된 해결책을 제시하는지를 보여 준다. "복음은 단지 인간의 가장 깊은 갈망을 긍정하는 데 그치지 않는다.

복음은 그런 갈망들이 도전하며 그것을 재구성함으로써 신화 속에 깃든 거짓말을 드러낸다"(31).

마지막으로, 어떤 지점에서 복음의 빛이 거짓된 신화들을 물리치고 비신화화할 수 있는지를 보여 준다. 저자는 세상의 신화들 위에 복음의 빛이 비추도록 해야 한다는 점을 강조한다. 여기서 저자는 근원 갈망 긍정-거짓말 탐지-복음 제시라는 입체적 복음 옹호와 달리 세상 문화를 아예 처음부터 배척하고 부정하는 그리스도인들을 '거짓말 탐지기형 그리스도인들'이라고 명명하며, 세상 문화를 무분별하게 향유하며 복음과 일상신화들의 차이를 구별하지 못하는 무골호인형 그리스도인들을 '긍정수용형 그리스도인들'이라고 칭한다. 이 두 부류의 사람들이 더 많은 현실에서 왁스는 위와 같은 입체적인 복음 옹호를 제3의 길로 제시한다.

제3의 길은 거짓말 탐지기형, 긍정수용형 둘 다의 약점을 극복한다. 전자는 무엇이든지 문화의 신화들의 거짓만 집요하게 주장한다. 그런데 이 유형은 일상생활 신화들이 왜 이렇게 매력적인지를 잘 설명하지 못하며 원리적으로 경직되고 완강하며 엄중하다. 왁스는 이 유형에게 복음이 얼마나 그리고 어떻게 인간의 가장 근원적인 갈망을 충족하면서도 인간의 거짓말들을 배척하는지를 충분히 아는 그리스도인들의 문화변혁 사역에 동참할 것을 원한다(34). 단순히 옳고 그름을 대비시키는 논리보다 더 나은 이야기가 있다는 식으로 나가는 것이 더 동정심 많은 접근이다. 이것이 바로 복음전도의 접촉점이다. 복음전도는 단순히 복음이 참되다는 것이 아니라 더 나은 이야기임을 설복시키는 일이다(33).

네 가지 예를 들어보자. 첫째, 스마트폰 신화는 남들이 나를 알아주었으면 하는 마음, 인정 욕구, 우정 욕구를 충족시키려는 신화이다. 사람들은 스마트폰 탐닉을 통해 "자신이 우주의 중심이며 다른 사람들과 실시간으로 연결되었다는 안도감을 원한다".

둘째, 엔터테인먼트의 세계도 갈망과 거짓의 뒤섞임을 보여준다. 거짓말 탐지기형 그리스도인들은 할리우드 영화, 주류음악, 문학 등에 대해서도 비난만 한다. 반면에 긍정수용형 신자들은 무비판적으로 수용한다. 그런데 제갈망긍정, 거짓 폭로, 복음 제시의 순서로 진행하는 왁스 식의 복음 변증은 '더 나은 신화', 즉 하나님의 복음을 제시한다. "우리가 엔터테인먼트가 맹위를 떨치는 세상에서도 신실한 신앙인으로 살아갈 수 있으려면, 더 좋은 이야기들을 창조하고 널리 전파할 필요가 있다. 대중서적이나 영화에 대해 50페이지의 비평적 소감문을 쓰는 것과 더 좋은 이야기를 제작하는 것은 다른 차원의 과업이다"(113). 그러기 위해 그리스도인들은 스스로를 더 좋은 이야기들에 노출시킬 필요가 있다. 위대한 소설들, 왜 그것들이 위대한지를 이해하려고 애써야 한다.

7장 "성 혁명에 반기를 드는 사람들"은 우리의 문화신화 안에 작동하는 상충되는 섹스 관련 거짓말들을 명료하게 분석한다. 이 상충되는 거짓말은 "섹스는 모든 것이다 동시에 아무것도 아니다."이다. 이 거짓말의 연장선상에서 "섹스는 생물학적 활동이며 별것 아니다. 동성과 자든, 이성과 자든 상관없다. 만일 행복하려면 섹스를 해야 한다. 만일 행복하려면 섹스가 별것 아니라고 생각할 필요가 있다."라는 식의 거짓말을 양산한다.

왁스는 하나님이 섹스에 두신 창조의 목적을 내세움으로써 섹스의 신적 차원을 효과적으로 옹호한다. 그는 세속적 성 혁명은 왜, 어떤 점에서 하나님이 인간의 성에 대해 의도하신 하나님의 목적을 반영하지 못하는지를 자세하게 분석한다. 인간은 스스로와도, 이웃과도 그리고 하나님과도 부서진 관계 안에 사는 부서진 존재이기 때문이다. 이 중에서도 근원적인 관계 파괴는 하나님의 인격적 관계 파괴이다. 하나님과 부서진 관계는 육체적 친밀함으로 치유되지 않는다. 저자는 섹스는 하나님과 인간, 인간과 인간이 완성된 하나님 나라에서 누릴 친밀한 인격적 연합을 예고하는 그림자임을 역설한다. 오히려 "당신은 당신의 성보다 훨씬 더 고귀한 존재입니다."라고 말함으로써 '성의 원래 자리'를 찾아 주려고 애쓴다(283). 왁스의 결론은 보수적이지만 성경적인 지지를 받는다. "우리는 일탈된 성 도착적 탐닉에서가 아니라 하나님이 결혼과 성에 대해 의도하신 경계 안에서 살 때 번성을 누리며 행복의 극대치를 누린다."

8장 "동요하는 세상"도 '갈망, 거짓 폭로, 그리고 복음 제시'의 순서로 구성되어 있다. 미래에 대한 우리의 견해는 오늘날의 삶에 영향을 미친다. 우리는 우리가 가려고 하는 목적지에 대한 앎을 근거로 현재 우리의 삶을 구성하기 때문이다. 재작년부터 이스라엘 역사학자이자 미래사상가인 유발 하라리의 「호모 사피엔스」와 「호모 데우스」는 미래에 대한 과도한 낙관적 진보 담론을 우리 사회에 유포시켰다.

과거에는 좌파진보주의자들이 기독교인들을 '역사의 오류 진영에 속한 사람들'이라고 비판했다면, 요즘은 과학기술의 전능성을 맹신하며 호모 데우스로 업그레이드되려고 하는 과학기술신봉주의자들이 그들의 신성, 영생, 불멸 추구 프로젝트에 반대하는 기독교인들을 조롱한다. 이런 과학기술주도형 미래 낙관론은 인간생명에 대한 조작권 접근과 인간 수명의 연장을 놓고 벌어질 생물학적 빈부 차이 등 여러 가지 윤리적 신학적 쟁점들을 뇌관처럼 안고 있다. 이런 점에서 진보 신화에 대한 본서의 비판은 적실성이 더 크다. '이 세상이 세속적인 유토피아'로 진화하고 있다고 믿는 진보 담론의 극단 반대진영이 쇠퇴 담론이다.

저자는 이 두 신화를 다 비판하며 세상은 방향을 잃고 방황하고 있을 뿐이라고 진단한다. 왁스는 미국 그리스도인들이 도덕적인 다수 진영에 속하고 주류 문화의 참호 안에서 보호를 받는다면 우리 시대가 주는 도전과 기회를 동시에 누리지 못할 것이라고 분석하면서 기독교가 오히려 중심 주류 진보 담론에 도전해야 한다는 점을 강조한다. 이 도전의 절정은 완성된 우주, 즉 하느님 나라의 비전을 제시하는 것이다.

본서의 특징

왁스의 책이 갖는 중점은 세 가지이다. 첫째, 일상에 파고든 신화들은 너무 미묘하고 만연해 있어서 쉽게 식별할 수 없는 오늘날의 필요에 잘 응답하는 책이다. 우리 사회를 일탈로 오도하는 신화들을 식별할 수 없다면 우리는 우리의 삶이 거짓된 내러티브에 의해 왜곡되는 것을 방치하는 것이다. 거짓된 내러티브는 소유물에 대한 유물론적 집착일 수도 있고, 인간의 죄성을 주목하지 않는 진보신화 담론일 수도 있다. 스마트폰의 '좋아요' 클릭과 리트윗 같은 것에 근거해 타인으로부터 받는 인정욕구 충족일 수도 있다. 아니면 엔터테인먼트가 성서보다 우리의 사고를 더욱 인상적으로 형성하는 데 위력을 행사할 수도 있다. 문화의 미묘한 거짓을 드러내는 것이 복음에 추동된 사람들에게 중요하다.

둘째, 이 책은 복음에 대한 우리의 이해를 깊게 한다. 복음 이야기만이 우리 마음의 가장 깊은 갈망(인정, 친밀성, 행복, 영생)을 충족시킬 수 있다. 본서는 문화의 통속신화들을 살피면서 예레미야 2 : 13이 말하는 터진 웅덩이 같은 거짓말들을 들추어냈다. 인간의 마음은 터진 웅덩이다. 터진 웅덩이를 고친 후에 예수님이 그 마음에 내주하셔야만 일곱 가지 우상(스마트폰, 엔터테인먼트, 아메리칸 드림형 유물론적 행복 추구, 소비주의, 정치의 존중, 성 탐닉, 진보 담론)으로도 여전히 공허감을 느끼는 인간 영혼은 그 방황을 끝낼 수 있다. 예수님만이 우상숭배적 삶의 막다른 골목으로 밀려가는 고독한 개인을 구원하실 수 있다. 특히 스마트폰 중독에 빠져 세상 사람들의 사랑과 인정을 갈구하는 사람들에게 저자는 다음과 같이 복음을 제시한다.

"세상의 미움에 맞설 수 있는 유일한 길이 있다면 그것은 우리 자신이 하나님의 사랑에 푹 잠기는 길밖에 없다. 다른 사람들의 지지와 승인 없이도 살 수 있는 유일한 길은 그리스도 안에서 우리를 받아 주시고 지지해 주신 하나님의 영접해 주시는 사랑을 확신하는 길밖에 없다. 우리가 세상 모든 사람들이 우리를 조롱할 때에도 이런 세상과 맞설 수 있는 유일한 길은, 여러분이 조롱당하는 바로 그곳에 하나님이 함께 계시며 우리를 응원하시고 우리를 그분의 사랑받는 자녀라고 불러 주신다는 사실을 아는 길밖에 없다. 우리가 하나님의 사랑에 압도당하지 않는 한, 우리는 세상 사람들을 두려워하는 마음에 압도당하게 될 것이다"(214).

셋째, 세상의 거짓말들에 의해 오도되는 사람들에 대한 그리스도인들의 동정적인 이해를 심화시킨다. 우리 영혼의 적이 세상에서 맹활약하그 있으며 복음의 촛불을 들지 못하게 만드는 더 열등하고 세상적인 것들에 의해 기만당하는 수백만 명의 사람들이 세상에 존재한다. 이 책은 일련의 세속문화들 배후에 있는 깊은 갈망들을 보여 주었으며, 세속적인 사람들을 추동하는 충동들을 보여 주었다. 프리미어리그 축구장, 대중가수의 공연장, 방탄소년단의 팬덤 활동, 이 모든 것은 공동체에 속하는 구원 경험, 특이한 선민의식 경험이다. 리버풀 선수가 득점할 때 자신이 그의 일부가 되어 환호성을 지른다. 이것들은 세속적인 현상이지만 그 안에는 하나님을 찾는 아우성이 내포되어 있다. 이 충족되지 않는 텅 빈 갈망들을 간파하는 것이 혈육에 추동된 분노에 사로잡히는 것보다 복음적 이해와 동정을 표하는 열쇠이다. 그리스도 안에서 우리는 모든 갈망을 만족시키는 영혼충족적인 해결책을 갖고 있다.

이 책은 복음의 빛 아래서 서구문화를 이해하려고 하는 사람들에게 중요한 책이다. 뿐만 아니라 한국 사회도 사실상 왁스가 다루는 모든 문제들에 다 노출되어 있다. 결국 한국 그리스도인들도 미국 그리스도인들과 동일한 도전에 직면해 있는 셈이다. 문화의 아이돌(표상들)을 분별하지 않고는 문화를 이해할 수 없다. 본서는 동시대의 문화를 이해하려고 애쓰는 목회자들에게 귀중한 가치를 지닌다. 목회자들은 자기 시대를 풍미하는 신화들에게 영향을 받는 교우들의 갈망들을 알 때에만 그들의 마음에 와 닿는 설교를 할 수 있기 때문이다.

트레빈 왁스의 통찰력이 빛나는 발언들

스마트폰이 매일 우리에게 들려주는 최고의 신화는 스마트폰을 사용하는 당신이 바로 우주의 중심이라는 속삭임이다. 여러분의 휴대폰이 여러분이 사는 세계이며 그 휴대폰에 장착된 프로그램들과 앱들이 당신과 당신의 이익을 위해 조정되어 있다면 당신을 중심에 두고 돌아가는 한 세계가 당신 곁에 매 순간 존재하는 셈이다(45).

교회는 당신의 맞춤형 뉴스 게시판(news feed)을 만들 수 없는 사람들과 접촉하게 해 준다. 교회는 사람들의 실제적 접촉이 이루어지는 공간이라는 말이다. 교회는 "나는 당신을 사랑합니다. 그러나 당신은 틀렸습니다."라고 말할 수 있을 만큼 견고한 관계성을 자라게 한다(77).

결국 엔터테인먼트의 세계에 있어서 구현되어야 할 신실한 삶은 세상 이야기들의 더 나은 해석자가 되려는 욕망으로부터 시작되지 않는다. 그것은 하나님의 이야기를 더 잘 알고자 하는 욕구와 함께 시작된다. 여기에 지름길은 없다. 만일 우리가 먼저 역사의 모든 것을 성경이 말하는 그 장엄한 이야기의 일부라고 보지 않는다면, 세상의 가장 인기 있는 이야기들 속에 있는 갈망들을 포착할 수도, 그 속의 거짓들을 간파할 수도 없다. 만일 여러분이 자신의 입술에 하나님의 말씀을 두고, 자신의 가슴에 그의 이야기들을 담은 채 성경의 낯선 세계에 거하지 않는다면, 여러분은 엔터테인먼트가 위력을 떨치는 세상 속에서 신실한 성도로 살아갈 수 없을 것이다. 세상의 엔터테인먼트에 대해 기독교 신앙에 걸맞게 대처하는 것은 영화를 보는 데서부터 시작하는 것이 아니라 성서에 주목함으로써 시작된다(110).

일부 신자들이 자신들은 폭력이나 알몸 노출에 대해 대단히 너그럽기 때문에 노골적인 성적 장면이나 폭력 장면을 보는데 아무런 문제가 없다고 말할 때면, 나는 그들에게 "당신들은 무딘 감수성을 자랑하는 것과 같다."고 말해 준다. 폭력이나 노골적인 성 묘사를 보고도 아무렇지도 않다고 느끼는 이 무감각성은 영적 진보의 표시가 아니라 둔감한 감수성을 가리키는 표지이다. 죄악 된 묘사들에 의해 마음이 불편해지지 않는 능력을 마치 영적인 성숙인 것처럼 혼동하지 말라(112).

그리스도인으로서 나는 은혜로 구원을 받았지만 내가 죄를 짓는 순간에는 '나'에게 충실한 것이 아니다. 나는 오히려 새롭게 창조된 내 새로운 정체성을 거슬러 죄를 짓는 중인 것이다. 내가 하나님께 불순종하기로 선택하고 유혹에 넘어갈 때는 참된 의미에서 '나'에게 충실하게 사는 것이 아니다. 나는 하나님께서 내게 선사하신 새로운 정체성을 거부하는 셈이다. 참된 자기다움은 나 자신의 자기 표현을 받아들이는 것이 아니라 그리스도를 통해 하나님께서 내게 선사하신 하나님의 자기 표현을 받아들이는 것이다(149).

여러분의 주변 세상 전체가 여러분의 필요를 충족시키고 여러분의 욕구를 실현시키는 데 최적의 조건으로 맞추어져 있을 때, 여러분은 교회를 똑같은 방식 — 소비지상주의 방식 — 으로 보기 시작할 수밖에 없다. 여러분이 목회자들을 여러분을 행복하게 해 주는 조건으로 유급 고용된 피고용인으로 본다는 것이다. 교회 프로그램은 여러분 자신의 필요를 충족시키는 데 봉사하는 한 가지 방식일 뿐이다. 다른 말로 하면 여러분은 소비주의 사회심리를 교회 안으로 끌어들이는 것이다. 갑자기 교회는 예수 그리스도와 그가 행하신 일에 관한 것을 가르치는 곳, 또는 하나님의 영과 하나님의 영이 다른 사람들을 사랑하고 섬기도록 당신을 어떻게 영적 권능으로 구비시키는가를 가르쳐 주는 곳이 아니라 여러분의 필요에 응답하고 여러분이 필요로 하는 것을 채워 주는 곳이 되어 버린다. 여러분을 변화시키는 하나님 나라의 꿈 대신에 여러분은 아메리칸 드림이 여러분의 교회를 변질시키도록 방치한다(186-187).

어떤 정당에서 '아늑한 집'과 같은 편안함을 누리지 못하는 주된 이유는 우리가 이미 다른 의미의 정치적 사회에 속하고 있기 때문이다. 우리가 이미 속한 다른 정치적 공동체는 교회라고 불린다. 교회는 민족국가의 경계들과 세속적 장애물들을 초월한다. 교회에서는 대통령을 뽑기 위해 투표하지 않는다. 그러나 우리는 한 왕에게 경배한다. 하나님의 백성으로서 우리는 이 세상 안에 거주하지만 이 세상에 속했다고는 느끼지 못한다. 미국에 살고 있으나 미국에 속하지 않고 특정 정당에 가입했으나 그 정당에 속한 것은 아니다. 이 긴장을 품고 사는 것은 약점이 아니라 우리의 신실함의 징표이다 (209).

만일 여러분이 어딘가에 뿌리를 내리기 원한다면 교회라는 토양에 뿌리를 내려라. 결국 지옥의 문들은 선거를 통해 뽑힌 정당들에 의해 채택된 정책이 아니라 부활하신 예수님으로 인해 흔들릴 것이다(225).

결혼에 대한 동양의 신화(결혼은 무엇보다 계약이다.)와 서양의 신화(결혼은 무엇보다 사랑의 표현이다.), 둘 다 결혼의 본질적 의미를 포착하지 못한다. 결혼은 단지 서약 때문에 이를 악물고 50년 동안 견디는 것이 아니다. 또한 그동안 내내 서로 사랑에 빠져 있다는 '느낌'만으로 견디는 것도 아니다. 그 이상의 무엇인가가 있어야만 한다. 그리고 우리 시대에 신실한 믿음은 가장 뛰어난 수준의 결혼에 담겨 있는 풍요로움을 보여 주어야 한다(244).

"동거는 미래에 이혼으로 이어질 가능성이 더 높다." 왜 그럴까? 아마도 그것은 동거가 같이 사는 커플에게서 언약적 사랑의 안전성을 박탈하기 때문일 것이다. 혼전 섹스는 파트너에게 동거남/동거녀 자신의 존재의 한 측면(당신의 육체)을 제공하는 반면, 동거하는 커플은 동거하는 내내 다른 모든 측면들(사회적, 경제적, 법적)에서 독립을 고수한다. 그것은 그 순간에는 아무리 즐거운 것이라 할지라도 결혼한 부부간에 오고가는 사랑의 희미한 모방이다(248).

이제껏 우리는 성과 관련된 두 가지 신화를 살펴보았다. '성은 아무것도 아니다.', '성은 모든 것이다.' 성서는 이 두 가지 신화에 대항한다. 성서는 성을 전혀 다른 이야기 맥락 안에 자리매김해 준다. 성은 더 궁극적인 실재를 가리키는 표지라는 것이다. 성은 그 자체보다 더 위대한 무엇인가를 가리키고 있다는 것이다. 성을 아무것도 아닌 것처럼 취급하면 그것은 성이 의미하는 바를 축소시키는 것이 되며, 성이 마치 모든 것인 것처럼 취급하면 성과 그것이 가리키는 초월적 실재를 혼동하는 셈이 될 것이다(272).

성은 이런 궁극적으로 이루어질 초월적 연합을 가리키는 표지이며, 그것이 언약으로 결속된 가정으로부터 탈취당하는 때는 언제든지 오작동을 일으키는 위치 추적 장치(GPS)처럼 더 이상 올바른 방향을 가리키지 못하고 변질된다(272).

우리 사회에 섹스가 그렇게 범람하는 이유 중 하나는 우리가 초월에 그만큼 굶주려 있기 때문이다. 하늘에 닿을 수는 없기 때문에 우리는 침대 시트 아래로 기어든다(275).

교회사는 지도가 아니라 보물상자일 뿐이다. …… 지난 과거의 어떤 순간에도 기독교의 황금시대는 존재하지 않았다. 오직 하나님의 은혜로 구원받고 하나님의 권능을 덧입어 다음 세대에게 복음을 전한 부서진 죄인들의 끊어지지 않은 세대별 계승만 있을 뿐이다(314).

우리는 진보의 신화나 쇠퇴의 신화를 신봉하는 사람들과는 다르게 세상을 바라본다. 우리는 이 세상이 세속적인 유토피아를 향해 진보하고 있다고 믿지 않는다. 그러나 우리는 모든 무릎이 왕이신 예수님께 꿇어 경배하는 회복된 우주를 향해 나아가고 있다고 믿는다(315).

결론 : 이 책을 읽어야 하는 이유

마태복음 16 : 3은 제자들에게 "시대의 표적을 분별할 수 없느냐?"라고 도전적으로 물으시는 예수님의 말씀이다. 이 책은 우리가 살고 있는 시대를 분별하며 하나님의 선하고 기뻐하시는 뜻을 분별하라고 촉구한다. 또한 이 책은 세상 안에 살지만 세상에 속해서는 안 되는 그리스도인들의 이중적 소속감에 깃든 긴장을 동정적으로 이해한다. 실로 많은 그리스도인들도 이 책이 말하는 일상생활의 문화적 신화들을 구매하고 소비한다. 하나님의 말씀대로 살기보다는 이 신화들 안에 깃든 거짓들을 구매한다. 여기서 저자는 질문한다. "만일 우리가 일상생활의 문화적 신화들을 따져 묻지도 않고 그것들을 기준으로 산다면 어떻게 될까? 우리가 거짓된 이야기들에 빠져들면? 그것들이 우리 역사책에 있기 때문이 아니라 우리의 일상생활 속에 내재되어 있다. 어떻게 이런 문화적 신화들에 저항하고 성서적으로 그것들을 대신할 수 있을까?"

그런 점에서 이 책은 세상을 안목의 정욕, 육신의 정욕, 그리고 이생의 자랑으로 추동되는 활동 공간이라고 보는 요한1서 2 : 15~17을 해설하고 있는 셈이다. 저자가 이런 욕망에 시달리는 인간 안에 하나님과 영생을 향한 인간의 근원적 갈망을 읽어 내고 있다는 점이 상한 목자의 심정을 느끼게 만드는 요소이다.

따라서 이 책은 세상의 문화적 침투와 지배력 아래서 신앙인의 정체성을 지켜 나가기가 벅차다고 생각하는 독자들에게 위로가 되는 책이다. 본서는 우리가 세상에 들려줄 더 좋은 이야기가 있을 때 이 세상을 이길 수 있다는 확신으로 독자의 마음을 따뜻하게 한다. 점차적으로 기독교에 적대적으로 바뀌는 세상에서 우리의 믿음을 보전하고 성령충만한 노력을 경주하도록 독려하는 저자의 예언자적 어조는 제사장적인 위로의 어조와 적절하게 조율되고 있다.

독자가 받는 위로 중 가장 큰 위로는 세상의 문화적·신화적 도전은 복음이 더 좋은 이야기로 빛나는 기회를 제공한다는 저자의 반복된 확신이다. 다만 이 책은 로마서나 요한복음을 근거로 복음 자체를 설명하거나 어떤 점에서 성경과 복음이 세상의 신화들보다 더 흡인력이 강한 더 좋은 이야기인지를 자세히 설명하지는 않는다. 다만 사람들은 초월의 세계 접촉을 약속하는 신화들을 붙좇는다는 관찰에 근거해 성경의 구원 이야기만이 참된 초월세계로 입문시켜 줄 수 있다는 확신을 강하게 피력하고 있다. 성경의 복음 이야기가 어떤 점에서 더 아름답고 감동적인 신화(God's story)인지를 한두 페이지로 설명했다면 독자들의 감동은 배가되었을 것이다. 다른 신화들보다 더 감화력과 설득력이 있는 더 좋은 이야기를 철저하게 이해하고 즐기는 그리스도인들만이 세상을 본받지 않고 기독교를 삼키려는 주류 이데올로기와 신화들에 저항할 수 있다. 세속문화에 복음의 빛을 비추는 그리스도인들은 "이것이 옳고 저것은 틀려."라고 단순하게 말하지 않고 "이것이 더 낫다."라고 말한다. 더 나은 이야기이자 참된 신화인 복음은 감동도 일으키고 삶의 변화도 추동하는 점에서 세상의 신화들보다 호소력이 더 크다. 이 복음만이 세속 사회가 믿고 세상에 퍼뜨리는 거짓을 폭로한다. 그러나 왁스가 말한 것처럼 "우리의 눈이 밝은 빛에 한 번 노출되기만 하면, 우리는 어떻게 복음이 그 놀라운 방식으로 우리의 더 근원적인 갈망들을 충족시키는지를 발견하게 된다. 복음전도는 단지 복음이 참되다는 것을 믿도록 설득하는 것이 아니라 복음이 거짓된 신화들이나 어떤 이야기들보다 더 낫다는 사실을 설득하는 일이다"(32-33).

그러므로 기독교를 주변화하려는 중심 주류 문화의 도전은 그리스도인들로 하여금 기독교 복음 안에 있는 더 좋은 이야기를 들려줄 기회를 확보하게 만든다. 우리 그리스도인들의 주목을 부단히 끌려고 시도하는 문화적 신화들의 도전에 응전하는 길은 복음의 이야기, 세상의 신화들보다 더 나은 이야기를 들려주는 길밖에 없다. 1세기 바울 사도 당시의 선교도 사실은 그리스-로마의 다신교 체제가 제시하는 이야기보다는 유대 기독교의 유일신 신앙 이야기가 더 나은 이야기라는 것을 선전하고 설복시키는 작업이었다. 잘 알려졌듯이

300년이 안 되어 성경의 구원 이야기가 그리스-로마의 신화들을 이겼다. 복음은 로마의 하층민들은 물론 지성인들까지 설복시켰다. 그 결과 로마 황제들의 궁궐 주변에 서 있던 로마 수호신들의 신상들이 하루아침에 철거되었다. 우리는 바다가 물로 가득 차듯이 모든 우상들이 철거되고 그 자리에 하나님을 아는 지식이 세상을 가득 채우는 미래를 꿈꾼다.

서론 _

1) Keith Hitchens, *A Concise History of Romania*(New York : Cambridge University Press, 2014), 257.
2) Hitchens, *A Concise History of Romania*, 246.
3) 위의 책, 250-252.
4) N. T. Wright, *Simply Good News : Why the Gospel Is News and What Makes It Good* (New York : Harper One, 2015), 111.
5) Charles Marsh and John Perkins, *Welcoming Justice : God's Movement toward Beloved Community* (Downers Grove, IL : Intervarsity Press, 2009), 73.
6) 성서 전체에 걸쳐서 '빛'은 다양한 의미로 사용된다. 때로는 야훼, 하나님의 말씀, 예수, 그리고 복음을 지칭할 때 '빛'이라는 말이 사용된다. 시편 기자들은 야훼를 '빛'이라고 부른다. "여호와는 나의 빛이요 나의 구원이시라" (시 27 : 1). 또 다른 시편은 하나님의 말씀을 빛이라고 부른다. "주의 말씀은 내 발에 등이요 내 길에 빛이니이다"(시 119 : 105) ; "주의 말씀을 열면 빛이 비치어 우둔한 사람들을 깨닫게 하나이다"(시 119 : 130). 장차 오실 빛에 대한 이사야의 예언, "흑암에 행하던 백성이 큰 빛을 보고 사망의 그늘진 땅에 거주하던 자에게 빛이 비치도다"(사 9 : 2)는 후에 마태에 의해 예수 그리스도의 사역을 묘사하는 말로 적용되었다(마 4 : 16). 사도 요한은 여러 군데에서 예수를 '빛'이라고 명시적으로 지칭한다. "그 안에 생명이 있었으니 이 생명은 사람들의 빛이라. 빛이 어둠에 비치되 어둠이 깨닫지 못하더라…… 참 빛 곧 세상에 와서 각 사람에게 비추는 빛이 있었나니……"(요 1 : 4-5, 9). "예수께서 또 말씀하여 이르시되, '나는 세상의 빛이니 나를 따르는 자는 어둠에 다니지 아니하고 생명의 빛을 얻으리라'"(요 8 : 12) ; "내가 세상에 있는 동안에는 세상의 빛이로라"(요 9 : 5) ; "나는 빛으로 세상에 왔나니 무릇 나를 믿는 자로 어둠에 거하지 않게 하려 함이로라"(요 12 : 46). 바울도 복음을 가리키는 문맥에서 빛을 언급한다. "그중

에 이 세상의 신이 믿지 아니하는 자들의 마음을 혼미하게 하여 그리스도의 영광의 복음의 광채가 비치지 못하게 함이니 그리스도는 하나님의 형상이니라"(고후 4:4) ; "'어두운 가운데 빛이 비치라' 말씀하셨던 그 하나님께서 예수 그리스도의 얼굴에 있는 하나님의 영광을 아는 빛을 우리 마음에 비추셨느니라"(고후 4:6). 바울은 진리를 드러내고 명확하게 밝히는 빛의 활동을 유비적으로 묘사한다. "그러나 책망을 받는 모든 것은 빛으로 말미암아 드러나나니 드러나는 것마다 빛이니라 그러므로 이르시기를 '잠자는 자여 깨어서 죽은 자들 가운데서 일어나라 그리스도께서 너에게 비추이시리라' 하셨느니라"(엡 5:13-14).

7) 나는 이 주제를 견실하게 다룬 책으로는 Tim Challies, *The Discipline of Spiritual Discernment* (Wheaton : Crossway Books, 2007)를 추천한다.

1장 _

1) 나는 여기서 2015년 11월 27일에 처음 방송된 "이것이 미국인의 삶이다" 중 '최신 상황'(Status Update) 편 첫 장면을 요약하고 있다. 2016년 10월 21일에 http://www.thisamericanlife.org/radio-archives/episode/573/transcript 에 접속해 원고를 얻었다.

2) 위의 방송 대본.

3) 이 중요한 문제에 대해 더 깊이 알기를 원하면, Tom Reinke, *12 Ways Your Phone is Changing You* (Wheaton : Crossway Books, 2017)를 보라.

4) 야웨를 위해 대언했던 예언자 예레미야는 '자랑하는 자는 오로지 야웨가 인애, 정의, 공의를 땅에 실현하는 하나님을 알고 이해하는 것'을 자랑해야 한다고 말했다. "자랑하는 자는 이것으로 자랑할지니 곧 명철하여 나를 아는 것과 나 여호와는 사랑과 정의와 공의를 땅에 행하는 자인 줄 깨닫는 것이라 나는 이 일을 기뻐하노라 여호와의 말씀이니라"(렘 9 24). 에덴동산에

서 뱀의 유혹을 받아들인 하와의 마음에는 어쩌면 자신도 하나님이 가진 영생을 보장하는 지식을 얻게 될지도 모른다는 계산이 있었다. 뱀이 여자에게 한 말을 들어보라. "뱀이 여자에게 이르되 너희가 결코 죽지 아니하리라 너희가 그것을 먹는 날에는 너희 눈이 밝아져 하나님과 같이 되어 선악을 알 줄 하나님이 아심이니라 여자가 그 나무를 본즉 먹음직도 하고 보암직도 하고 지혜롭게 할 만큼 탐스럽기도 한 나무인지라 여자가 그 열매를 따 먹고 자기와 함께 있는 남편에게도 주매 그도 먹은지라"(창 3 : 4-6).

5) 이런 점에서 지식은 추구되어야 할 복이다. 잠언서는 이렇게 말한다. "명철한 자의 마음은 지식을 얻고 지혜로운 자의 귀는 지식을 구하느니라"(잠 18 : 15).

6) 나는 크레이그 바로톨로메(Craig Bartholomew)와 마이클 고힌(Michael Goheen)이 '지혜'를 정의하는 방식을 좋아한다. "지혜는 자연과 사회 모두에서 발견되는 창조질서이며 자연과 사회에서 발견된 그 창조질서에 순응하면서 살아가려는 자발적인 의지를 함의한다. 하나님의 지혜는 그가 창조 세계 안에 확정하신 질서 안에서 드러난다. 참된 인간적 지혜는 이 창조질서를 인정하고 그것에 순응하면서 살아가는 데서 드러난다"(*Living at the Crossroads : An Introduction to Christian Worldview* [Grand Rapids : Baker Academic, 2008], 39).

7) G. K. Chesterton, *The Autobiography of G. K. Chesterton* (San Francisco : Ignatius Press, 2006), 191.

8) Nancy Jo Sales, *American Girls : Social Media and the Secret Lives of Teenagers* (New York : Alfred A. Knopf, 2016), 62.

9) Ibid., 59-69.

10) James K. A. Smith, *Imagining the Kingdom : How Worship Works* (Grand Rapids : Baker Academic, 2013), 145.

11) Ibid., 145-146. 역자주 : 스마트폰이란 공간은 인위적인 자기 과시의 장이 되고 있다는 것이다.

12) Nancy Jo Sales, *American Girls*, 281-288.

13) 이 인용의 출처는 http://andy-crouch.com/articles/small_screens_big_world에 탑재된 앤디 크라우치(Andy Crouch)의 탁월한 글, "Small Screens, Big World"이다. 2016년 10월 21일 접속했다.

14) 예수님은 "살리는 것은 영이니 육은 무익하니라 내가 너희에게 이른 말은 영이요 생명이라"(요 6:63)고 말씀하셨다. 그리고 사도 바울도 다음과 같이 말했다. "육신의 생각은 사망이요 영의 생각은 생명과 평안이니라······ 또 그리스도께서 너희 안에 계시면 몸은 죄로 말미암아 죽은 것이나 영은 의로 말미암아 살아 있는 것이니라 예수를 죽은 자 가운데서 살리신 이의 영이 너희 안에 거하시면 그리스도 예수를 죽은 자 가운데서 살리신 이가 너희 안에 거하시는 그의 영으로 말미암아 너희 죽을 몸도 살리시리라"(롬 8:6, 10-11). 바울 또한 성령을 지혜를 주시는 영이라고 규정하며 다음과 같이 말했다. "우리가 세상의 영을 받지 아니하고 오직 하나님으로부터 온 영을 받았으니 이는 우리로 하여금 하나님께서 우리에게 은혜로 주신 것들을 알게 하려 하심이라 우리가 이것을 말하거니와 사람의 지혜가 가르친 말로 아니하고 오직 성령께서 가르치신 것으로 하니 영적인 일은 영적인 것으로 분별하느니라"(고전 2:12-13).

15) 우주의 중심인 그리스도에 대한 가장 위대한 찬송 중 하나가 골로새서에서 발견된다. "그는 보이지 아니하는 하나님의 형상이시요 모든 피조물보다 먼저 나신 이시니 만물이 그에게서 창조되되 하늘과 땅에서 보이는 것들과 보이지 않는 것들과 혹은 왕권들이나 주권들이나 통치자들이나 권세들이나 만물이 다 그로 말미암고 그를 위하여 창조되었고 또한 그가 만물보다 먼저 계시고 만물이 그 안에 함께 섰느니라 그는 몸인 교회의 머리시라 그가 근본이시요 죽은 자들 가운데서 먼저 나신 이시니 이는 친히 만물의 으뜸이 되려 하심이요 아버지께서는 모든 충만으로 예수 안에 거하게 하시고 그의 십자가의 피로 화평을 이루사 만물 곧 땅에 있는 것들이나 하늘에 있는 것들이 그로 말미암아 자기와 화목하게 되기를 기뻐하심이라"(골 1:15-20). 메시야에 대해 말하면서 세례자 요한은 명백하게 "그는 흥하여야 하겠고 나는 쇠하여야 하리라"고 선언했다(요 3:30). 예수님은 자신을 따

르는 자들에게, "누구든지 나를 따라오려거든 자기를 부인하고 자기 십자가를 지고 나를 따를 것이니라"(막 8 : 34)라고 말했다. 사도 바울은 우리의 옛 자아를 벗고 새로운 몸을 덧입는 유비를 통해 우리의 성화를 파악했다. "너희는 유혹의 욕심을 따라 썩어져 가는 구습을 따르는 옛 사람을 벗어 버리고 오직 너희의 심령이 새롭게 되어 하나님을 따라 의와 진리의 거룩함으로 지으심을 받은 새 사람을 입으라"(엡 4 : 22-24).

16) Sales, *American Girls*, 18.
17) Os Guinness, *Fool's Talk : Recovering the Art of Christian Persuasion* (Downers Grove : Intervarsity Press, 2015), 15.
18) G. K. 비일(Beale)은 우상숭배가 얼마나 우상숭배자를 자신이 숭배하는 우상처럼 변형시켜 가는지 보여 주는 여러 개의 성경구절들을 제시한다. *We Become What We Worship : A Biblical Theology of Idolatry* (Downers Grove : Intervarsity Press, 2008).
19) Sales, *American Girls*, 223-224.
20) Matt Sliger, https : //twitter.com/matt_sliger/status/641062269460217856에 2016년 10월 21일에 접속했다.
21) 이것은 예언자 에스겔을 통해 주신 약속이었다. "또 새 영을 너희 속에 두고 새 마음을 너희에게 주되 너희 육신에서 굳은 마음을 제거하고 부드러운 마음을 줄 것이며······"(겔 36 : 26). 또한 예레미야의 예언도 하나님이 주신 새 마음과 새 영이 어떻게 하나님을 아는 지식과 연결되는지를 보여 준다. "내가 여호와인 줄 아는 마음을 그들에게 주어서 그들이 전심으로 내게 돌아오게 하리니 그들은 내 백성이 되겠고 나는 그들의 하나님이 되리라"(렘 24 : 7).
22) 역자주 : 페친 소식, 본인이 선호한 페이지, 그룹, 광고에 대한 모든 소식을 볼 수 있는 곳이 바로 '뉴스피드'(news feed)이다. 나의 페친들이나 혹은 온라인상의 이웃들에게 나의 온라인 활동을 알려 주는 대외용 게시판이다.
23) 자비스 윌리암스(Jarvis Williams)는 복음이 어떻게 민족갈등과 인종갈등을 넘어 화해를 만들어 내는가를 설명하고 있다(*One New Man : The Cross*

and Racial Reconciliation in Pauline Theology [Nashville : B&H Academic, 2010]). 스코트 사울즈(Scott Sauls)도 정치적 견해를 달리하는 사람들 사이에 일어나는 화해에 대해 말한다(*Jesus Outside the Lines* [Tyndale House, 2015]).

2장 _

1) 이 단원은 PBS 방송의 "독립적 시각"(Independent Lens)이라고 불리는 시리즈 방영물의 일부로 만들어진 다큐멘터리 영화, "척 노리스와 공산주의의 대결"이라는 탁월한 다큐멘터리를 보고 얻은 몇 가지 통찰들과 감동의 순간들을 다룰 것이다. 이 다큐멘터리는 2015년 11월에 독일에서, 2018년 초 미국에서 방영되었다. 이 다큐멘터리 대본은 일린카 칼루가레아누(Ilinca Calugareanu)에 의해 쓰여졌다.

2) Kevin Vanhoozer, *Pictures at a Theological Exhibition : Scenes of the Church's Worship, Witness and Wisdom* (Downers Grove : IVP Academic, 2016), 161.

3) 신화의 실재성, 사실성, 그리고 신화가 삶에 미치는 영향력을 다룬 좋은 글은, 클라이브 스테이플즈 루이스가 쓴 "신화가 사실이 되었다"(Myth Became Fact)이다. C. S. Lewis, *God in the Dock : Essays on Theology and Ethics* (Grand Rapids : Wm. B. Eerdmans, 1970), 63-70.

4) 역자주 : The West Wing—미국백악관의 대통령집무실 별칭, 이 이름의 드라마가 1999년부터 2006년까지 방송되었고, 최고의 정치 드라마라는 찬사를 받았다.

5) C. S. Lewis, *Of Other Worlds : Essays and Stories*, ed. Walter Hooper (New York : Harcourt, Brace, 1994), 37.

6) Meghan O'Rourke, "The Lion King : C. S. Lewis' Narnia Isn't Simply a

Christian Allegory" published by *Slate*. http : //www.slate.com/articles/news_and_politics/the_highbrow/ 2005/12 /the_lion_king.html. 2016년 10월 22일 접속.

7) Ibid.
8) Julian Barnes, *Nothing to Be Frightened Of* (New York : Alfred A. Knopf, 2008), 99.
9) Ibid., 3.
10) Ibid., 78-79.
11) Ibid., 53-54.
12) Ibid., 54.
13) Ibid., 58.
14) 세상의 이야기들이 복음을 어떤 점에서 긍정하고 또 도전하는지에 대한 좋은 개관적 논의를 보려면, 다음 두 책을 참조하라. Mike Cosper, *The Stories We Tell : How TV and Movies Long For and Echo the Truth* (Wheaton : Crossway, 2014) ; Kevin J. Vanhoozer, Charles A. Anderson, and Michael J. Sleasman, eds., *Everyday Theology : How to Read Cultural Texts and Interpret Trends* (Grand Rapids : Baker Academic, 2007).
15) Abigail Santamaria, *Joy : Poet, Seeker, and the Woman Who Captivated C. S. Lewis* (New York : Houghton Mifflin Harcourt, 2015), 33.
16) Ibid., 51-52.
17) Ibid., 52.
18) Ibid., 53.
19) Ibid., 173.
20) Lyle Dorsett, *And God Came In : Joy Davidman, Her Life and Marriage to C. S. Lewis* (Wheaton : Crossway, 1991), 59.
21) Santamaria, *Joy*, 175.
22) 역자주 : 굳이 번역하면 달신 숭배학
23) 성서는 인간이 의미 있는 존재인 이유는 인간이 하나님께 창조되고 구속되

었기 때문이라고 가르친다. 우리가 하나님의 형상을 따라 하나님의 모양으로 창조되었기에 인간은 의미 있는 존재이다(창 1 : 26-27 ; 5 : 1-2 ; 9 : 6 ; 시 8 : 3-8 ; 약 3 : 9). 또한 인간은 그리스도의 피로 값 주고 사신 바 된 하나님의 보배로운 자녀이기 때문에 존귀한 존재이다(신 7 : 6 ; 시 135 : 4 ; 고전 6 : 20 ; 요일 3 : 1 ; 벧전 1 : 19 ; 갈 3 : 13-15).

24) Mike Cosper, *The Stories We Tell*, 64-66.
25) 역자주 : 영국의 소설가 E. L. 제임스가 2011년에 발표한 에로틱 로맨스 소설을 바탕으로 2015년에 닫든 미국영화이다. 주인공 크리스찬 그레이의 성장을 다룬 영화로, 오십 가지 다른 모습을 보이는 남자의 이야기인데 한국 흥행은 실패했다.
26) 역자주 : 판타지 소설 「얼음과 불의 노래」를 드라마화한 작품으로 시즌 8까지 갈 만큼 인기를 누렸다.

3장

1) Hampton Sides, *In the Kingdom of Ice : The Grand and Terrible Polar Voyage of the USS Jeannette* (New York : Penguin Random House, 2014).
2) Ibid., 43.
3) Ibid., 45.
4) Ibid., 162.
5) Ibid., 163.
6) Ibid., 392.
7) James K. A. Smith, *You Are What You Love : The Spiritual Power of Habit* (Grand Rapids : Brazos Press, 2016), 21.
8) Ibid., 21.
9) Brandon Griggs, "Ronda Rousey : I Thought about Killing Myself"(2016년

2월 17일 CNN 방송). http://www.cnn.com/2016/02/17/entertainment/ronda-rousey-feat. 2016년 10월 22일 접속.

10) "And Still I Rise-a Meeting with Madonna : The Last Pop Giant on Earth," *Arena*, January/February1999. http://allaboutmadonna.com/madonna-library/madonna-interview-arena-janfeb-1999. 2016년 10월 22일 접속.

11) Steve Kroft, interview with Tom Brady on *60 Minutes*. http://www.cbsnews.com/news/transcript-tom-brady-part-3. 2016년 10월 22일 접속.

12) 피너츠(Peanuts) 코믹연재만화는 찰스 먼로 슐츠가 그린 미국만화이다. 1950년 10월 2일부터 연재가 시작되어 작가의 사망 다음날인 2000년 2월 13일 일요판까지에 실렸다. 찰리 브라운과 애완견 스누피를 중심으로 초현실적인 인생관을 전개하는 개그 만화이다.

13) 역자주 : David Michaelis, *Schulz and Peanuts : A Biography* (New York : HarperCollins, 2007), 551.

14) Ibid., 552-555.

15) Ibid., 561.

16) Ibid., 562-563.

17) Ibid., 563.

18) Ibid., 566.

19) Gretchen Rubin, *The Happiness Project : Or, Why I Spent a Year Trying to Sing in the Morning, Clean My Closets, Fight Right, Read Aristotle, and Generally Have More Fun* (New York : Harper, 2009), 2.

20) Ibid., 4.

21) Ibid., 7.

22) Ibid., 10.

23) Ibid., 72.

24) Ibid., 66.

25) Stephen Colbert address to graduates of Wake Forest University, May 18, 2015, "Stephen Colbert to Grads : You Are Your Own Professor Now,"

Time, http://time.com/3883513/stephen-colbert-graduation-speech-wfu. 2016년 10월 22일 접속.

26) Gretchen Rubin, *The Happiness Project*, 195.

27) David Kinnaman and Gabe Lyons, *Good Faith : Being a Christian When Society Thinks You're Irrelevant and Extreme* (Grand Rapids : Baker Books, 2016), 58.

28) Charles Taylor, *A Secular Age* (Harvard : Harvard University Press, 2007), 475.

29) "Mulan Fails to Capture Interest of Her Homeland," *Baltimore Sun*, http://articles.orlandosentinel.com/1999-05-09/entertainment/9905070792_1_disney-mulan-chinese-dragon-sui-dynasty. 2016년 10월 22일 접속.

30) James K. A. Smith, *You Are What You Love*, 8.

31) 예수님께서 사마리아 여자에게 말씀하셨다. "예수께서 대답하여 이르시되 네가 만일 하나님의 선물과 또 네게 물 좀 달라 하는 이가 누구인 줄 알았더라면 네가 그에게 구하였을 것이요 그가 생수를 네게 주었으리라 …… 예수께서 대답하여 이르시되 이 물을 마시는 자마다 다시 목마르려니와 내가 주는 물을 마시는 자는 영원히 목마르지 아니하리니 내가 주는 물은 그 속에서 영생하도록 솟아나는 샘물이 되리라"(요 4 : 10, 13-14). 요한복음의 좀 뒷 장에서 예수님은 다음과 같이 선언하신다. "명절 끝날 곧 큰 날에 예수께서 서서 외쳐 이르시되 누구든지 목마르거든 내게로 와서 마시라 나를 믿는 자는 성경에 이름과 같이 그 배에서 생수의 강이 흘러나오리라 하시니 이는 그를 믿는 자들이 받을 성령을 가리켜 말씀하신 것이라"(요 7 : 37-38).

32) G. K. Chesterton, *Orthodoxy* (Moody Classics Edition)(Chicago : Moody Publishers, 2009), 83.

33) 사도 바울이 자신의 편지 수신인들을 얼마나 자주 '성도들' 혹은 '거룩한 자들'이라고 부르고 있는지를 보면 깨닫는 바가 있다. 심지어 교회들이 어지러운 상황에 처해 있었을 때 자신의 편지수신인들을 이렇게 불렀다(롬 1 : 7 ; 고전 1 : 2 ; 고후 1 : 1 ; 엡 1 : 1 ; 2 : 19 ; 5 : 3 ; 빌 1 : 1 ; 골 1 :

2). 바울의 이 호칭 관습은 초대교회 회중들에 대한 그의 권면이나 명령이 그들로 하여금 하나님이 택하신 백성으로, 즉 하나님이 주신 새로운 정체성에 합당하게 살아가도록 도우려는 의도를 드러내고 있다.

34) 하나님을 즐거워하면서, 시편기자는 그의 기쁨을 이렇게 묘사했다. "하늘에서는 주 외에 누가 내게 있으리요 땅에서는 주 밖에 내가 사모할 이 없나이다. 내 육체와 마음은 쇠약하나 하나님은 내 마음의 반석이시요 영원한 분깃이시라"(시 73 : 25-26). 사도 바울도 후에 '우리의 모든 삶으로 하나님께 영광을 돌려야 한다.'는 가르침을 명료하게 표현했다. "그런즉 너희가 먹든지 마시든지 무엇을 하든지 다 하나님의 영광을 위하여 하라"(고전 10 : 31).

35) 사도 바울은 빌립보서에서 목표를 향해 달려가는 모습을 묘사하는 언어를 사용했다. "내가 이미 얻었다 함도 아니요 온전히 이루었다 함도 아니라 오직 내가 그리스도 예수께 잡힌 바 된 그것을 잡으려고 달려가노라 형제들아 나는 아직 내가 잡은 줄로 여기지 아니하고 오직 한 일 즉 뒤에 있는 것은 잊어버리고 앞에 있는 것을 잡으려고 푯대를 향하여 그리스도 예수 안에서 하나님이 위에서 부르신 부름의 상을 위하여 달려가노라"(빌 3 : 12-14). 히브리서 저자도 유사한 그림언어를 사용했다. "이러므로 우리에게 구름같이 둘러싼 허다한 증인들이 있으니 모든 무거운 것과 얽매이기 쉬운 죄를 벗어 버리고 인내로써 우리 앞에 당한 경주를 하며 믿음의 주요 또 온전하게 하시는 이인 예수를 바라보자 그는 그 앞에 있는 기쁨을 위하여 십자가를 참으사 부끄러움을 개의치 아니하시더니 하나님 보좌 우편에 앉으셨느니라"(히 12 : 1-2).

4장 _

1) Robin Nagle, *Picking Up : On the Streets and Behind the Trucks with the Sanitation Workers of New York City* (New York : Farrar, Straus and

Giroux, 2013), 26, 56-58.

2) Ibid., 7.

3) Ibid., 6.

4) Ibid., 6-7.

5) 역자주 : 소호(SoHo, Small Office/Home Office)는 작은 사무실이나 집에서 소규모 인원이(1-10명 정도) 벌이는 사업 형태를 의미한다. 첨단통신기기나 사무기기로 최적의 업무 환경을 갖춘 작은 사무실에서 소규모 인원이 PC통신이나 인터넷 등을 활용하여 자신의 사업을 전개하는 지적 소규모 사업장이다.

6) Sarah Laskow, "We Asked a Cultural Historian : Are Apple Stores the New Temples?" *Atlas Obscura*, September 25, 2015. http : //www.atlasobscura.com/articles/we-asked-a-cultural-historian-are-apple-stores-the-new-temples. 2016년 10월 22일 접속.

7) Ibid.

8) 이 소설은 내가 읽었던 가장 무시무시하고 아름다운 소설들 중 하나이다. Shsaku Endo, *Silence* (New York : Picador Modern Classics, 1969). 이 소설이 일본 문화와 예술에 대한 통찰을 어떻게 주는가를 보기 위해서는 마코토 후지무라(Makoto Fujimura), *Silence and Beauty : Hidden Faith Born of Suffering* (Downers Grove : Intervarsity Press, 2016)을 읽어 보라.

9) Sigrid Undset, *Kristin Lavransdatter*, trans. Tiina Nunnally (New York : Penguin Books, 2005).

10) 역자주 : 이 작품은 14세기에 노르웨이에 살았던 크리스틴 라브란스다테르(Kristin Lavranscatter)라는 허구적 여성의 파란만장한 삶을 그린다. 존경받는 부농의 딸이었던 크리스틴이 부모와 남편과의 관계에서 여러 차례 갈등을 경험하다가 가톨릭 신앙으로 귀의하여 위로를 받는 이야기이다.

11) 역자주 : Cyber Monday-미국에서 추수감사절 연휴 이후의 첫 월요일을 말한다. 유통업계에서 온라인 쇼핑 장려를 위해 붙인 명칭이다.

12) 하나님이 일곱째 날을 축복하사 거룩하다고 선언하셨다. 이날은 하나님이

창조 사역을 마치시고 안식하셨듯이 인간도 하나님처럼 자신의 노동을 그치고 쉬도록 마련된 날이다(창 2 : 2-3). 하나님께서는 이스라엘에게도 안식을 명하셨으며 이 안식 명령의 근거는 이스라엘을 이집트의 압제에서 해방시켜 안식케 하신 사실이다(출 20 : 8-11 ; 신 5 : 12-13).

13) 거짓말을 반박하는 것은 단지 그것을 폭로하는 이상의 노력을 요한다. 우리는 세상을 다르게 보도록 우리를 재훈련시키는 습관들을 가져야 한다. 스키에 제다니는 이렇게 말한다. "만일 우리가 예수 그리스도의 제자들을 효과적으로 만들기 위해 예수가 가르친 모든 것을 빠짐없이 다 지키도록 가르치려면, 우리는 상상력을 무시할 수 없다. 지식과 기술들이 중요하지만 마음이 주변 주류 문화의 고리타분한 인습에 여전히 감금되어 있다면 지식이나 기술들 중 어떤 것도 사용될 수 없다." Skye Jethani, *The Divine Commodity : Discovering a Faith beyond Consumer Christianity* (Grand Rapids, MI : Zondervan, 2009), 27.

14) 히브리서 기자는 믿음을 이렇게 정의한다. "믿음은 바라는 것들의 실상이요 보이지 않는 것들의 증거니"(히 11 : 1). 구약성경은 돈에 대한 사랑이 물리지 않는 탐욕을 초래한다고 가르친다. "은을 사랑하는 자는 은으로 만족하지 못하고 풍요를 사랑하는 자는 소득으로 만족하지 아니하니 이것도 헛되도다"(전 5 : 10). 이런 이유로 히브리서 기자는 이렇게 말한다. "돈을 사랑하지 말고 있는 바를 족한 줄로 알라 그가 친히 말씀하시기를 '내가 결코 너희를 버리지 아니하고 너희를 떠나지 아니하리라' 하셨느니라"(히 13 : 5). 이것은 예수님께서 친히 가르치신 가르침과 일치한다. "너희를 위하여 보물을 땅에 쌓아 두지 말라 거기는 좀과 동록이 해하며 도둑이 구멍을 뚫고 도둑질하느니라 오직 너희를 위하여 보물을 하늘에 쌓아 두라 거기는 좀이나 동록이 해하지 못하며 도둑이 구멍을 뚫지도 못하고 도둑질도 못하느니라 네 보물 있는 그곳에는 네 마음도 있느니라"(마 6 : 19-21). 예수님은 또한 재물의 기만성을 예증하기 위해 여러 가지 이야기들을 말씀해 주셨다(눅 12 : 13-21 ; 16 : 19-31). 그리고 "낙타가 바늘귀로 들어가는 것이 부자가 하나님의 나라에 들어가는 것보다 쉬우니라"라고 주장하셨다(마

19 : 24). 사도 바울도 돈의 기만성에 대한 예수님의 가르침을 되울린다. "돈을 사랑함이 일만 악의 뿌리가 되나니 이것을 탐내는 자들은 미혹을 받아 믿음에서 떠나 많은 근심으로써 자기를 찔렀도다"(딤전 6 : 10). 그리고 바울은 디모데로 하여금 부자들을 돈이 아니라 선한 행위(베풂과 나눔, 하나님 나라 대비)로 그들의 부를 측정하는 방법을 가르치라고 격려한다. "네가 이 세대에서 부한 자들을 명하여 마음을 높이지 말고 정함이 없는 재물에 소망을 두지 말고 오직 우리에게 모든 것을 후히 주사 누리게 하시는 하나님께 두며 선을 행하고 선한 사업을 많이 하고 나누어 주기를 좋아하며 너그러운 자가 되게 하라 이것이 장래에 자기를 위하여 좋은 터를 쌓아 참된 생명을 취하는 것이니라"(딤전 6 : 17-19).

15) Augustine, *Confessions* 13.9.10.

16) James K. A. Smith, *You Are What You Love*, 14.

17) 예수님은 재물이 우리에게 주는 도전에 대해 솔직하게 말씀하셨다. "예수께서 제자들에게 이르시되 내가 진실로 너희에게 이르노니 부자는 천국에 들어가기가 어려우니라"(마 19 : 23). 씨 뿌리는 자 비유에서 그는 가시덤불 위에 떨어진 씨앗을 예로 들어 재물에 대한 염려 근심이 우리의 영적 결실을 얼마나 방해하는지를 생생하게 보여 주셨다. "가시떨기에 뿌려졌다는 것은 말씀을 들으나 세상의 염려와 재물의 유혹에 말씀이 막혀 결실하지 못하는 자요"(마 13 : 22).

18) 돈과 재물에 대해 가르치면서 자리에서 예수님은 제자들에게 의식주 생계 문제에 대해 과도하게 염려하지 말라고 가르치셨다. "그러므로 내가 너희에게 이르노니 목숨을 위하여 무엇을 먹을까 무엇을 마실까 몸을 위하여 무엇을 입을까 염려하지 말라 목숨이 음식보다 중하지 아니하며 몸이 의복보다 중하지 아니하냐 …… 그러므로 염려하여 이르기를 무엇을 먹을까 무엇을 마실까 무엇을 입을까 하지 말라 이는 다 이방인들이 구하는 것이라 너희 하늘 아버지께서 이 모든 것이 너희에게 있어야 할 줄을 아시느니라 그런즉 너희는 먼저 그의 나라와 그의 의를 구하라 그리하면 이 모든 것을 너희에게 더하시리라"(마 6 : 25, 31-33).

19) 부자이지만 어리석은 사람에 대한 예수님의 비유의 무대는 형제간의 유산 배분 분쟁이다. 이 분쟁 이야기는 탐욕이 형제 사이를 어떻게 분열시킬 수 있는가를 생생하게 예해한다. "무리 중에 한 사람이 이르되 선생님 내 형을 명하여 유산을 나와 나누게 하소서 하니, 이르시되 이 사람아 누가 나를 너희의 재판장이나 물건 나누는 자로 세웠느냐 하시고 그들에게 이르시되 삼가 모든 탐심을 물리치라 사람의 생명이 그 소유의 넉넉한 데 있지 아니하니라 하시고……"(눅 12 : 13-15).
20) Thom S. Rainer, *I Am a Church Member : Discovering the Attitude That Makes the Difference* (Nashville : B&H, 2013), 6.
21) 예수님은 당신의 제자들도 금식을 할 것을 기대하셨다. 마태복음 6 : 16-18에서 "너희가 금식할 때"라는 말로 금식에 대해 가르치신다.
22) 바울이 고린도 교회를 향해 궁핍한 동료신자들에게 관대한 베풂을 실천하라고 촉구했을 때, 그는 그리스도가 우리에게 주신 선행적 은혜에 호소함으로써 그의 권고를 정당화했다. "우리 주 예수 그리스도의 은혜를 너희가 알거니와 부요하신 이로서 너희를 위하여 가난하게 되심은 그의 가난함으로 말미암아 너희를 부요하게 하려 하심이라"(고후 8 : 9).
23) 바울은 그리스도의 연보와 기부가 기쁨과 자원하는 마음에서 이루어지기를 기대했다. 기쁜 연보에 대한 권고는 고린도후서 9 : 7에 있다. "각각 그 마음에 정한 대로 할 것이요 인색함으로나 억지로 하지 말지니 하나님은 즐겨 내는 자를 사랑하시느니라" 규칙적 연보에 대한 가르침은 고린도전서 16 : 2에 나온다. "매주 첫날에 너희 각 사람이 수입에 따라 모아 두어서 내가 갈 때에 연보를 하지 않게 하라"

5장 _

1) 미국 내 흑인교회의 유산과 그것의 미래 비전을 개관해 보려면, 다음 책들

을 참조하라 : Thabiti Anyabwile, *Reviving the Black Church : New Life for a Sacred Institution* (Nashville : B&H, 2015) ; Bruce L. Fields, "The Black Church Prophetic View," in *Five Views on the Church and Politics*, ed. Amy E. Black and Stanley L. Gundry (Grand Rapids : Zondervan, 2015). 제마르 티스비(Jemar Tisby)의 글 ― "Why White Christians Should Listen to Black Christians?"("왜 미국 백인 그리스도인들은 흑인 그리스도인들을 경청해야 하는가?") ― 은 어떻게 흑인 그리스도인들이 가끔 공적 영역에서 주변화되었다고 느꼈으며 이 경험을 근거로 지금 동일한 현실에 처한 백인 그리스도인들을 어떻게 도울 수 있을까를 설명한다. https : //www.raanetwork.org/white-christians-listen. 2016년 10월 22일 접속.

2) Timothy J. Keller, "Conservative Christianity After the Christian Right," March 2013 Faith Angle Forum, moderated by Michael Cromartie, http : //eppc.org/publications/dr-timothy-keller-at-the-march-2013-faith-angle-forum. 2016년 10월 22일 접속.

3) 존 윈드롭의 1630년 설교는 '기독교적 자비실천의 본보기'였다. 그는 이 설교에서 다음과 같이 주장했다. "왜냐하면 우리는 우리가 만민의 눈이 쳐다보고 있는 그 산 위의 동네가 될 것이라는 점을 반드시 고려해야 하기 때문입니다. 그래서 만일 우리가 떠맡은 이 과업에서 거짓을 행한다면, 하나님께서 우리를 도우시는 그 도움을 철회하게 하는 결과를 초래할 것이며 그렇게 되면 우리는 세상의 이야깃거리, 속담거리가 될 것입니다. 우리는 우리 원수들로 하여금 하나님의 길들과 하나님을 위한 모든 신앙고백자들을 비방하도록 유도하게 될 것입니다." Larry Witham, *A City upon a Hill : How Sermons Changed the Course of American History* (New York : HarperOne, 2007), 17-19. '산 위의 동네'라는 표현은 예수님의 산상수훈에서 쓰인 말이다. "너희는 세상의 빛이라 산 위에 있는 동네가 숨겨지지 못할 것이요."(마 5 : 14).

4) John Wilsey, *American Exceptionalism and Civil Religion : Reassessing the History of an Idea* (Downers Grove : IVP Academic, 2015), 45-48.

5) 역자주 : 후천년설(postmillennialism)이란 기독교 종말론의 한 가지로서 인간의 역사가 최정점의 진보와 문명화를 성취했을 때 예수 그리스도가 재림한다고 보는 견해이다. 후천년설은 요한계시록 20장의 사단 무저갱 투옥과 21장의 새 하늘, 새 땅 도래는 인류가 하나님께 순전한 순종을 바쳐 하나님을 영접할 준비가 된 상황을 가리키는 비유로 본다.

6) Ibid., 53-58.

7) Ibid., 57.

8) Ibid., 98.

9) Ibid., 91. 역자주 : "그러나 그는 이미 우리에게 왔다. 만일 우리가 그가 속삭이는 수준의 말들을 공공연히 피력하기를 기뻐한다면"이라는 이 문장은 엘리야로 온 세례 요한의 등장을 긍정하는 마태복음 11 : 14을 반향하는 것처럼 보인다. "만일 너희가 즐겨 받을진대 오리라 한 엘리야가 곧 이 사람이라"(마 11 : 14).

10) 존 윌시는 미국의 시민종교를 논하면서 '개방된 예외주의'와 '닫힌 예외주의'를 적절하게 구분한다. Ibid., 13-36, 217-232.

11) 다니엘서는 하나님의 백성이 바벨론 제국에게 어떤 점에서 복이 되고 어떤 점에서 위협이 되는지를 보여 준다. 다니엘서 1장에서 다니엘과 그의 친구들은 왕의 진미와 포도주를 거절함으로써 바벨론 문화에 동화되는 것에 저항하지만 그의 채식과 물만 먹는 식단 실험이 그들을 더욱 지혜롭게 한 결과를 내자 칭찬받았다. 다니엘서 2장은 다니엘은 왕의 꿈을 해석하고 3장에서 다니엘의 친구들은 금신상에게 절하기를 거부하며 기꺼이 목숨을 바치려고 한다. 다니엘서의 나머지 장들에 걸쳐 열방들을 주재하는 하나님의 절대주권적 통치와 유배 중인 당신의 백성에게 베푸시는 인애가 펼쳐진다.

12) "세상 안에 있으나 세상에 속하지 않는"이라는 어구는 요한복음 17 : 14-19에 나오는 예수님의 대제사장적 기도문에 들어 있다. "내가 아버지의 말씀을 그들에게 주었사오매 세상이 그들을 미워하였사오니 이는 내가 세상에 속하지 아니함같이 그들도 세상에 속하지 아니함으로 인함이니이다 내가 비옵는 것은 그들을 세상에서 데려가시기를 위함이 아니요 다만 악에 빠지

지 않게 보전하시기를 위함이니이다 내가 세상에 속하지 아니함같이 그들도 세상에 속하지 아니하였사옵나이다 그들을 진리로 거룩하게 하옵소서 아버지의 말씀은 진리니이다……" 마티스는 다음과 같이 해설한다. "예수님은 아버지 하나님께 자신의 제자들을 세상에서 데려가 달라고 간청하는 것이 아니라 그들이 세상 속으로 파송되기를 간구한다. 그의 기도는 '세상에 속하지 않은' 제자들을 언급함으로써 시작되고 그들이 '세상 속으로 파송되기를' 간구하는 데로 나아간다. 그래서 적어도 요한복음 17장에 비추어 볼 때, '세상 안에 있으나 세상에 속하지 않는'이라는 어구는 '세상 안에 속하지 않으나 세상 속으로 파송된'으로 고치는 것이 예수님의 의도를 더 잘 드러낸다. 첫째 표현은 '세상에 속하지 않은'이 되어야 하고 다음 단계의 행동은 '세상 속으로 파송되는 것'이 되어야 한다는 것이다. 강조점은 사명을 부여받은 채 세상으로 파송되는 데 있어야 한다. 이 세상과 연루되지 않는 것이 마치 사명인 양 강조되어서는 안된다." David Mathis, "Let's Revise the Popular Phrase 'In But Not Of,'" *Desiring God*, http://www.desiringgod.org/articles/let-s-revise-the-popular-phrase-in-but-not-of. 2012년 8월 29일, 2016년 10월 22일 접속.

13) Charles Colson, *Kingdoms in Conflict : An Insider's Challenging View of Politics, Power, and the Pulpit* (Grand Rapids : Zondervan, 1987), 311.

14) 조나단 리먼(Jonathan Leeman)은 다음과 같이 쓰고 있다. "지역교회는……하나의 정치적 공동체이다. 실로, 교회는 어떤 나라를 대신하는 대사관 같은 곳이다. 다만 교회는 나라들과 그것들의 지배자들에게 훨씬 더 큰 정치적 중요성을 가진, '하나님 나라'를 대신하는 대사관이다 그리고 이 대사관은 세계지도에 나오는 그런 지형 지점에 존재하는 나라를 대표하지 않고 종말론적인 시간으로부터 역사 속으로 역진해 오는 한 나라를 대표한다." Jonathan Leeman, *Political Church : The Local Assembly as Embassy of Christ's Rule* (Downers Grove : IVP Academic, 2016), 22.

15) Timothy George, "Theology for an Age of Terror," *Christianity Today* (2006년 9월), http://www.christianitytoday.com/ct/2006/september/1.78.html.

2016년 10월 22일 접속.

16) 예수님의 죽음과 부활이 대립적인 다른 인종 및 민족들 사이를 갈라놓는 적대의 담벼락을 허물어뜨리신다(엡 3장 ; 갈 2-3장). 예수님은 우리를 복음을 들고 땅 끝까지 가라고 지상명령을 내리신다(마 28 : 16-20). 사도 요한은 모든 족속, 방언이 다른 모든 소수종족까지 하나님의 보좌 주변에 모여드는 종말의 환상을 보았다(계 5 : 9-10 ; 7 : 9).

17) 역자주 : 마가복음 13 : 14 "……산으로 도망할지어다"에서 나온 비유

18) 예수님은 제자들에게 세상으로부터 배척과 미움을 받게 될 것이라고 말씀하셨다. "나로 말미암아 너희를 욕하고 박해하고 거짓으로 너희를 거슬러 모든 악한 말을 할 때에는 너희에게 복이 있나니 기뻐하고 즐거워하라 하늘에서 너희의 상이 큼이라 너희 전에 있던 선지자들도 이같이 박해하였느니라"(마 5 : 11-12). "또 너희가 내 이름으로 말미암아 모든 사람에게 미움을 받을 것이나 끝까지 견디는 자는 구원을 얻으리라"(마 10 : 22). "세상이 너희를 미워하면 너희보다 먼저 나를 미워한 줄을 알라 너희가 세상에 속하였으면 세상이 자기의 것을 사랑할 것이나 너희는 세상에 속한 자가 아니요 도리어 내가 너희를 세상에서 택하였기 때문에 세상이 너희를 미워하느니라 내가 너희에게 종이 주인보다 더 크지 못하다 한 말을 기억하라 사람들이 나를 박해하였은즉 너희도 박해할 것이요 내 말을 지켰은즉 너희 말도 지킬 것이라 그러나 사람들이 내 이름으로 말미암아 이 모든 일을 너희에게 하리니 이는 나를 보내신 이를 알지 못함이라"(요 15 : 18-21).

19) 조나단 에드워즈는 '하나님의 사랑은 자비와 그 열매를 결실하는 데 물을 제공하는 무궁무진한 샘'이라고 묘사했다. Jonathan Edwards, *Christian Love as Manifested in the Heart and Life* (Edinburgh : Banner of Truth, 2000), 327-328.

20) Peggy Noonan, *Patriotic Grace : What It Is and Why We Need It Now* (New York : HarperCollins, 2008), 50-51.

21) Matthew Lee Anderson, "Oliver O'Donovan on the American Political Environment," *Mere Orthodoxy*, October 30, 2010. https : //

mereorthodoxy.com/oliver-odonovan-on-the-american-political-environment. 2016년 10월 22일 접속.

22) Vincent Bacote, The Political Disciple : A Theology of Public Life(Grand Rapids : Zondervan, 2015), 70.

23) Epistle to Diognetus, http : //www. newadvent.org/fathers/0101.htm. 2016년 10월 22일 접속.

6장 _

1) Aziz Ansari, "Everything You Thought You Knew about L-O-V-E Is Wrong," *Time*, http://time.com/aziz-ansari-modern-romance. 2016년 10월 22일 접속.

2) 역자주 : 1937년에 영국 시인 로버트 사우디(Robert southey)가 영국 전래 동화를 바탕으로 쓴 동화의 주인공, 소녀 골디락스가 자기의 입맛에 맞는 죽그릇(즉, 아기곰)을 찾는 행동을 빗댄 은유이다. "골디락스와 곰 세 마리"

3) Barry Schwartz, *The Paradox of Choice : Why More Is Less* (New York : Harper Perennial, 2005).

4) Paul Hiebert, "The Paradox of Choice 10 Years Later," *Pacific Standard Magazine*, https://psmag.com/the-paradox-of-choice-10-years-laterf54d3f6c43d0#.uy7h2jfb0. 2014년 12월 18일, 2016년 10월 22일 접속.

5) Katherine Woodward Thomas, "Why Serial Monogamy Is the New Marriage," *Glamour*, http://www. glamour.com/story/serial-monogamy-marriage-conscious-uncoupling. 2015년 5월 21일, 2016년 10월 22일 접속.

6) Ansari, "Everything You Thought You Knew About L-O-V-E Is Wrong," Ibid.

7) Tim and Kathy Keller, *The Meaning of Marriage : Facing the Complexities*

of Commitment with the Wisdom of God (New York : Penguin, 2011), 27.

8) Ibid., 30.

9) W. Bradford Wilcox, Nicholas H. Wolfinger, and Charles E Stokes, "One Nation Divided : Culture, Civic Institutions, and the Marriage Divide," http://www.futureofchildren.org/futureofchildren/publications/docs/marriagedivide.pdf. 2016년 10월 22일 접속.

10) Andrew Sullivan, *Same-Sex Marriage : Pro and Con : A Reader* (New York : Vintage, 1997, 2004), xxiii.

11) Charlotte Alter, "Here's What One Woman Learned from Taking a Year Off from Her Marriage," *Time*, http://time.com/3765674/wild-oats-project-open-marriage. 2015년 4월 1일, 2016년 10월 22일 접속.

12) 역자주 : 윌리암 골드만이 1973년에 쓴 로맨틱 코미디 소설과 그것을 바탕으로 1987년에 만들어진 영화. 이니고 몬토야는 영화의 남자주인공.

13) Sullivan, *Same-Sex Marriage*, xxiii.

14) Ibid., xxiii-xxiv.

15) Ansari, "Everything You Thought You Knew About L-O-V-E Is Wrong," ibid.

16) Stanley Hauerwas, "Sex and Politics : Bertrand Russell and 'Human Sexuality,'" *Christian Century*, April 19, 1978, 417-22, quoted in Keller, *The Meaning of Marriage*, 32-33.

17) Keller, *The Meaning of Marriage*, 32.

18) Ibid., 35-36.

19) Dietrich Bonhoeffer, *Letters and Papers from Prison* (Minneapolis : Fortress Press, 2015), 52.

20) Ibid.

21) Ibid.

22) Ibid., 52-53.

23) Ibid., 53.

24) Jen Pollock Michel, *Keeping Place : Reflections on the Meaning of Home*(Downers Grove : IVP Books, 2017).

25) 사도 바울은 에베소서에서 결혼을 복음과 연결시켰다. "아내들이여 자기 남편에게 복종하기를 주께 하듯 하라 이는 남편이 아내의 머리 됨이 그리스도께서 교회의 머리 됨과 같음이니 그가 바로 몸의 구주시니라 그러므로 교회가 그리스도에게 하듯 아내들도 범사에 자기 남편에게 복종할지니라 남편들아 아내 사랑하기를 그리스도께서 교회를 사랑하시고 그 교회를 위하여 자신을 주심같이 하라 이는 곧 물로 씻어 말씀으로 깨끗하게 하사 거룩하게 하시고 자기 앞에 영광스러운 교회로 세우사 티나 주름 잡힌 것이나 이런 것들이 없이 거룩하고 흠이 없게 하려 하심이라 이와 같이 남편들도 자기 아내 사랑하기를 자기 자신과 같이 할지니 자기 아내를 사랑하는 자는 자기를 사랑하는 것이라 누구든지 언제나 자기 육체를 미워하지 않고 오직 양육하여 보호하기를 그리스도께서 교회에게 함과 같이 하나니 우리는 그 몸의 지체임이라 그러므로 사람이 부모를 떠나 그의 아내와 합하여 그 둘이 한 육체가 될지니 이 비밀이 크도다 나는 그리스도와 교회에 대하여 말하노라 그러나 너희도 각각 자기의 아내 사랑하기를 자신같이 하고 아내도 자기 남편을 존경하라"(엡 5 : 22-33).

26) 요한계시록 21 : 1~2은 하늘과 땅의 연합을 결혼용어로 묘사한다. "또 내가 새 하늘과 새 땅을 보니 처음 하늘과 처음 땅이 없어졌고 바다도 다시 있지 않더라 또 내가 보매 거룩한 성 새 예루살렘이 하나님께로부터 하늘에서 내려오니 그 준비한 것이 신부가 남편을 위하여 단장한 것 같더라"

27) Meg Jay, "The Downside of Cohabitating before Marriage," *The New York Times Sunday Review*, http://www.nytimes.com/2012/04/15/opinion/sunday/thedownside-of-cohabiting-before-marriage.html?_r=0. 2012년 4월 14일, 2016년 10월 22일 접속.

28) Keller, *The Meaning of Marriage*, 80.

29) G. K. Chesterton, *The Collected Works of G. K. Chesterton, Vol. IV*, "The Superstition of Divorce" (San Francisco : Ignatius Press), 272.

30) Andrew Walker and Eric Teetsel, *Marriage Is : How Marriage Transforms Society and Cultivates Human Flourishing* (Nashville : B&H, 2015).

31) Ibid.

32) G. K. Chesterton, quoted in Walker and Teetsel, *Marriage Is*.

7장 _

1) "Singer Rebecca St. James Defends Sexual Purity and Tim Tebow on Fox's Hannity," LifeSiteNews.com,https : //www.lifesitenews.com/news/singer-rebecca-st-james-defends-sexual-purity-and-tim-tebow-onfoxs-hannit. 2011년 12월 16일, 2016년 10월 22일 접속.

2) Sales, *American Girls*, 234.

3) Ibid., 241.

4) Donna Freitas, Sales, *American Girls*, 258에서 재인용.

5) Ibid.

6) Sales, *American Girls*, 370.

7) Myron Sharaf, *Fury on Earth : A Biography of Wilhelm Reich* (Boston : Da Capo Press, 1994), 56.

8) 프로이트와 라이히의 유사성과 차이점에 대한 필립 리프(Philip Rieff)의 분석을 참조하려면, 그의 책을 보라. *The Triumph of the Therapeutic : Uses of Faith after Freud* (Wilmington : InterCollegiate Studies Institute, 2006), 121–160.

9) Sharaf, *Fury on Earth*, 17.

10) Wilhelm Reich, *The Sexual Revolution : Toward a Self-Regulating Character Structure* (New York : Farrar, Straus, and Giroux, 1945, 1962, 1969, 1974, 1986).

11) Ibid., 24-25.

12) Eustace Chesser, *Salvation through Sex : The Life and Work of Wilhelm Reich* (New York : William Morrow, 1973), 67.

13) Ibid., 25, 78.

14) Sharaf, *Fury on Earth*, 140-141.

15) Ibid., 142.

16) Ibid., 203.

17) Ibid., 336.

18) Ibid., 472.

19) Ed Shaw, *Same-Sex Attraction and the Church : The Surprising Plausibility of the Celibate Life* (Downers Grove : Intervarsity Press, 2015), 72.

20) Richard Hays, *The Moral Vision of the New Testament : A Contemporary Introduction to New Testament Ethics* (New York : HarperCollins, 1996), 390-391.

21) Shaw, *Same-Sex Attraction and the Church*, 23.

22) Ibid., 24.

23) Ibid., 59.

24) Ibid.

25) Shaw, *Same-Sex Attraction and the Church*, 38.

26) Jonathan Grant, *Divine Sex : A Compelling Vision for Christian Relationships in a Hyper-Sexualized Age* (Grand Rapids : Brazos Press, 2015), 186.

27) 유발 레빈(Yuval Levin)은 사회적 보수주의자들에게 그들의 도덕적 비전이 부서진 미국 사회를 치유할 매혹의 원천으로 보라고 격려한다. Yuval Levin, *The Fractured Republic : Renewing America's Social Contract in the Age of Individualism* (New York : Basic Books, 2016).

8장 _

1) Mitch Daniels, Keynote at the 2016 USDA Agriculture Outlook Forum, https://www.purdue.edu/president/speeches/2016/1602Ag-Outlook.html. 2016년 10월 22일 접속.
2) Ibid.
3) 역자주 : 기독교는 사적인 기호 문제가 아니라 온 세상에게 의미 있는 이야기라는 것이다.
4) Lesslie Newbigin, *The Gospel in a Pluralist Society* (Grand Rapids, M : Eerdmans, 1989) and *Foolishness to the Greeks : The Gospel and Western* Culture (Grand Rapids, MI : Eerdmans, 1986).
5) "We Will Bury You," *Time*(1956년 11월 26일 자), http://content.time.com/time/magazine/article/0,9171,867329,00.html. 2016년 10월 22일 접속.
6) N. T. Wright, *Simply Good News : Why the Gospel Is News and What Makes It Good* (New York : Harper One, 2015), 109.
7) Ibid., 109-110.
8) G. K. Chesterton, "When the World Turned Back" from *The Well and the Shallows* (1935), quoted in James V. Schall's "The Way the World Is Going," *Gilbert Magazine*, vol. 19, no. 5 (March/April 2016), 8.
9) Charles Dickens, *A Tale of Two Cities* (New York : Black and White Classics, 1859, 2014), 3. 역자주 : 2014년 창비사에서 나온 성은애 역,「두 도시 이야기」의 첫 문장은 아래와 같다. "최고의 시절이었고, 또한 최악의 시절이었다. 지혜의 시기였고, 또한 어리석음의 시기였다. 믿음의 시대였고, 또한 불신의 시대였다. 빛의 계절이었고, 또한 어둠의 계절이기도 했다. 희망의 봄이었고, 또한 절망의 겨울이기도 했다. 우리는 모든 것을 가지고 있었지만, 또한 아무것도 갖고 있지 않았다. 우리 모두는 천국을 향해 가고 있었지만, 또한 그 반대쪽으로 가고 있기도 했다"(15쪽).

10) John Piper, "This Is the Best of Times, and the Worst of Times," *Desiring God*, http : //www.desiringgod.org/articles/this-is-the-best-oftimes-and-the-worst-of-times. 2015년 9월 8일, 2016년 10월 22일 접속.
11) Ibid.
12) Ibid.
13) Brian Walsh and Sylvia Keesmat, *Colossians Remixed* (Downers Grove : IVP Academic, 2004), 128.
14) Lesslie Newbigin, "Rapid Social Change and Evangelism," unpublished paper, 1962, 3, quoted in Craig Bartholomew and Michael Goheen, *Living at the Crossroads : An Introduction to Christian Worldview* (Grand Rapids : Baker Academic, 2008), 106.

감사의 말

먼저 가장 가까운 가족, 아내 코리나, 세 자녀 티모시, 줄리아, 그리고 데이비드에게 감사를 표한다. 오직 주님만이 그들이 내가 이 책을 집필하려고 준비하고 계획하고 실제 쓰는 과정을 얼마나 잘 견디어 주었는지를 아신다. 내가 이 책을 쓰기 위해 정신없이 다닐 때 그들이 보여 준 격려와 인내에 감사한다. 나는 또한 이 책의 개요와 몇 장들에 대해 조언해 준 다른 가족들에게도 감사 드린다. 나의 부모님 케빈 왁스와 론다 왁스, 나의 형제들인 저스틴과 웨스턴, 그리고 나의 누이 티파니와 그의 남편 브랜넌에게 감사를 드린다.

내가 교회에서 인도하는 소그룹, '생명'은 이 책의 장들을 나눠 읽고 많은 유익한 조언들을 해 주었다. 특별히 아투로, 아쉴리 오케궤다, 타일러 브라이언트, 아론과 에이프릴 월터스, 맷거 캐시 데이비스, 앤드류 굿윈, 크리스 와인딩스, 알렉스 와인딩스, 모건 랭, 네이트 틸턴, 그리고 리키 크랩트리에게 감사한다. 또한 수년간 나의 박사학위 논문을 지도하고 내 사상들을 이끌어 주신 브루스 애쉬포드 교수님께 감사드린다. 마지막으로 이 책의 원고들을 읽고 소중한 통찰을 제공해 준 조쉬 채트로, 크리스 마틴, 댄 다알링, 데빈 매독스, 그리고 여러 다른 친구들에게 감사한다.

트레빈 왁스

역자 후기

이 책은 북미 그리스도인들을 기독교 세계관으로 무장시켜 현대 주류 문화에 주눅들지 않고 복음을 증거하는 능력을 키워 주기 위해 쓰여진 책이지만 한국 그리스도인들에게 여전히 의미 깊은 책이다. 이 책을 번역하는 동안 우리가 살고 있는 한국 사회의 일상적 신화들이 무엇인가를 깊이 생각하게 되었고, 한국 기독교가 세상과 소통하기 위해서는 기독교 신앙을 더욱 정교하게 변증하고 옹호하는 능력을 길러야 한다는 생각에 골몰했다. 아내 정선희가 2, 6장의 초역에 참여했고 모든 장들의 번역을 다시 한 번 자세히 검토해 주었다. 아내의 꼼꼼한 교정 작업으로 몇 가지 중요한 번역 오류를 바로잡을 수 있었다. 숭실대 기독교학과 제자 김태현의 오탈자 교정에 감사한다. 한국장로교출판사의 편집진과 특히 책임편집자로 섬겼던 이슬기 선생의 교정과 교열 작업에 깊이 감사드린다. 그들의 성실한 편집이 이 책의 가독성(可讀性)을 크게 높였다.

김회권

This is Our Time 디스 이즈 아워 타임 : 우리 시대의 진면목

초판인쇄　2019년 7월 5일
초판발행　2019년 7월 10일
지 은 이　트레빈 왁스
옮 긴 이　김회권
펴 낸 이　채형욱
펴 낸 곳　한국장로교출판사
주　　소　03129 / 서울시 종로구 대학로 19, 409호(연지동, 한국기독교회관)
전　　화　(02) 741-4381 / 팩스 741-7886
영 업 국　(031) 944-4340 / 팩스 944-2623
등　　록　No. 1-84(1951. 8. 3.)
ISBN　978-89-398-4353-0 / Printed in Korea

편 집 장 정현선
교정·교열 이슬기 김지웅　　**표지·본문디자인** 최종혜
업무부장 박호애　　**영업부장** 박창원
값 16,000원

※ 이 출판물은 저작권법에 의해 보호를 받는 저작물이므로 무단전재와 무단복제를 할 수 없습니다.